我国交通运输用地供需平衡与配置路径研究

张　迪　张建军　郭瑞雪　王　柯　欧心泉　李　蕾　杨　帆
祝培甜　陈霈弦　陈　静　苏　晴　陈相利　侯怡爽　雷涵博　编著

地质出版社
·北　京·

图书在版编目（CIP）数据

我国交通运输用地供需平衡与配置路径研究 / 张迪，张建军等编著. — 北京：地质出版社，2024.8
ISBN 978-7-116-13924-4

Ⅰ. ①我… Ⅱ. ①张… Ⅲ. ①交通运输业－基础设施建设－土地－供需平衡－研究－中国 Ⅳ. ① F299.243

中国国家版本馆 CIP 数据核字（2023）第 232204 号

WO GUO JIAOTONG YUNSHU YONGDI GONGXU PINGHENG YU PEIZHI LUJING YANJIU

责任编辑：贺秋梅　龚法忠
责任校对：王　瑛
出版发行：地质出版社
社址邮编：北京市海淀区学院路 31 号，100083
电　　话：(010) 66554528（邮购部）；(010) 66554611（编辑室）
网　　址：https://www.gph.clmpg.com
传　　真：(010) 66554686
印　　刷：北京地大彩印有限公司
开　　本：787mm × 1092mm 1/16
印　　张：13.5
字　　数：300千字
版　　次：2024年8月北京第1版
印　　次：2024年8月北京第1次印刷
定　　价：188.00元
审 图 号：GS京（2024）1218号
书　　号：ISBN 978-7-116-13924-4

前　言

交通运输基础设施在推动经济社会发展、服务和改善民生，以及促进生态文明建设方面，发挥了基础性、先导性、服务性作用。党的十八大以来，我国现代综合交通运输体系建设进入新阶段。全国交通运输行业统筹推进基础设施网络化布局，铁路、公路、水运、民航基础设施建设，补短板，强筋骨，“五纵五横”综合运输大通道基本贯通，交通运输服务保障能力显著提升，国民经济主动脉作用日益显现。2019 年 9 月，中共中央、国务院印发的《交通强国建设纲要》，提出到 2020 年，完成决胜全面建成小康社会交通建设任务和“十三五”现代综合交通运输体系发展规划各项任务，为建设交通强国奠定基础，对优化资源要素配置、提高资源供给的质量和效率提出了更高要求。

交通基础设施用地供应持续快速增长，“十二五”期间年均供地 16 万公顷（240 万亩），较“十一五”期间年均供地增长 435%；2016—2019 年年均供地 16.6 万公顷，较“十二五”期间增加 3%；在建设用地中的比例大幅提高，由 2006 年的 5.9% 提高到 2019 年的 25.2%。经济新常态下，我国土地资源供需矛盾仍然存在，交通基础设施用地供给与利用水平、方式、规模、布局、效率直接决定了各类产业的落地和发展，摸清交通运输等基础设施用地的利用和需求情况，以及同经济、人口、产业、城市发展的协调程度，对于保障基础设施建设，提高基础设施用地供给的针对性和有效性，优化供地布局和结构，促进土地资源精准供给具有重要意义。

为更好地服务支撑新常态下土地资源管理，2014 年起，原国土资源部信息中心组织力量，创编了《中国土地利用分析报告》，交通运输用地利用形势分析是其中的重要内容。交通运输用地利用形势分析立足我国宏观经济和社会发展，以数据为基础、节约集约为核心、空间分析为特色，对近年来我国交通运输用地的规模、结构、布局、效率及其时空变化进行系统分析和国内外对比研究。同时，邀请中国地质大学（北京）、中国城市和小城镇改革发展中心分别完成了“交通运输用地供需现状与协同发展”“‘十四五’期间交通基础设施用地需求分析”等专题研究，旨在通过专题性研究开展深入分析，提高成果的质量，更好地为新形势下交通运输用地优化配置和节约集约利用提供参考和依据。

本书共 7 章，以数据为基础，力求以全面、系统、权威的数据分析，反映交通运输用地利用现状，揭示存在的问题，分析面临的形势，并提出对策建议。其中，第一章，我国交通运输基础设施发展，在总结梳理我国交通运输设施发展历程、当前交通运输发展规划的基础上，分析我国交通运输发展趋势；第二章，国内外交通运输发展对比分析，包括我国与28个国家的交通基础设施发展状况对比，以及美、日、德等国家交通运输设施用地与经济发展分析；第三章，交通运输用地时空演变，对近年来我国交通运输用地的规模、结构、布局、效率及其时空变化进行系统分析；第四章，交通运输用地供需分析，通过对不同交通方式需求预测及相关系数法和增长率法，对“十四五”期间交通运输用地的需求总量和铁路、公路等不同方式交通运输用地需求量进行分析，并通过判定各城市交通主导性，对全国地级以上城市交通运输用地需求进行分析；第五章，交通运输用地供需协调性分析，通过国际对标，确定影响国内外交通运输用地主要特征指标，并根据不同交通方式选择国内对标城市，确定交通运输用地的供需协调程度，并在此基础上确定缺口城市及缺口类型；第六章，典型区域交通运输用地供需水平与协调分析，以长江经济带为例，对区域内城市交通运输用地利用及供需进行分析；第七章，结论与建议。

本书编写过程中，得到了自然资源部信息中心领导和相关部门的支持和帮助。李晓波副主任对报告的编写提出了指导性的建议，提升了本书的现实应用价值；曹新元、闫卫东、李树枝、张丽君、马永欢等领导和专家为本书的编写提出了修改意见。对本书给予指导的领导、专家和学者还有很多，在此不再逐一列出，一并致以衷心的感谢。

受水平和资料所限，本书定有诸多不当甚至错误之处，恳请各位领导、专家和同行评议指正。

作　者

2020年5月

目　录

第一章　我国交通运输基础设施发展

第一节　我国交通运输基础设施发展历程

一、交通运输基础设施在国民经济发展中的作用

新中国成立以来，特别是改革开放以来，我国在经济社会发展中坚持交通运输先行理念，交通运输领域发生了历史性变化，交通基础设施加速成网，运输服务能力连上台阶，在推动经济社会发展、服务和改善民生以及促进生态文明建设方面，发挥了基础性、先导性、服务性作用。

（一）推动经济社会发展

支撑经济增长。交通运输基础设施投资是经济稳定增长的助推器，“十三五”期间，我国预计完成交通固定资产投资 16 万亿元。交通运输网络的完善和服务水平的提高，推动了经济运行效率提升，降低了物流成本，带动了汽车、船舶、冶金、物流、电商、旅游、房地产等相关产业发展，创造了大量就业岗位。2021 年，我国快递业务量达 1085 亿件，支撑网络零售额接近 11 万亿元。

保障物资运输。便捷高效的物流基础设施网络，促进了多种运输方式顺畅衔接和高效中转，提升了物流体系综合服务水平，有力保障了煤炭、原油、铁矿石、粮食等重点物资运输。2015 年，我国港口完成煤炭一次下水量 6.7 亿吨、外贸原油接卸量 3.2 亿吨、外贸铁矿石接卸量 10 亿吨。开辟鲜活农产品“绿色通道”，有效保障和满足了人民群众的生产生活需求。

促进区域和城乡协调发展。我国政府把推进交通运输先行发展作为支撑“四大板块”“三大战略”等国家区域发展总体战略的重点任务，积极打通发达地区、中等发达地区、欠发达地区之间的联系通道。依托京沪、京广、沿海、沿江等综合运输大通道及长三角、珠三角、环渤海等港口群形成的经济带、城市群，成为我国经济最具活力、人口最为密集的区域。城际公路客运普及和城际轨道加快建设促进了城市群一体化发展，城乡交通一体化让城乡经济融合更紧密。

（二）服务和改善民生

服务群众安全便捷出行。推动“平安交通”建设，着力构建科学完善的交通运输安全体系，运输结构不断优化，服务水平不断提升，人民群众出行由“走得了”向“走得好”升级发展。“春节”等节假日综合运输服务保障能力显著提升。城市公交出行分担率稳步提高，舒适度不断提升。“互联网 + 交通运输”快速发展，提供实时交通运行状态查询、出行路线规划、线（网）上购票、智能停车等“一站式”服务。12328 交通运输服务监督电话全面开通。

助力扶贫脱贫。进入 21 世纪以来，先后实施乡镇和建制村通达通畅工程、集中连片特困地区交通扶贫等 10 多个专项建设计划，加大对农村地区、贫困地区交通建设的支持力度。“十二五”期间，投入车购税资金超过 5500 亿元支持交通扶贫建设，集中连片特困地区 83.8% 的县城通二级及以上公路，86.2% 的建制村实现通硬化路。提高贫困地区农村客运车辆通达率，逐步解决了溜索等特殊交通问题。

有效应对突发事件。交通运输应急体系在重大自然灾害、安全事故等突发事件应急救援中发挥了重要作用。在汶川、玉树等地震灾害和南方雨雪冰冻灾害中，交通运输救援队伍第一时间抢通救灾“生命线”，为抢救生命赢得宝贵时间。海上搜救力量妥善完成多起海上重大突发事件应急处置工作。2010 年至 2015 年，组织协调海上搜救行动 12411 次，搜救遇险人员 108464 人，其中外籍人员 8070 人。

（三）促进生态文明建设

促进节能减排。大力推进绿色交通建设，与 2010 年相比，2015 年国家铁路单位运输工作量综合能耗下降 6%，营运车辆单位运输周转量能耗下降 6.5%，营运船舶单位运输周转量能耗下降 10.5%，民航吨公里油耗下降近 5%。实施“公交优先”战略，新能源和清洁能源运输工具不断增加，公共自行车系统快速兴起。在珠三角、长三角、环渤海（京津冀）水域设立了船舶排放控制区。长江干线、京杭运河、部分沿海地区开展水运行业应用液化天然气（LNG）试点示范，部分港口安装了码头油气回收装置，实施了船舶岸电工程。

保护生态环境。在交通运输规划、设计、建设、运营等环节贯彻生态保护理念，逐步建设了一批示范性绿色铁路、公路、港口和航道，探索创新荒漠区、高寒区、围填海区区域交通运输基础设施生态修复技术。“十二五”期间，完成交通运输基础设施生态修复总里程近 1300 公里[1]，修复总面积超过 5000 万平方米。公路路面废旧料循环利用率达到 40%。全国煤炭运输港口、重点矿石运输港口开展粉尘污染控制措施，沿海地区、长江干线布设了溢油应急设备库和配置点。高速铁路采用“以桥代路”，有效节约了耕地，减少了对沿线城镇的切割。

---

[1] 1 公里 =1 千米，余同。

二、我国交通运输基础设施建设的发展历程

新中国成立之初，交通运输面貌十分落后。全国铁路总里程仅 2.2 万公里，有一半处于瘫痪状态。能通车的公路仅 8.1 万公里，民用汽车 5.1 万辆。内河航道处于自然状态。民航航线只有 12 条。邮政服务网点较少。主要运输工具还是畜力车和木帆船等。

新中国成立后，我国政府明确提出，首先要创造一些基本条件，恢复交通运输。经过三年的国民经济恢复期，修复了被破坏的交通运输设施设备，恢复了水陆空运输。1953 年起，开始有计划地进行交通运输建设。在第一个、第二个五年计划和国民经济调整期间（1953—1965 年），国家投资向交通运输倾斜，改造和新建了一批铁路、公路、港口码头、民用机场，提高了西部和边远地区的交通运输基础设施覆盖程度，疏浚了主要航道，新开辟了国际、国内水路和空中航线，扩大了邮政网络，增加了运输装备数量。“文化大革命”期间（1966—1976 年），交通运输发展一度受到严重干扰，但设施和装备规模、运输线路仍在增加，特别是针对沿海主要港口压船、压港、压货日趋严重的局面，加快了港口基础设施建设。在此期间，管道运输也得到了发展。

1978 年，改革开放揭开了我国经济社会发展的新篇章，交通运输步入了快速发展阶段。我国政府把交通运输放在优先发展的位置，加大政策扶持力度，在放开交通运输市场、建立社会化融资机制方面进行开创性探索，积极扭转交通运输不适应经济社会发展的被动局面。铁路实行经济承包责任制；出台了提高养路费征收标准、开征车辆购置附加费以及“贷款修路、收费还贷”等扶持公路发展的三项政策；公路、水运工程建设项目开始实行招投标制度；港口率先对外开放，海运业最早实现“走出去”；民航走上了企业化发展道路，航空运输市场开始形成；实施邮政管理体制改革，成立中国速递服务公司，恢复办理邮政储蓄业务；加大交通运输建设投资力度，吸引社会资本参与基础设施建设。1988 年，沪嘉高速公路通车，实现中国大陆高速公路零的突破。

1992 年，我国确立了建立社会主义市场经济体制的改革目标。交通运输不断加大改革开放力度，各种运输方式发展取得突破性进展。开展铁路建设大会战，1997 年起，铁路进行了连续六次大提速。公路和水运实施公路主骨架、水运主通道、港站主枢纽和支持保障系统的“三主一支持”规划，制定了加快建设步伐的目标任务。民航机场建设费和基础设施建设基金、铁路建设基金、内河航运建设基金先后设立。为应对东南亚金融危机，我国实施积极的财政政策，公路建设投资进入“快车道”，高速公路建设大规模兴起。实施西部大开发战略，全面加强西部地区铁路、公路、机场、天然气管道干线建设。提出了“修好农村路，服务城镇化，让农民兄弟走上油路和水泥路”的发展目标，掀起农村公路建设新高潮。深化港口管理体制改革，加快港口建设。实行邮电分营和邮政政企分开，邮政向信息流、资金流和物流“三流合一”的现代邮政业方向发展。《中长期铁路网规划》《国家高速公路网规划》等一系列规划陆续出台。大力提升交通运输基本公共服务水平，全面加强城乡客运、城市公共交通、交通运输安全应急救助等领域建设。2008 年，组建交通运输

部，交通运输大部门体制改革迈出实质性步伐。同年，京津城际铁路通车运营，我国开启了“高铁时代”。

党的十八大以来，交通运输进入了加快现代综合交通运输体系建设的新阶段。2013 年，铁路实现政企分开，交通运输大部门体制改革基本落实到位。交通运输全面深化改革，建设法治政府部门，加快综合交通、智慧交通、绿色交通、平安交通“四个交通”建设，围绕“一带一路”建设、京津冀协同发展、长江经济带建设三大国家战略制定发展规划。加快综合交通运输基础设施成网，推进多种运输方式有效衔接。促进现代物流业发展，提升综合运输服务保障水平。加强交通运输基本公共服务供给和管理，支持集中连片特困地区交通运输基础设施、城乡客运、城市公共交通发展。推进东、中、西、东北“四大板块”区域交通协调发展，西部地区高铁加快发展，中西部地区交通条件显著改善。2013 年，西藏墨脱公路建成通车，我国真正实现县县通公路。

70 多年来，我国交通运输总体上经历了从“瓶颈制约”到“初步缓解”，再到“基本适应”经济社会发展需求的奋斗历程，与世界一流水平的差距快速缩小，部分领域已经实现超越，一个走向现代化的综合交通运输体系正展现在世界面前。

三、我国交通运输基础设施取得的成就

党的十八大以来，现代综合交通运输体系建设进入新阶段。全国交通运输行业统筹推进基础设施网络化布局，铁路、公路、水运、民航基础设施建设，补短板，强筋骨，“五纵五横”综合运输大通道基本贯通，交通运输服务保障能力显著提升，国民经济主动脉作用日益显现。这一阶段，交通运输发展实现由“总体缓解”向“基本适应”的阶段性转变，为国民经济持续快速发展提供了强有力支撑。我国正由“交通大国”逐步向“交通强国”迈进。

（一）铁路

铁路路网纵横延伸，“四纵四横”高铁网建成运营。31 个省、直辖市、自治区均已开通铁路，并在不断延伸与稳步发展。2014—2019 年，我国铁路网营运里程、复线里程、电气化里程、铁路网密度都呈现出逐步上升的趋势。其中，营运里程增长了 25%。

中国高铁与城市轨道交通运营里程均居全球第一。2019 年，我国铁路运营里程达 14 万公里，铁路电气化率达 72%。其中，高铁 3.5 万公里，高铁营业里程超过世界高铁总里程的三分之二，居世界第一位（表 1-1），城市轨道交通在 40 个城市运行，运营里程近 7000 公里，居世界首位。

客运周转量，我国与印度位居世界前列。2019 年，分别以 14707 亿人公里、11572 亿人公里居世界第一、第二位。俄罗斯以 1334 亿人公里居世界第三。美国虽然铁路总里程为世界之首，但客运周转量并不大（表 1-2）。

货运周转量，我国、俄罗斯与美国保持世界前三。我国自 2013 年后逐渐下降，2018

表 1-1　世界主要国家铁路营业里程数

单位：公里

国　家	1980	1990	2000	2010	2011	2012	2013	2014	2015	2016	2017	2018	2019
世界	N/A	977074	968935	1076589	1057710	1051859	1051798	1055263	1051968	1051767	—	—	—
美国	265842	193158	159822	228513	228218	228218	228218	228218	228218	228218	228218	151408	150904
中国	53300	57800	68700	91200	93200	97600	103100	111800	121000	124000	126969.9	131651	139926
俄罗斯	82600	85969	86075	85292	85167	84249	85266	85266	85266	85375	85545	85626	85494
印度	61240	62367	62759	63974	64460	64460	65436	65808	66030	66030	66987	68443	67415
加拿大	N/A	N/A	N/A	58345	52002	52002	52002	52131	52131	52131	52131	52131	48498
德国	N/A	N/A	36652	33708	33576	33509	33449	33426	33332	33380	33488	33440	33422
法国	34362	34070	32515	33608	34621	30013	30013	30013	30013	30013	29979	29248	28241
巴西	5054	4916	29314	29817	29817	29817	29817	29817	29817	29817	—	—	—
南非	23596	21617	22657	22051	20500	20500	20500	20500	20953	20953	20953	20953	20953
波兰	27185	26228	22560	19702	19725	19617	18959	18942	18510	18429	18513	18536	18538
意大利	16138	16086	16499	18011	17045	17060	16752	16723	16724	16788	16787	16781	16779
英国	17645	16588	15991	16173	16408	16423	15857	16530	16132	16241	16253	16294	16295
西班牙	N/A	12560	13866	15317	15680	15665	15582	15453	15711	15650	15559	15618	15718
日本	22236	20254	20165	20035	20140	20140	19436	16703	16704	15108	19256	19249	19123
韩国	N/A	3091	3123	3379	3637	3650	3650	3668	3944	4071	—	—	—

年回升，2019 年居世界第一，货运周转量为 30075 亿吨公里。俄罗斯 2017 年起超越美国，居世界第二位，2019 年货运周转量为 26019 亿吨公里。美国居第三位，2019 年货运周转量为 25252 亿吨公里（表 1–3）。

表 1–2 世界主要国家铁路客运周转量 单位：亿人公里

国 家	1990	2000	2010	2011	2012	2013	2014	2015	2016	2017	2018	2019
中国	2635	4415	7912	9612	9812	10596	11556	11905	12579	13457	14147	14707
印度	2956	4307	9035	9785	9785	10465	11404	11472	11472	11430	11777	11572
俄罗斯	2740	1671	1390	1398	1446	1385	2234	2065	2065	1208	1274	1334
法国	621	638	869	881	856	848	839	847	847	906	896	993
德国	N/A	744	786	792	802	799	793	793	793	825	847	858
英国	332	382	550	627	643	595	623	623	623	667	623	623
西班牙	155	198	223	227	224	234	246	257	262	N/A	N/A	N/A
美国	N/A	N/A	95	95	95	110	107	105	105	105	102	104

表 1–3 世界主要国家铁路货运周转量 单位：亿吨公里

国 家	1990	2000	2010	2011	2012	2013	2014	2015	2016	2017	2018	2019
中国	10601	13336	24512	29466	29187	29174	25103	25198	23792	26962	28821	30075
俄罗斯	25230	13732	201113	21272	22224	21727	22986	23048	23426	24919	25969	26019
美国	15307	21421	24687	25246	25246	25414	27027	25473	25473	23147	24451	25252
印度	2358	3052	6005	6257	6257	6496	6658	6817	6817	6545	6929	7385
加拿大	1278	N/A.	3227	2541	3525	3525	3525	5401	5401	5114	5114	5878
德国	N/A.	806	1058	1120	1059	752	748	729	729	927	882	850
法国	507	554	228	232	316	240	246	331	331	336	148	268
英国	160	N/A	192	N/A	N/A	N/A	N/A	N/A	N/A	192	192	192

（二）公路

公路路网四通八达，高速公路建设成效显著。改革开放 40 余年，我国公路建设突飞猛进。2014—2019 年，公路里程显著提高，全国公路总里程增长 12.30%，高速公路总里程增长 33.70%。

2019 年年末，全国公路总里程 501.25 万公里，比上年增加 16.60 万公里。全国高速公路里程已达 14.96 万公里，位居世界第一。

我国高速公路居世界之首。2019 年，美国、印度和中国的公路里程分别为 671.28 万公里，638.63 万公里，501.25 万公里，三个国家的公路里程超过世界总里程的 1/4。2019 年，我国高速公路里程世界居首，为14.96万公里。美国的高速公路里程位居世界第二，为10.8万公里，其余国家高速公路里程则远小于中国和美国。

高等级公路里程占比逐年上升，公路质量显著提高。高速公路占比逐年上升，一级、二级公路占比有所上升，三级公路占比有所下降，四级公路占比上升较多，等外公路占比逐年下降。从量上来说，高速公路年均增长0.89万公里，一级公路年均增长0.57万公里，二级公路年均增长1万公里，三四级公路年均增长13.5万公里，等外公路年均减少4.6万公里。

2019年，我国公路里程为501.25万公里，四川省、湖北省和山东省的公路里程居全国前三，分别为33.7万公里，28.9万公里，28.0万公里；上海市、天津市和北京市的公路里程数最小，分别为1.3万公里，1.6万公里，2.2万公里。2019年，我国高速公路里程为14.96万公里。广东省、河北省和四川省的高速公路里程居全国前三，分别为0.95万公里，0.75万公里，0.75万公里；西藏自治区、上海市和海南省的高速公路里程数最小，分别为38公里，0.08万公里，0.12万公里。

（三）航空

经过几十年的持续、快速发展，我国民航机场设施水平不断提升，航线网络覆盖率大幅提高，航空运输保障能力显著增强。到2019年年末，定期航班航线总条数达5521条，是1950年的460倍，年均增长9.3%；定期航班航线里程由1950年的1.1万公里增至2019年的948万公里，年均增长10.2%；国内定期航班通航城市由1950年的7个增至2019年的234个；定期航班通航机场数量由1949年的36个增至2019年的237个，初步形成以国际枢纽机场为中心，区域枢纽机场为骨干，其他干、支线机场相互配合的格局。近年来，我国航空业正在迅速发展，目前已成为全球第二大市场。

据初步数据表明，2019年年末，共有颁证民用航空机场238个。其中，定期航班通航机场237个，定期航班通航城市234个。2019年，旅客客运量达到100万人次以上的通航机场有106个，年旅客客运量达到1000万人次以上的有39个，年货邮吞吐量达到10000吨以上的有59个。其中，北京首都机场和上海浦东机场占据主要市场。2019年机场旅客客运量排名：北京首都机场，上海浦东机场，广州白云机场，成都双流机场，深圳宝安机场。

（四）港口

大型港口建设加速推进，内河航道通航条件明显改善。新中国成立初期至改革开放前，我国有计划地进行港口基础设施建设，取得明显成绩。到1978年年末，全国港口生产用码头泊位数由1949年的161个增至735个。随着改革开放政策的推行和对外贸易的发展，港口建设步入高速发展阶段。特别是20世纪90年代以来，现代深水化、大型化、专业化码头建设加速推进。到2019年年末，全国港口拥有生产用码头泊位22893个，是1949年的142倍，年均增长7.3%。其中，万吨级及以上泊位从1957年的38个增至2520个，年均增长 7.0%。2019 年，在全球港口集装箱吞吐量排名前十名的港口中，中国港口占有七席。同时，我国内河航道条件持续改善，形成通江达海干支衔接的航道网络。到 2019 年年末，内河航道通航里程达 12.7 万公里。其中，等级航道占比 52.4%。

为了提高港口竞争力，避免无序竞争，以及促进区域经济的发展，在国家交通管理部门和地方政府的推动下，我国港口行业整合正加速推进。整合的形式包括兼并收购、合资建设码头、业务合作等。在港口整合的形式中，区域内整合是港口整合的主流。部分地区采取以省政府为实施主体，根据水域的自然条件，突破行政区划，组建省级港口管理机构，对港口资源实施整合，统一规划建设。数据表明，2019 年年末，全国港口拥有生产用码头泊位 2.2 万个。其中，沿海港口生产用码头泊位 5562 个，内河港口生产用码头泊位 17331 个。全国港口拥有万吨级及以上泊位 2520 个。其中，沿海港口万吨级及以上泊位 2076 个，内河港口万吨级及以上泊位 444 个。

（五）管道

数据表明，2014—2019 年，我国输油输气管道里程逐年增加，增长 19.80%，货运量呈增长态势。2019 年年末，全国输油输气管道长约 12.7 万公里，货运量为 91261 万吨，货运周转量为 5350 亿吨公里。

第二节　交通运输发展规划

一、综合交通运输体系发展规划

（一）交通强国建设纲要

2019 年 9 月，中共中央、国务院印发了《交通强国建设纲要》(以下简称《建设纲要》)。《建设纲要》要求，到 2020 年，完成决胜全面建成小康社会交通建设任务和“十三五”现代综合交通运输体系发展规划各项任务，为交通强国建设奠定坚实基础。

《建设纲要》明确了交通强国建设的总目标，就是“人民满意、保障有力、世界前列”。“人民满意”是交通强国建设的根本宗旨，强调坚持以人民为中心的发展思想，建设人民满意的交通。“保障有力”是交通强国建设的基本定位，强调为国家重大战略实施、现代化经济体系构建和社会主义现代化强国建设提供有力支撑。“世界前列”是交通强国建设的必然要求，强调全面实现交通现代化，交通综合实力和国际竞争力位于前列。“人民满意、保障有力、世界前列”三者相辅相成，缺一不可，共同构成了交通强国建设的总目标。

《建设纲要》确定了九项重点任务。一是基础设施布局完善、立体互联。提出建设现代化高质量综合立体交通网络，构建便捷顺畅的城市（群）交通网，形成广覆盖的农村交通基础设施网，构筑多层级、一体化的综合交通枢纽体系。二是交通装备先进适用、完备可控。提出加强新型载运工具研发和特种装备研发，推进装备技术升级。三是运输服务便捷舒适、经济高效。提出推进出行服务快速化、便捷化，打造绿色高效的现代物流系统，加速新业态新模式发展。四是科技创新富有活力、智慧引领。提出强化前沿关键科技研发，大力发展智慧交通，推动新技术与交通行业深度融合，完善科技创新机制。五是安全保障完善可靠、反应快速。强调提升本质安全水平，推进精品建造和精细管理，完善交通安全生产体系，强化交通应急救援能力。六是绿色发展节约集约、低碳环保。强调促进资源节约集约利用，强化节能减排和污染防治，强化交通生态环境保护修复。七是开放合作面向全球、互利共赢。提出构建互联互通、面向全球的交通网络，加大对外开放力度，深化交通国际合作，积极推动全球交通治理体系建设与变革。八是人才队伍精良专业、创新奉献。提出培育高水平交通科技人才，打造素质优良的交通劳动者大军，建设高素质专业化交通干部队伍。九是完善治理体系，提升治理能力。强调深化行业改革，优化营商环境，健全市场治理规则，健全公共决策机制等。

《建设纲要》提出了三个方面的保障措施。一是加强党的领导，充分发挥党总揽全局、协调各方的作用，建立统筹协调的交通强国建设实施工作机制。二是加强资金保障，深化交通投融资改革，完善政府主导、分级负责、多元筹资、风险可控的资金保障和运行管理体制。鼓励采用多元化市场融资方式，拓宽融资渠道。三是加强实施管理，科学制定配套政策和配置公共资源，加强交通强国建设与自然资源、环保、财税、金融、投资、产业、贸易等政策协同；部署若干重大工程、重大项目，合理规划交通强国建设进程；鼓励有条件的地方、企业在交通强国建设中先行先试等。

《建设纲要》提出了两个阶段性目标。第一个阶段，从 2020 年到 2035 年，用 15 年的时间基本建成交通强国。现代化综合交通运输体系基本形成，人民满意度明显提高，支撑国家现代化建设能力显著增强，交通国际竞争力和影响力显著提升。第二个阶段，从 2036 年到 2050 年，就是到本世纪中叶，全面建成交通强国。要全面建成人民满意、保障有力、世界前列的交通强国。基础设施的规模质量、技术装备、科技创新能力、智能化与绿色化的水平位于世界前列，交通安全水平、治理能力、文明程度、国际竞争力及影响力达到国际先进水平，全面服务和保障社会主义现代化强国建设、人民享有美好的交通服务。

“三张交通网”和“两个交通圈”是具体的目标。“三张交通网”：一是发达的快速网。主要包括高铁、高速公路、民航，主要突出高品质、速度快等特点。二是完善的干线网。主要是由普速铁路、普通国道、航道，以及油气管线等组成，具有运行效率高、服务能力强等特点，实现人流、货流、物流快速有效输送。三是广泛的基础网。主要是由普通的省道、农村公路、支线铁路、支线航道、通用航空组成，覆盖空间大、通达程度深、惠及面较广。“两个交通圈”是指围绕国内出行和全球的快货物流建立起来的快速服务体系。一是“全国 123 出行交通圈”，力争实现都市区一小时通勤，城市群两小时通达，全国主要城市三小时覆盖。二是“全球 123 快货物流圈”，力争货物国内一天送达，周边国家两天送达，全球主要城市三天送达。

(二)“十三五”现代综合交通运输体系发展规划

2017 年，国务院印发了《“十三五”现代综合交通运输体系发展规划》(以下简称《规划》)，是新一轮大部门制改革后首个综合交通运输五年发展规划，是《中华人民共和国国民经济和社会发展第十三个五年规划纲要》提出的 22 个国家级重点专项规划之一，是指导“十三五”时期我国交通运输发展的纲领性文件。《规划》统筹铁路、公路、水运、民航和邮政业发展，立足于交通运输基础设施发展、服务水平提高和转型发展的黄金时期，提出了“十三五”时期综合交通运输体系发展思路、任务和保障措施。《规划》的出台，对于推进交通运输供给侧结构性改革，加快构建现代综合交通运输体系具有重要意义。

《规划》提出，“十三五”时期，我国交通运输发展将步入支撑全面建成小康社会的攻坚期、优化网络布局的关键期、提质增效升级的转型期，并将进入现代化建设新阶段。这一时期，交通运输发展面临的主要矛盾将由总量不足转为结构性矛盾，要强化交通扶贫脱贫等薄弱领域和短板环节建设，强化运输服务的协同性和均等化。

《规划》明确，到 2020 年，基本建成安全、便捷、高效、绿色的现代综合交通运输体系，部分地区和领域率先基本实现交通运输现代化。

《规划》要求，要按照适度超前的原则，有序推进交通基础设施建设，更好地发挥交通先行作用。在通道布局方面，明确了“十横十纵”综合运输大通道新格局；在网络构建方面，提出打造“三张网”，即高品质的快速交通网、高效率的普通干线网、广覆盖的基础服务网。

为强化交通运输战略支撑作用，《规划》还对四大板块和三大战略、扶贫脱贫攻坚、新型城镇化交通运输发展进行专门部署。《规划》突破了各运输方式“拼盘”格局，更加注重各种交通运输方式融合发展，体现了补齐短板、调整结构、强化衔接等综合交通运输发展的核心要义。

二、主要交通方式发展规划

(一) 铁路

《中长期铁路网规划》是我国铁路基础设施的中长期空间布局规划，是推进铁路建设的基本依据，是指导我国铁路发展的纲领性文件。规划期为 2016—2025 年，远期展望到 2030 年。

依据《中长期铁路网规划》，到 2020 年，铁路里程达到 15 万公里；其中，高速铁路 3 万公里，覆盖 80% 以上的大城市。到 2025 年，铁路网规模达到 17.5 万公里；其中，高速铁路 3.8 万公里。

按照规划，“十四五”时期新增铁路网规模 2.5 万公里。其中，高速铁路约 0.8 万公里。

（二）公路

《国家公路网规划（2013—2030 年）》是公路交通基础设施的中长期布局规划，体现了国家发展综合交通运输的战略方针，是指导国家公路长远发展的纲领性文件。

该规划提出的目标为：实现首都辐射省会、省际多路连通，地市高速通达、县县国道覆盖；1000 公里以内的省会间可当日到达，东中部地区省会到地市可当日往返、西部地区省会到地市可当日到达；区域中心城市、重要经济区、城市群内外交通联系紧密，形成多中心放射的路网格局；有效连接国家陆路门户城市和重要边境口岸。

到 2030 年，国家公路网规划总规模 40.1 万公里，由普通国道和国家高速公路两个路网层次构成。普通国道由 12 条首都放射线、47 条北南纵线、60 条东西横线和 81 条联络线组成，总规模约 26.5 万公里。国家高速公路由 7 条首都放射线、11 条北南纵线、18 条东西横线，以及地区环线、并行线、联络线等组成，约 11.8 万公里，另规划远期展望线约 1.8 万公里。

公路里程（国道、省道、县道，不包括乡道）年均增长 2%~3%。预计到 2025 年，将达到 295 万公里左右。高速公路增长趋势将相对放缓，预计 2025 年，高速公路里程将达到 17 万公里。

（三）航空

《全国民用运输机场布局规划》，从综合交通运输体系发展考虑，对民用运输机场建设数量、空间布局等进行了调整，提出了一体化衔接、绿色集约发展等政策措施，形成与高速铁路优势互补、协同发展的格局。规划目标年为 2025 年，展望到 2030 年。

该规划提出的目标为：到 2020 年，运输机场数量达 260 个，枢纽机场设施能力进一步提升，一批支线机场投入使用；到 2025 年，建成覆盖广泛、分布合理、功能完善、集约环保的现代化机场体系，形成三大世界级机场群、10 个国际枢纽、29 个区域枢纽。实现规划布局机场约 370 个（建成约 320 个）。按照规划，“十四五”时期，新增建设机场 60 个，新增规划机场 110 个。

根据各省（市、区）规划，已有 8 个省市明确 2025 年建设的通用机场数量为 352 个，结合部分省市 2020 年与 2030 年目标，参考行政区划范围、经济发展程度、人口等指标，预计 2025 年将建成通用机场 1370 个，“十四五”期间新增 600 多个通用机场。

（四）港口

《全国内河航道与港口布局规划》目标为：规划内河高等级航道约 1.9 万公里（约占全国内河航道里程的 15%）。其中，三级及以上航道 14300 公里，四级航道 4800 公里，分别占 75%，25%。在长江水系、珠江水系、京杭运河与淮河水系、黑龙江和松辽水系及其他水系，形成长江干线、西江航运干线、京杭运河、长江三角洲高等级航道网、珠江三角洲高等级航道网、18 条主要干支流高等级航道 (两横一纵两网十八线、简称 2—1—2—18) 和

28 个主要港口布局。

《全国沿海港口布局规划》，将全国沿海港口划分为环渤海、长江三角洲、东南沿海、珠江三角洲和西南沿海五个港口群体，强化群体内综合性、大型港口的主体作用，形成煤炭、石油、铁矿石、集装箱、粮食、商品汽车、陆岛滚装和旅客运输等八个运输系统的布局。

内河航道里程在 2015 年达到 12.7 万公里后增长趋势不明显，在可预计的未来一段时间内也不会有大的变化。

三级及以上航道里程每年保持较快增长，年均增长约 4%~5% 之间。预计 2025 年将达到 2 万公里以上。

全国港口拥有生产用码头泊位数量持续减少，而万吨级及以上泊位稳定增加，近几年增速有所放缓，但仍将保持总体增长的态势。预计 2025 年，全国万吨级及以上泊位将达到 2800 个左右。

（五）管道

《中长期油气管网规划》是我国油气管网中长期空间布局规划，是推进油气管网建设的重要依据。规划期为 2016—2025 年，远期展望到 2030 年。

规划目标为：到 2020 年，全国油气管网规模达到 16.9 万公里；其中，原油、成品油、天然气管道里程分别为 3.2 万，3.3 万，10.4 万公里，储运能力明显增强。到 2025 年，全国油气管网规模达到 24 万公里，网络覆盖进一步扩大，结构更加优化，储运能力大幅提升。全国省（区、市）成品油、天然气主干管网全部联通，100 万人口以上的城市成品油管道基本接入，50 万人口以上的城市天然气管道基本接入。

三、交通运输基础设施建设重点

（一）核心开发地区

中心城市、城市群、都市圈将成为焦点。国家中心城市是国家级城市群的核心，是区域竞争力的综合体现，也是国家战略性产业布局的重点考虑因素。国家重大交通通道和枢纽体系应以国家中心城市为锚固点。

我国城市群发育刚刚起步。成功的国际城市群特征包括：人口、资本、产业经济要素高度集聚；产业分工协同特征显著；空间发展阶段特征："城市"→"都市区"→"城市群"；发展协同机制：高效的市场经济体制、自下而上；发达的交通网络支撑：对外交通——发达的国际航运体系（空 / 海港），城市群交通——城际、市郊铁路为主体的轨道网络等。我国城市群发育存在着中心城市功能过度聚集；城市群内产业结构呈现低水平同质化、效益低下等特征；以居住、商业用地高地价对冲工业用地低地价 , 加剧扩张；城市群发展协同机制落后：一亩三分地思维；特别是城际 / 市郊铁路 / 区域快线发展严重滞后等问题。

十九大报告指出："建立更加有效的区域协调发展新机制，以城市群为主体构建大中小城市和小城镇协调发展的城镇格局。"京津冀、粤港澳、长三角等城市群，北京、上海、广州等中心城市还需要继续保持高强度交通基础设施用地供应。

（二）交通基础设施综合开发

围绕交通基础设施综合开发的保障力度需要加强，大力推动通道经济、枢纽经济、临港经济、临站经济，要建立整备开发制度，加强供地力度。

在铁路车站周边和铁路沿线进行高密度土地综合开发，可以引导人口和经济活动围绕铁路实现高度集聚，实现城市土地的高效集约利用，通过市场方式供应土地，一体设计、统一联建方式开发利用土地，促进铁路站场及相关设施用地布局协调、交通设施无缝衔接、地上地下空间充分利用、铁路运输功能和城市综合服务功能大幅提高，形成铁路建设和城镇及相关产业发展的良性互动机制，促进铁路和城镇化可持续发展。

荷兰史基浦机场地区的土地开发是多主体共同参与的开发模式，政府或者具有国有性质的开发建设单位负责一级，机场集团入股参与整个开发过程，能够保障机场功能用地，又能从参与开发过程中获取收益反哺机场基础设施投资建设。机场集团参与整个区域的土地开发，加上主导机构协调开发的土地开发模式，保证政府规划的有效实施，避免地方政府、机场集团、开发机构、土地所有者等不同利益主体的冲突，形成功能齐全、布局合理、具有层次性的产业链，并实现空港、临空产业、航空城三者一体化发展。

（三）交通与生态环境保护

注意处理好与生态环境保护关系，交通建设与生态保护应共同促进，加大生态环境保护力度，加强集约、节约利用土地，注意线性用地特点，用地管控不能搞一刀切。交通网络主要以"线"连接各区域，而生态保护区主要呈现"点"和"面"的形式。目前，交通联系不畅的区域主要为生态环境尚未破坏的地区，为加强交通网络覆盖，会穿越生态环境保护区。当交通线路穿越保护区时，不应严格禁止，而是应该评估交通项目的必要性和对生态环境的影响程度，必要性高的交通线路，必须穿越保护区；必要性低的交通线路，可放缓建设或寻找其他线路。

例如，山西平遥至榆社高速公路的生态环境影响评价。公路穿越该自然保护区的实验区和缓冲区，穿越保护区长总计 8.6 公里。公路穿越该自然保护区的实验区和缓冲区，桩号为 K22+425—K31+040。其中，K22+425—K25+250，K27+800—K31+040 穿越实验区，长 6.1 公里；K25+250—K27+800 穿越缓冲区，长 2.6 公里；穿越保护区长总计 8.6 公里，其中隧道一处长 5.8 公里、桥梁三处，长 878 米、其余路基长 1.9 公里。K20+300—K28+270 为宝塔山隧道，其隧道进口在保护区外，隧道出口在实验区，缓冲区内均以隧道形式通过，路线离核心区最近距离约 500 米。

第三节　交通运输发展趋势

一、面临的形势

（一）全球化互联互通需求增加

（1）“一带一路”政策助推全球命运共同体的形成

通过“一带一路”与欧亚大陆乃至世界互联互通，和平发展，互利共赢，构建人类命运共同体，是中国深化对外开放、实现强国梦的核心战略。随着我国对外开放战略深入推进，特别是“一带一路”建设正取得一系列阶段性成果，我国经济更加深入地融入经济全球化进程之中，对外经贸往来持续发展。

（2）与共建“一带一路”国家的互联互通需求迅速增加

2017 年，我国境内投资者对共建“一带一路”的 57 个国家近 3000 家境外企业进行了直接投资，涉及国民经济 17 个行业大类，累计投资 201.7 亿美元，同比增长 31.5%，主要直接投资总量地区为亚洲。主要投向了新加坡、哈萨克斯坦、马来西亚、印度尼西亚、俄罗斯、老挝、泰国、越南、柬埔寨、巴基斯坦、阿联酋等国家。

（3）与东盟、东北亚等国家的人员往来需求增加

2017 年，我国出境旅游目的地主要集中在东盟国家（泰国、新加坡、越南、印尼、马来西亚、菲律宾、柬埔寨）、东北亚（日本、韩国）、南亚（马尔代夫、斯里兰卡）。

（4）与美国、东北亚、俄罗斯等国家的贸易往来需求增加

2018 年，我国的煤炭进口主要来自印度尼西亚、澳大利亚、蒙古、俄罗斯及菲律宾等国家。从这五国合计进口煤炭 27416 万吨，占总进口量的 97.5%。

（5）中欧班列通道发展迅猛，带动沿线国家货物往来

截至 2018 年年底，中欧班列累计开行 1.3 万列，国内开行城市 59 个，运行线已达 65 条，从西、中、东三条通道的阿拉山口（霍尔果斯）、二连浩特、满洲里（绥芬河）口岸出境到达 15 个国家、49 个城市，运输网络已覆盖亚欧大陆的主要区域。货物由最开始的电脑、手机等电子产品，逐步扩大到服装鞋帽、粮食、葡萄酒、汽车及配件等人民日常生活必需品。目前，中欧班列线路主要分布在德国、俄罗斯、哈萨克斯坦、塔吉克斯坦、波兰、白俄罗斯等国家。

（二）人口与城镇化发展

（1）整体经济增速下行，需求告别高速增长

从中期的趋势来看，当前我国处在增速换挡的“L 型”触底期。高质量发展、高品质生活成为时代发展的主旋律。海外需求的疲软和国内劳动力成本的上升，导致出口不再成为中国经济增长额的引擎，制造业 GDP 占比开始显著下降。与之相对的是，服务业 GDP

占比开始上升。制造业投资和基建投资增速下降，经济结构被动转型。中国国内货运总量仍将稳步增长，但受经济结构转变影响，增速低于经济增速、货运强度下降将成为未来的重要趋势特征。

（2）人口众多的基本国情没有改变，处于人口结构快速变动期

人口总量进入缓慢增长阶段，人口发展处于深度转型期，2025 年预测人口总量达到 14.3 亿人。出生人口稳定减少，劳动年龄人口减少，年龄结构老化。预计到 2030 年，我国 65 岁以上老龄人口将超过 2.4 亿人，占全国人口总量的 17.1%，占全球老龄人口的四分之一。我国每年新增长 100 万高龄老年人口，这种大幅度增长的态势将持续到 2025 年。全国流动人口进入平稳下降阶段，跨省流动人口开始减少，省内流动人口稳定增加，人口城乡流动、城乡回流和城城流动同时存在，沿海大城市和城市群是跨省流动的主要目的地，省会和地级市对流动人口集聚度在不断提高。东部地区在 2030 年达到人口峰值，为 5.9 亿人，还有 5580 万人口的增量；中部地区在 2044 年达到人口峰值，为 3.9 亿人，还有 2978 万人的增量；西部地区在 2030 年达到人口峰值，为 4.1 亿人，还有 3346 万人口的增量；东北地区在 2024 年达到人口峰值，为 1.2 亿人，距离峰值还有 431 万人。

（3）城镇化与城市发展同样面临发展形势的重大转变

2020 年，全国城镇化率达到 61% 左右；2030 年，城镇化率达到 70% 左右，城镇化发展进入低速增长阶段；东部地区城市群核心地位显著，中西部地区城市群经济快速增长，与东部地区城市群规模与密度差距明显。东北地区城市群在全国地位下降。沿海城镇密集地区、国家级城市群间的交通联系需求将会增强。东部地区城市密集，大城市数量多（85 个），2030 年城市平均规模达到 140 万人。城镇化率增速 0.8。中部地区城市主要分布在中原城市群、长江中游城市群，规模以中等城市为主。城镇化率增速 1.1。西部地区城市在成渝、北部湾、黔中等城市群集中，中小城市围绕省会分布。城镇化率增速 1.0。东北地区城市沿哈大线分布特征明显，城市数量多，除核心城市外，多为小城市，城镇化率增速 0.7。

（三）区域发展新格局

2019 年 8 月 26 日，中央财经委员会第五次会议强调，推动形成优势互补高质量发展的区域经济布局，发挥优势提升产业基础能力和产业链水平。按照客观经济规律调整完善区域政策体系，发挥各地区比较优势，促进各类要素合理流动和高效集聚，增强创新发展动力。

会议指出，当前我国区域发展形势是好的，同时经济发展的空间结构正在发生深刻变化，中心城市和城市群正在成为承载发展要素的主要空间形式。新形势下促进区域协调发展，要按照客观经济规律调整完善区域政策体系，发挥各地区比较优势，促进各类要素合理流动和高效集聚，增强创新发展动力，加快构建高质量发展的动力系统，增强中心城市和城市群等经济发展优势区域的经济和人口承载能力，增强其他地区在保障粮食安全、生态安全、边疆安全等方面的功能。要保障民生底线，推进基本公共服务均等化，在发展中

营造平衡。

（四）创新发展提出新的要求

新技术的不断发展将为智能交通带来新的变化。随着云平台、大数据、物联网、人工智能、5G 技术的发展和推广，智能交通的未来发展也面临更多的可能性。

1）运输服务系统智能化升级。通过推动信息共享，交通信息服务覆盖范围将更加全面，实现全程、实时、多样化的信息查询、发布与反馈。“一站式”票务、ETC 等智能化服务应用将进一步拓展。

2）运行管理技术应用日趋成熟。道路网运行控制管理能力向实时、精准、自适应发展，铁路、航空、水运等运行管理更加智能。装备和载运工具自动化水平进一步提高。自动驾驶汽车、无人化集装箱码头、无人机物流配送等技术成熟。

3）智能决策支持系统日渐完善。智能决策系统向交通规划、投资、建设、管理等各个领域推广。依托大数据、人工智能精准反映现状，为决策提供支撑。

4）基础设施建设全生命周期管理。基于传感器、物联网等技术，实现动态感知、全面覆盖的交通基础设施状态感知体系，实现对基础设施建设全生命周期的监测和管理。

二、发展趋势

（一）总体态势

（1）交通基础设施用地总量仍将增长

采用设施密度水平进行测算，我国交通基础设施发展已经开始面临空间制约。我国铁路网密度已经达到 0.9 公里 / 百平方公里、公路网密度也已经达到 44 公里 / 百平方公里、机场密度达到 0.5 个 / 万平方公里（图 1–1）。除机场密度远远落后于其他国家外，公路设施密度水平已经赶超发达国家平均水平，铁路设施密度水平也在新兴国家平均水平以上。

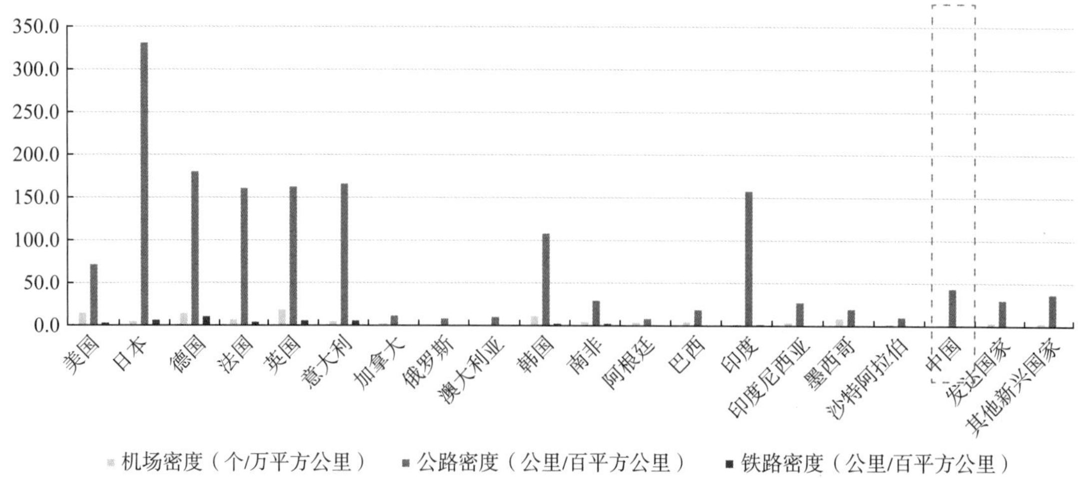

图 1–1 设施密度水平测算结果

根据人均设施拥有水平进行测算，当前我国交通基础设施发展面向服务需求存在较大差距。我国铁路设施供给水平为 0.6 公里 / 万人，公路设施供给水平为 30 公里 / 万人，机场设施供给水平为 0.4 个 / 百万人，在 G20 国家中分别排名第十六位、第十七位和第十八位，不仅比发达国家全面落后，而且与其他新兴国家相比也存在较大差距（其他新兴国家的平均铁路设施供给水平为 0.9 公里 / 万人、公路设施供给水平为 41 公里 / 万人、机场设施供给水平为 4.5 个 / 百万人）(图 1–2)。

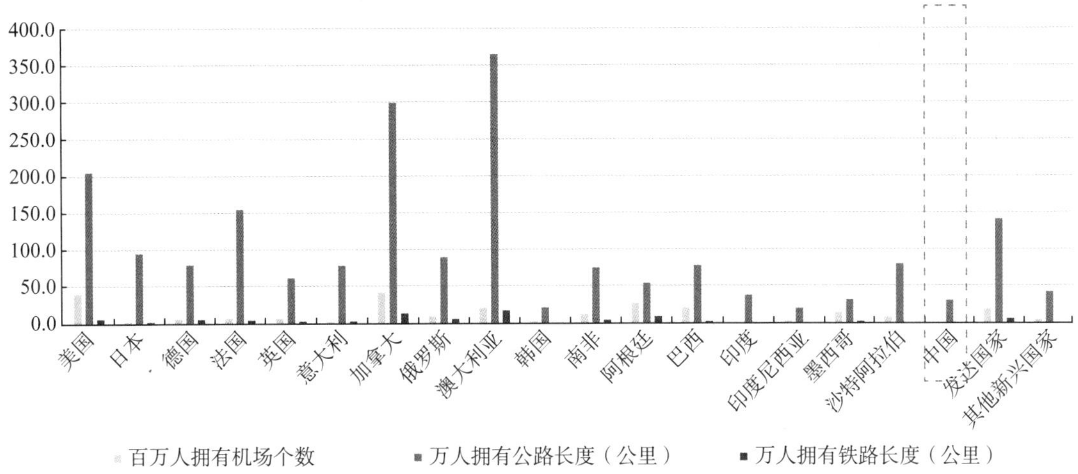

图 1–2　人均设施拥有水平测算结果

（2）基础设施用地占比，对比美国、日本、德国等还存在差距

我国交通运输用地占国土面积比例为 1%，占建设用地比例为 9.3%（2015 年），远低于美国（占建设用地 19.9%）、德国（占建设用地 36.9%）和日本（占建设用地 41.7%）（图 1–3)。

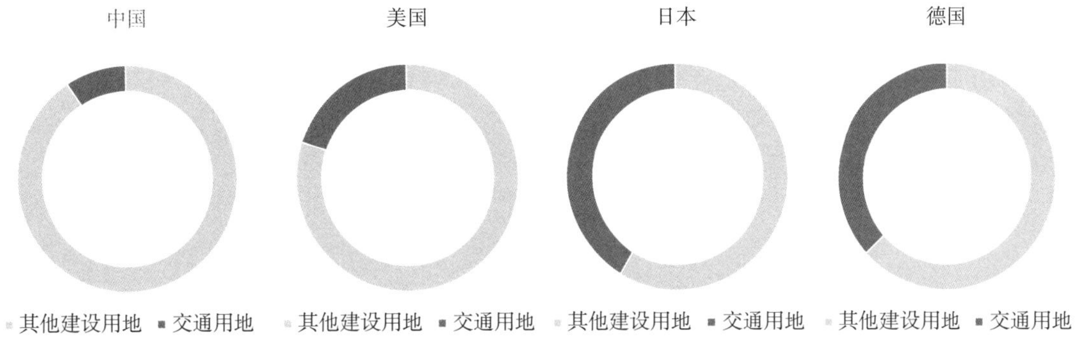

图 1–3　基础设施用地占比对比

(二) 交通运输结构的变化

1. 客运结构变化趋势

国际航空和陆路交通需求将增长，国内高铁和航空将主要服务远距离出行，城际轨道

和小汽车将主要服务近距离出行。随着全球化进程及世界经济重心东移，国际客流所占比例将有所增加，航空客运量将会增长。但受中美关系的影响，与东南亚、西亚等周边国家的陆路需求将会增强；国内客流随着GDP的持续增长和城镇化水平的提高，我国旅客运输总量将会增长。城市群及人口密集地区之间的远距离出行主要依靠高铁和航空出行，城市群及人口密集地区内部的短距离出行主要依靠城际轨道和公路小汽车出行。

未来四大地区交通结构变化趋势：东部未来将主要依靠高铁和城际轨道交通，对外仍需要大型航空机场；中部未来将主要依靠高铁和城际轨道交通；西部未来的城市仍呈散点状分布，对外交通方式将主要以公路和航空（支线机场）为主，人口密集省份、城市群内部的铁路和城际轨道需求将增长；东北未来整体依靠支线机场和公路，人口密集地区、城市群轴线上铁路需求会增长。

城市群和乡村地区客运变化趋势：城市群、人口密度较高和城镇化程度高的地区，在“十四五”时期中心城市与周边城市的联系将增强，联系交通通道需求将增加，中心城市与周边城市的公路和城市群内部轨道交通将成为主要支撑；乡村客流随着“十三五”时期乡村道路建设，“十四五”时期针对偏远山区乡村的投资将降低，“四好”农村路将主要以维护保养为主。

2. 货运结构变化趋势

受经济增长下滑和中美贸易关系影响，整体货运增长将会放缓。铁路货运需求保持增长，水运和公路货运需求增长放缓，航空货运需求增长。未来在铁路释放运能的条件下和公路运输结构调整的影响下，客运专线成网后，货运运输能力将进一步提升，铁路运输需求量仍会保持增长；受需求结构调整的影响，大宗散货需求将降低，以及沿江整治和环保政策的制约，水运发展将会受限，需求将放缓；受货运结构改革的影响，长途公路运输将转移至铁路运输，而且大宗物资运输需求将降低，但是公路快递业务将会增长，整体看公路运输需求增长将放缓；受产业转型升级影响，高质量高附加值的产品需要航空运输，但航空运输所占份额仍不会太高。

第二章　国内外交通运输发展对比分析

第一节　国内外交通状况对比

一、对比国家选取

结合研究目标，按照地理分布全覆盖（包括欧洲、亚洲、非洲、大洋洲、北美洲和南美洲等；南极洲无人口定居，不纳入研究），经济发展广涉及（低、中低、中高和高收入等），关键区域均突出（经合组织国家、金砖国家等），收集并整理包括我国共29个国家和地区数据资料。

经合组织（OECD）是由市场经济国家组成的政府间国际经济组织，其成员国主要是发达国家，市场化程度高，管理经验先进。收集此类国家的指标数据等，可以归纳总结发达国家在市场调节和用地供应等方面的成熟经验，为我国交通运输用地管理提供方向上的参考。故选取经合组织成员国23个，包括澳大利亚、奥地利、比利时、加拿大、智利、捷克、丹麦、爱沙尼亚、芬兰、法国、德国、冰岛、爱尔兰、以色列、意大利、日本、韩国、卢森堡、墨西哥、荷兰、瑞士、土耳其、美国。

金砖国家指5个发展潜力巨大且成长前景看好的新兴市场国家。金砖国家文化历史差异巨大、社会传统各不相同、地理相隔甚远，却具有四大共同特点：规模大，求改革，谋发展，有潜力。收集此类国家的指标数据等，可以归纳总结发展中国家在市场调节和用地供应等方面的共性规律，为我国交通用地管理提供方法上的借鉴。故选取金砖国家3个：印度、巴西和南非。

交通运输用地管理，既要借鉴发达国家的先进经验，又要汲取欠发达国家的发展教训；同时，考虑研究区域覆盖各个大洲，故选取了埃及；考虑到阿根廷是世界上综合国力较强的发展中国家之一，也是南美洲国家联盟、20国集团成员和拉美第三大经济体，故纳入研究范围。通过总结这些国家用地供应中存在的问题和不足，为我国交通用地管理提供反向参考。

二、不同交通运输方式的国内外比较

国外交通运输用地供应指标体系研究方法，主要采用的是比较分析法和分类分析法。分类法是通过比较事物之间的相似性，把具有某些共同特点或相似特征的事物聚类分析的

逻辑方法。将事物分门别类，有助于识别共性特征，总结发展规律，提出更具有针对性的政策建议。本书将人口和经济发展水平作为分类比较的依据。

本书选取的国家主要是经合组织国家和发展中国家。前者属于经济较为发达的国家，其供地决策会更加完善、更加成熟，在我国交通运输用地供应上更具借鉴意义；后者则是为了对比不同类型国家交通运输用地的发展差异。将研究区域的 29 个国家，根据经济发展水平分为发达国家和发展中国家，共 18 个发达国家和 11 个发展中国家。人口对于交通运输用地的供应具有重要影响，因此，根据研究区域人口数量排名，采用二分位法将这些国家分为人口密集区和非人口密集区。

（一）按经济发展水平分

根据研究区域的数据可获得性，将可获得数据的 29 个国家具体分类按照经济发展水平分为发达国家和发展中国家。具体分类情况见表 2-1。

表 2-1　经济发展水平分类标准

经济发展水平	国　家
发达国家	冰岛、澳大利亚、加拿大、爱尔兰、美国、芬兰、法国、奥地利、比利时、丹麦、卢森堡、瑞士、意大利、荷兰、德国、以色列、韩国、日本
发展中国家	中国、爱沙尼亚、捷克、巴西、南非、土耳其、阿根廷、智利、印度、墨西哥、埃及

（二）按人口数量分

根据人口数量排名，采用二分位法，将可获得数据的 29 个国家分为人口密集区和非人口密集区。具体分类情况见表 2-2。

表 2-2　人口数量分类标准

人口数量	国　家
人口密集区	中国、印度、美国、巴西、日本、墨西哥、埃及、德国、土耳其、法国、意大利、南非、韩国、阿根廷、加拿大
非人口密集区	澳大利亚、智利、荷兰、比利时、捷克、奥地利、以色列、瑞士、丹麦、芬兰、爱尔兰、爱沙尼亚、卢森堡、冰岛

1. 公路的国内外比较

（1）按经济发展水平分

发达国家由于经济发展水平相对较高，交通基础设施相对完善，将发达国家归为一类进行比较，更具有参考和借鉴意义。由图 2-1 可知，发达国家的人均公路里程差异明显。冰岛人均公路里程以绝对优势居于研究区域所有国家的第一位，高达 77.76 米 / 人，是发达国家平均水平的 4.74 倍，比中国水平的 23 倍还要多；其次是澳大利亚，人均公路里程高达 36.61 米 / 人，虽不足排名第一的冰岛的一半，但是远高于发达国家平均水平和中国水平；人均公路里程排名第三的是加拿大，其次是爱尔兰、美国和芬兰，这些国家相差不大，但均高于发达国家平均水平；中国人均公路里程远低于发达国家平均水平；排名相对靠后的是以色列、韩国和日本，这些国家人均公路里程相差并不显著，且远低于发达国家平均水平，其共同特点是人口数量相对较多且交通方式相对综合，并不是公路主导型国家。

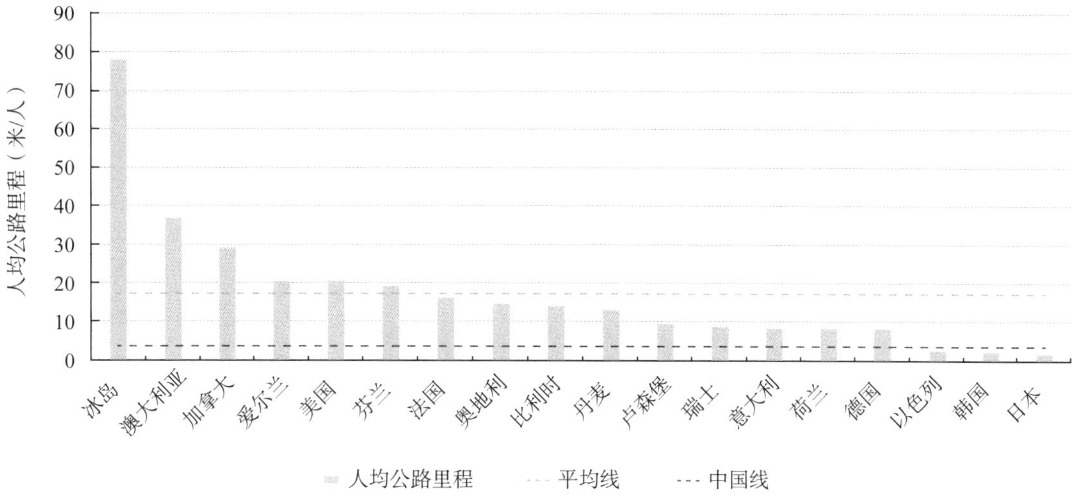

图 2-1　发达国家人均公路里程图

发展中国家人均公路里程最多的是爱沙尼亚（44.72 米 / 人），比排名第二的捷克的三倍还多，这两个国家人均公路里程远高于发展中国家平均水平和中国水平；其余九个国家均低于平均水平，且相差并不显著；中国则以 3.34 米 / 人的人均公路里程排名第八，与排名第九的印度和排名第十的墨西哥相差无几。这些国家人均公路里程不足平均水平的一半。因此，需要加大公路用地的建设力度，不断提高公路的运输能力和运输效率。人均公路里程最少的国家是埃及，埃及经济发展水平相对较低，交通基础设施还需不断完善。此外，埃及人口众多且具有较高的出生率，这是导致埃及人均公路里程低的最主要原因（图 2-2）。

（2）按人口数量分

人口密集区的人均公路里程数量最多的国家是加拿大，高达 29.09 米 / 人，是人口密集国家平均水平的 3.6 倍，中国水平的 8.71 倍；其次是美国和法国，这两个国家人均公路里程均高于平均水平和中国水平，其中美国是全世界公路最发达的国家之一，公路总里程世界第一，但由于人口相对较多，人均公路里程较加拿大较少；意大利、德国和巴西则分别排名第四、五、六名，这些国家人均公路里程相差无几，且十分接近平均水平；人均公路里程较少的国家是日本和埃及，其中，日本是少数几个人口破亿的国家，虽然公路基础设施相对完善，但由于人口众多，人均水平则相对靠后；埃及人均公路里程最少，这与其相对落后的经济水平密切相关（图 2-3）。

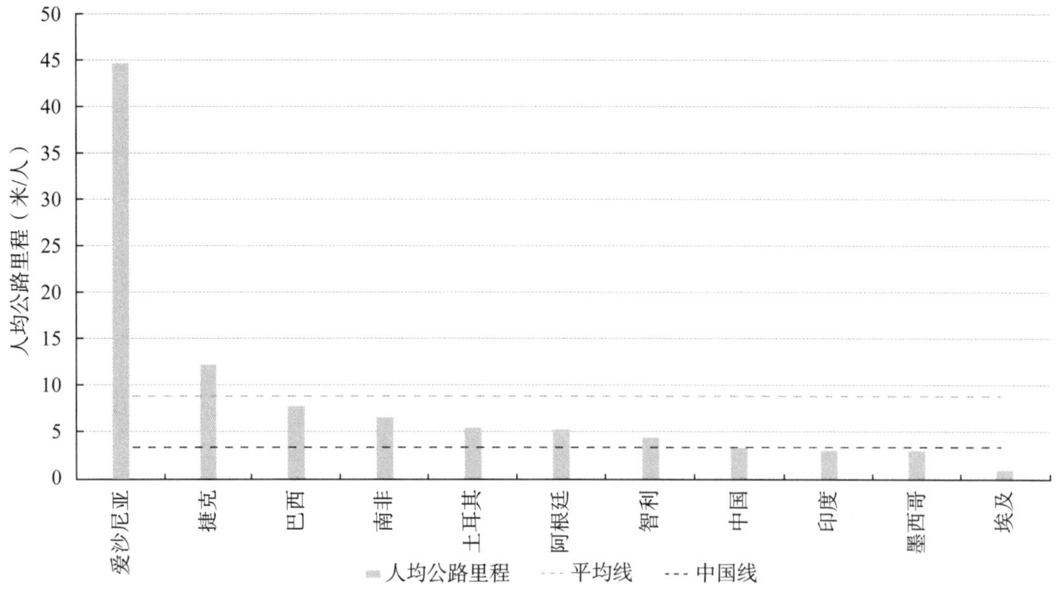

图 2-2　发展中国家人均公路里程图

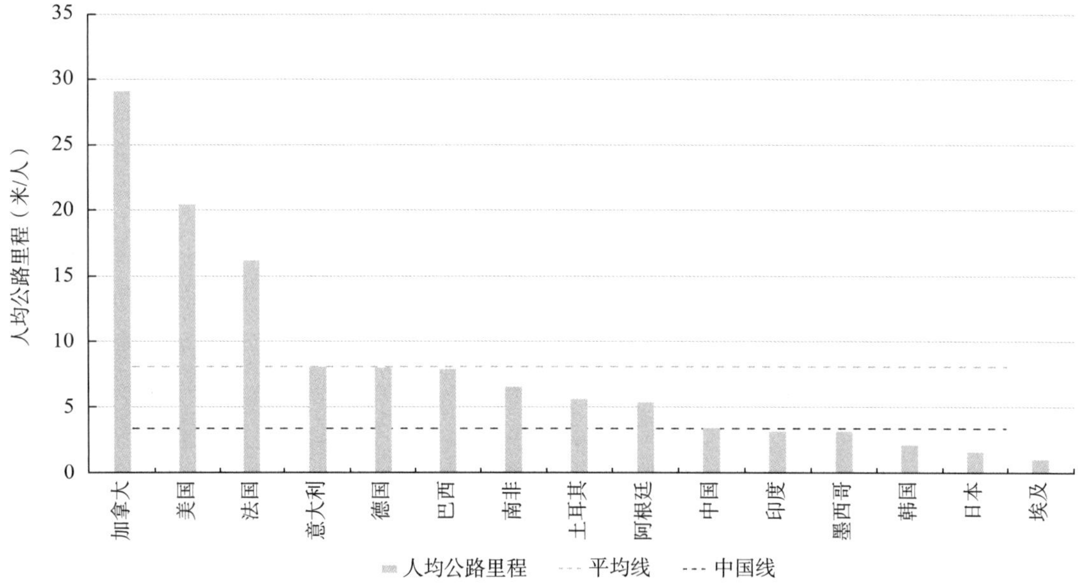

图 2-3　人口密集区人均公路里程图

非人口密集区的人均公路里程最多且最为突出的则是冰岛，高达 77.76 米 / 人，主要因为冰岛是大西洋的一个岛国，全境无铁路，运输主要以水运和公路为主，此外，冰岛还是人口密度最小的国家之一；爱沙尼亚和澳大利亚分别排名第二、三位，且均在非人口密集区的平均水平 20.33 米 / 人之上，爱尔兰和芬兰则紧随其后，且相差无几，略低于平均水平；人均公路里程较少的国家是荷兰、智利和以色列，其中荷兰和智利人口数量相对较多，导致其人均公路里程相对靠后，而以色列交通网络发达，是综合型的交通运输国家（图 2–4）。

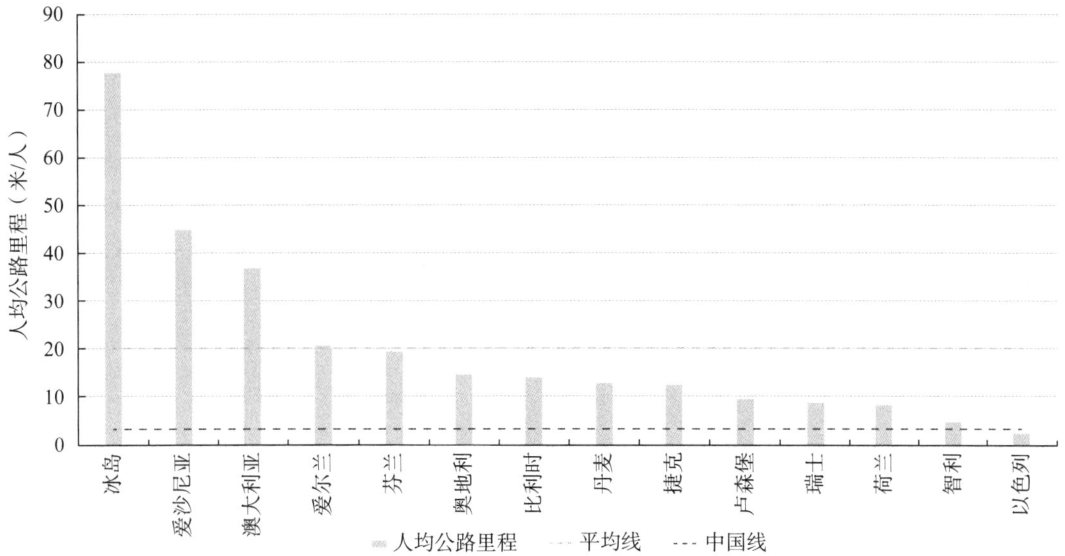

图 2-4　非人口密集区人均公路里程图

2. 铁路的国内外比较

（1）按经济发展水平分

就铁路而言，发达国家的人均铁路里程变化明显。其中，加拿大以人均 1.45 米的铁路里程排名第一；其次是芬兰、美国和奥地利，其中美国经济高度发达，铁路里程世界第一，但由于美国人口相对较多，故人均铁路里程位于加拿大和芬兰之后；卢森堡、瑞士和法国分别以 0.49 米 / 人，0.48 米 / 人，0.45 米 / 人的人均铁路里程位居第五、六、七名，且均高于发达国家的人均水平和中国水平；荷兰、以色列、日本和韩国人均铁路里程相对较少，分别为 0.18 米 / 人，0.15 米 / 人，0.13 米 / 人、0.08 米 / 人；欧洲多数国家陆上运输主要以公路为主，铁路修建相对较少；冰岛由于自然条件的限制，没有修建铁路（图 2−5）。

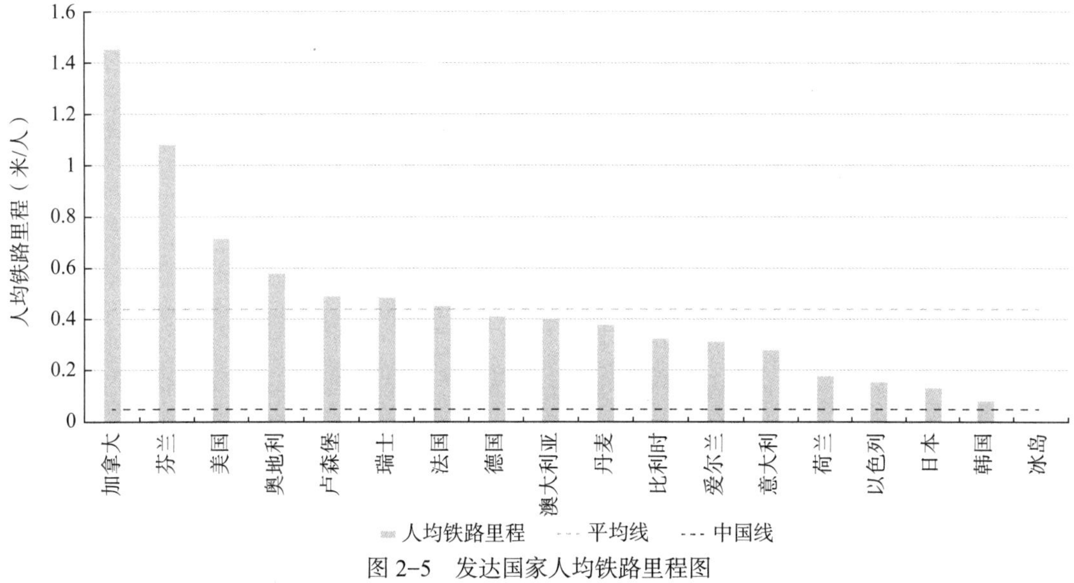

图 2−5　发达国家人均铁路里程图

发展中国家人均铁路里程变化显著。其中，人均铁路里程最多的国家是捷克，为 0.90 米 / 人；其次是爱沙尼亚和阿根廷，分别为 0.77 米 / 人，0.66 米 / 人，均远高于发展中国家的平均水平和中国水平；南非人均铁路里程是 0.37 米 / 人，排名第四，且略高于平均水平；人均铁路里程较少的是埃及、印度和中国，这三个国家的共同特点是人口数量众多，其中，中国人口数量世界第一，印度第二，故人均水平相对靠后。我国应加大铁路运输用地的供应与投资力度，不断完善交通运输模式，提高铁路用地的运输能力和运输效率（图 2–6）。

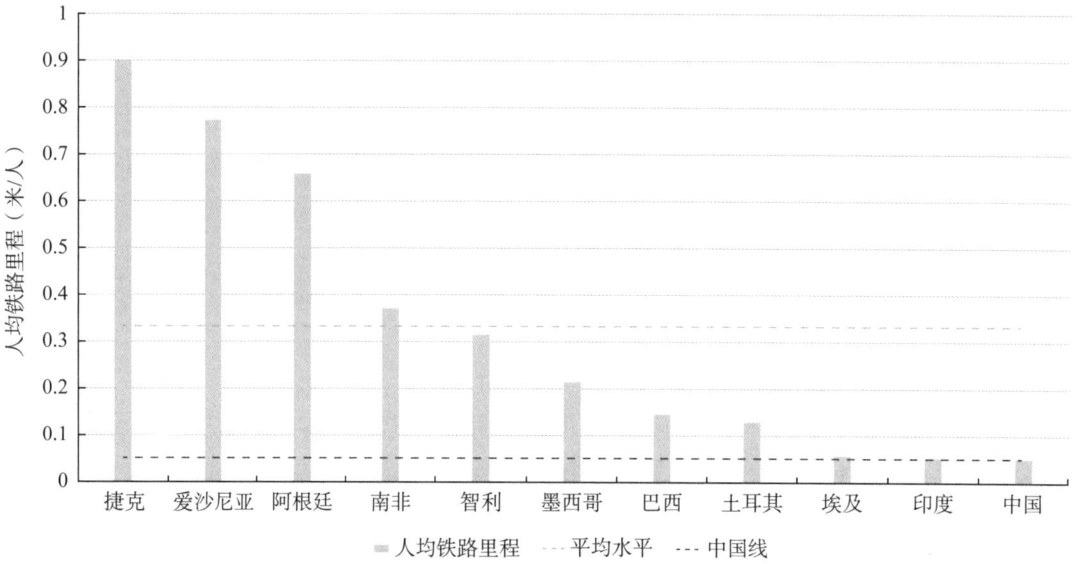

图 2–6　发展中国家人均铁路里程图

（2）按人口数量分

人口数量较多的国家中，加拿大以 1.45 米 / 人的人均铁路里程排名第一位，比排名第二位的美国（人均 0.71 米）的两倍还多，其原因是加拿大幅员辽阔而人口相对较少；美国虽拥有世界上最长的铁路里程，但人口众多，人均水平则不及加拿大；阿根廷以人均 0.66 米的铁路里程排名第三位，其人口相对其他人口密集区较少，铁路里程也相对较高；法国、德国和南非分别以 0.45 米 / 人，0.41 米 / 人，0.37 米 / 人位列第四、五、六名，这些国家人均铁路水平相差无几，且均略高于平均水平；人均铁路里程最少的是埃及、印度和中国，其中，中国和印度人口分别位居世界第一、第二位（图 2–7）。

非人口密集区的人均铁路里程之间差异较人口密集区较小。其中，芬兰人均铁路里程最高，为 1.08 米 / 人，比非人口密集区的平均水平 0.45 米 / 人的两倍还多；捷克、爱沙尼亚和奥地利分别以 0.90 米 / 人，0.77 米 / 人，0.58 米 / 人位居第二、三、四名；卢森堡和瑞士相差不多，且均略高于平均水平，这两个国家都是欧洲经济发展较好的国家，其中卢森堡经济高度发达，人均 GDP 排名世界第一；人均铁路里程相对较低的是荷兰和以色列，分别为 0.18 米 / 人，0.15 米 / 人，不足排名第一位的荷兰的 1/6；冰岛由于地质地貌条件的限制，铁路里程为零，主要以公路和航空运输为主（图 2–8）。

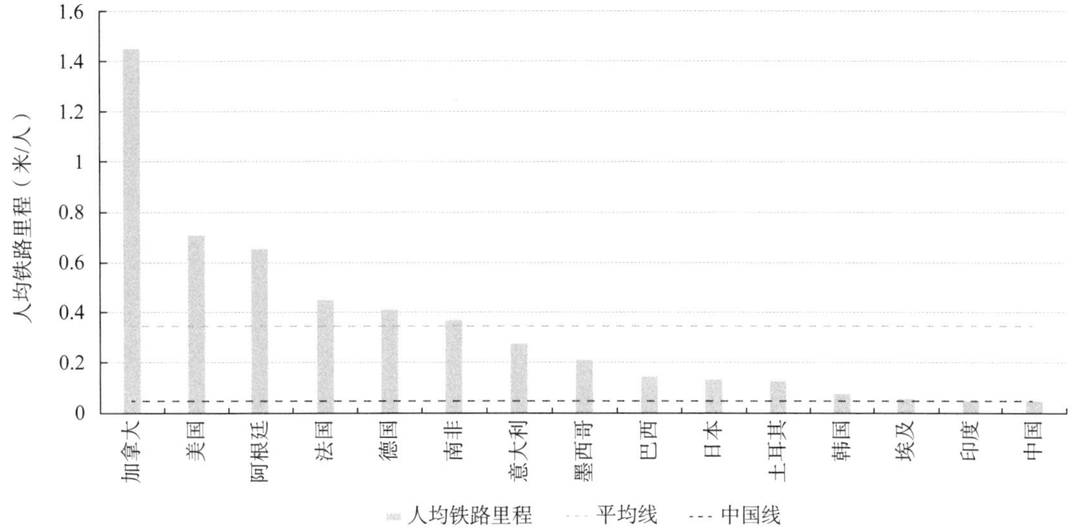

图 2-7　人口密集区人均铁路里程图

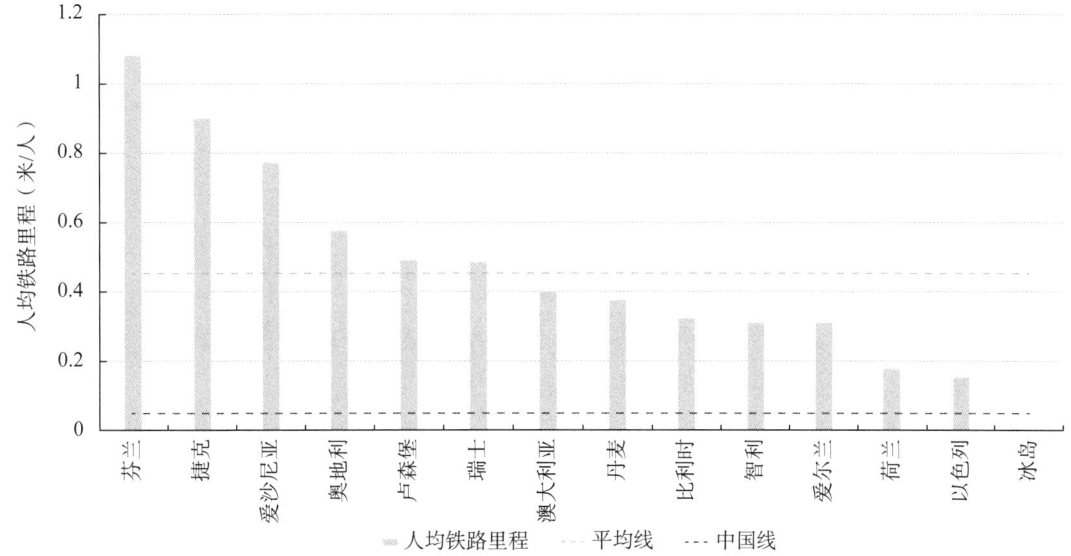

图 2-8　非人口密集区人均铁路里程图

3. 航空的国内外比较

（1）按经济发展水平分

发达国家的航空客运强度，除爱尔兰和冰岛外，其他国家差异并不显著。爱尔兰航空客运强度为 3.99 人 / 万美元，排名第一，远高于发达国家平均水平和中国水平，其航空客运效率也最高；冰岛航空客运强度仅次于爱尔兰，以 2.44 人 / 万美元排名第二，这两个国家都是欧洲的岛国，航空运输发达，效率高且价格相对便宜；芬兰、澳大利亚、加拿大、韩国、荷兰、美国和瑞士依次名列第三、四、五、六、七、八、九名，这些国家均低于发达国家平均水平，但略高于中国航空客运强度；航空客运强度较低的国家是比利时、以色列和意大利，分别为 0.25 人 / 万美元，0.21 人 / 万美元，0.16 人 / 万美元，航空客运效率相对较低（图 2-9）。

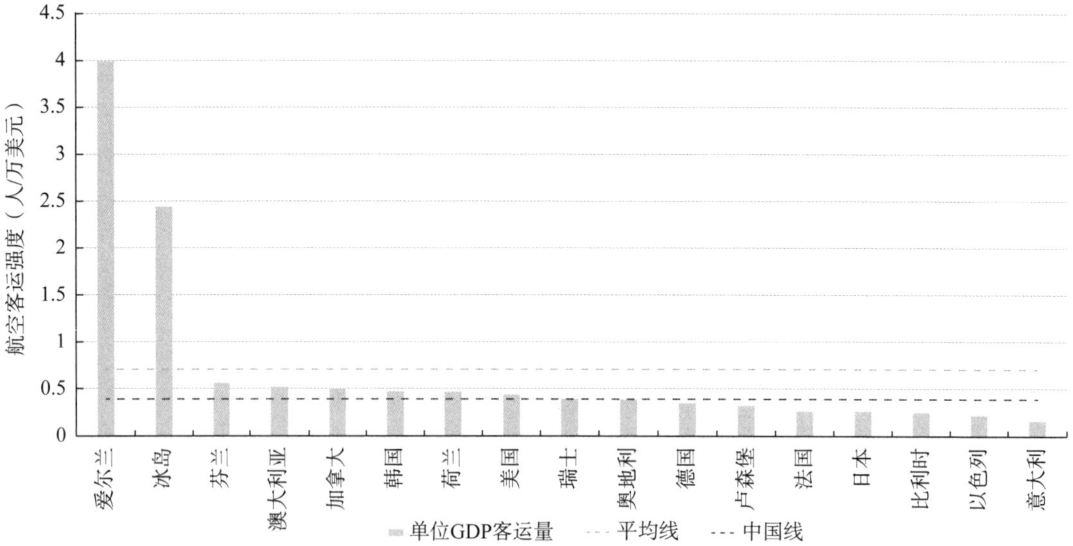

图 2-9　发达国家航空客运强度图

与发达国家相比，发展中国家航空客运强度差异相对较小。其中，航空客运强度最大的是土耳其，高达 1.12 人 / 万美元，说明其航空客运效率较高；其次是智利，客运强度 0.62 人 / 万美元；南非，0.59 人 / 万美元；巴西，0.57 人 / 万美元，这些国家均高于平均水平和中国水平；中国以 0.39 人 / 万美元的航空客运强度排名第七，且与排名第六的墨西哥相差无几，说明中国航空客运效率有待提高；航空客运强度较低的国家是阿根廷、爱沙尼亚和捷克，其中捷克铁路运输能力很强，航空客运能力相对较弱（图 2-10）。

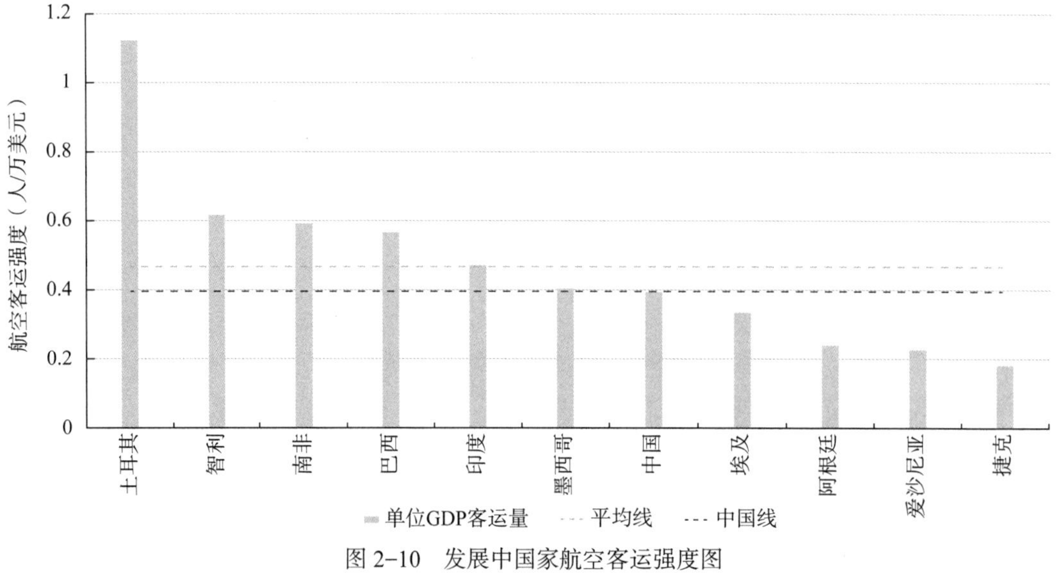

图 2-10　发展中国家航空客运强度图

由于卢森堡数据异常，为保证数据的可比性，故剔除异常国家卢森堡。就航空货运强度而言，发达国家的航空货运强度最高的是韩国，高达 81.68 吨 / 万美元，是发达国家航空货运强度平均水平 28.07 吨 / 万美元的 2.91 倍，是中国水平 17.90 吨 / 万美元的 4.56 倍；其次是荷兰和冰岛，航空货运强度分别为 69.83 吨 / 万美元，63.57 吨 / 万美元，二者均远高于平均水平和中国水平；比利时和芬兰位列第四、五名，略高于平均水平；航空货运强度较低的是奥地利、意大利和爱尔兰，其中，爱尔兰货运主要依靠水运（图 2–11）。

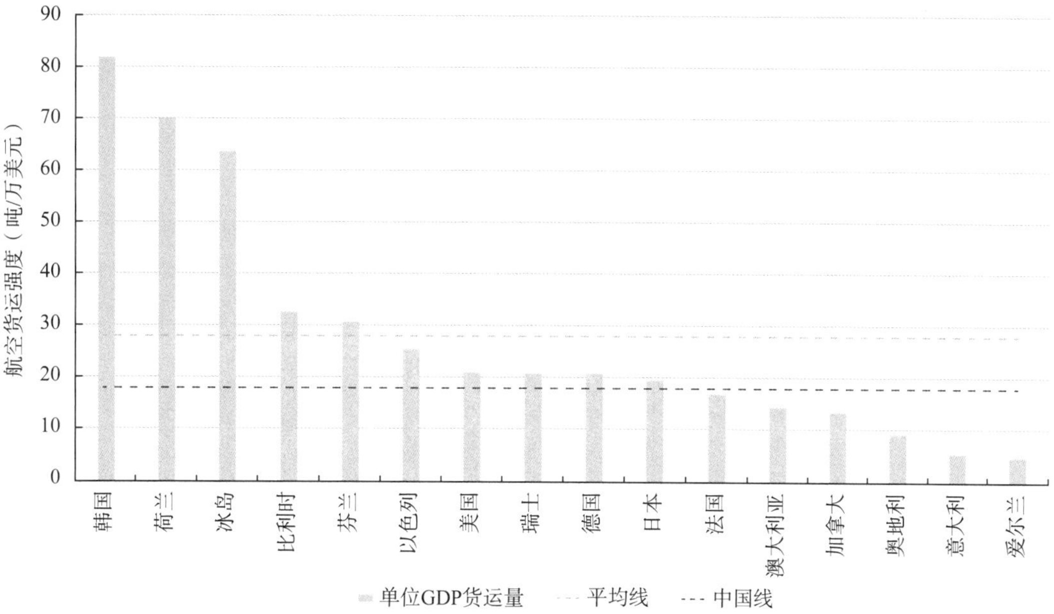

图 2–11　发达国家航空货运强度图

发展中国家，爱沙尼亚由于数据异常被剔除，将剩余的国家进行比较可知：智利航空货运强度最高，高达 57.06 吨 / 万美元，远高于发展中国家的平均水平 17.66 吨 / 万美元；其次是土耳其和南非；中国以 17.90 吨 / 万美元的航空货运强度排名第四，且中国航空货运能力与平均水平基本一致，说明我国航空货运效率处于一般水平，应进一步提高航空运输效率；航空客运强度较低的国家是墨西哥、阿根廷和捷克，其中捷克工业基础雄厚，铁路货运效率相对较高（图 2–12）。

（2）按人口数量分

人口密集区的航空客运强度最高的是土耳其，为 1.12 人 / 万美元，是人口密集国家航空客运强度平均水平 0.44 人 / 万美元的 2.56 倍，是中国航空客运强度 0.39 人 / 万美元的 2.85 倍（图 2–13）；其次是南非、巴西和加拿大，这些国家相差不多，且均高于平均水平和中国水平；中国航空客运强度排名第九，与排名第八的墨西哥相差无几；航空客运强度较低的国家是日本、阿根廷和意大利，其中，意大利 GDP 相对较高，故航空客运强度相对较低。

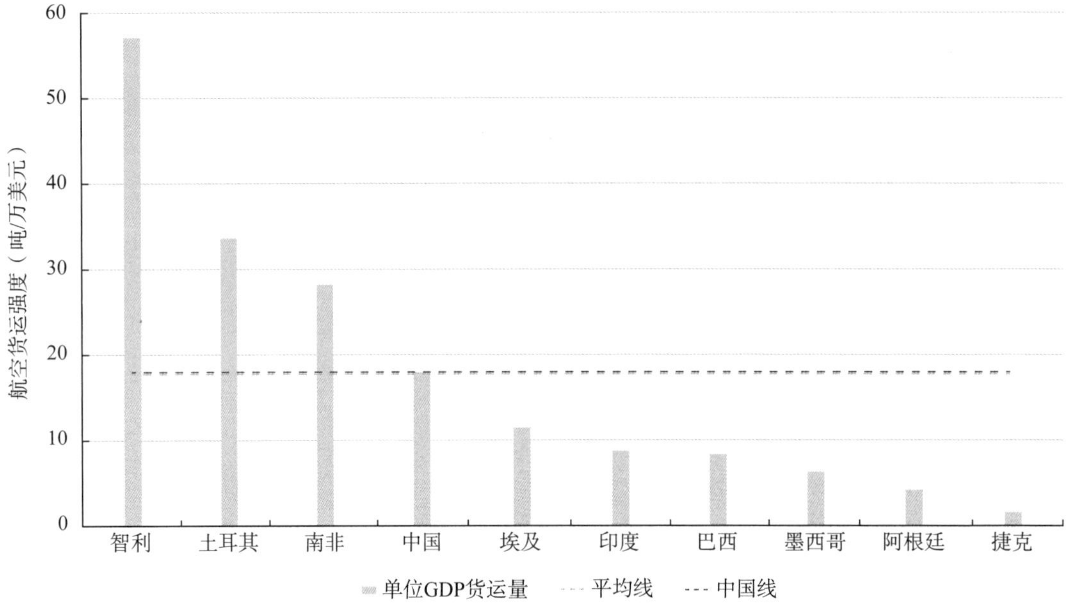

图 2-12　发展中国家航空货运强度图

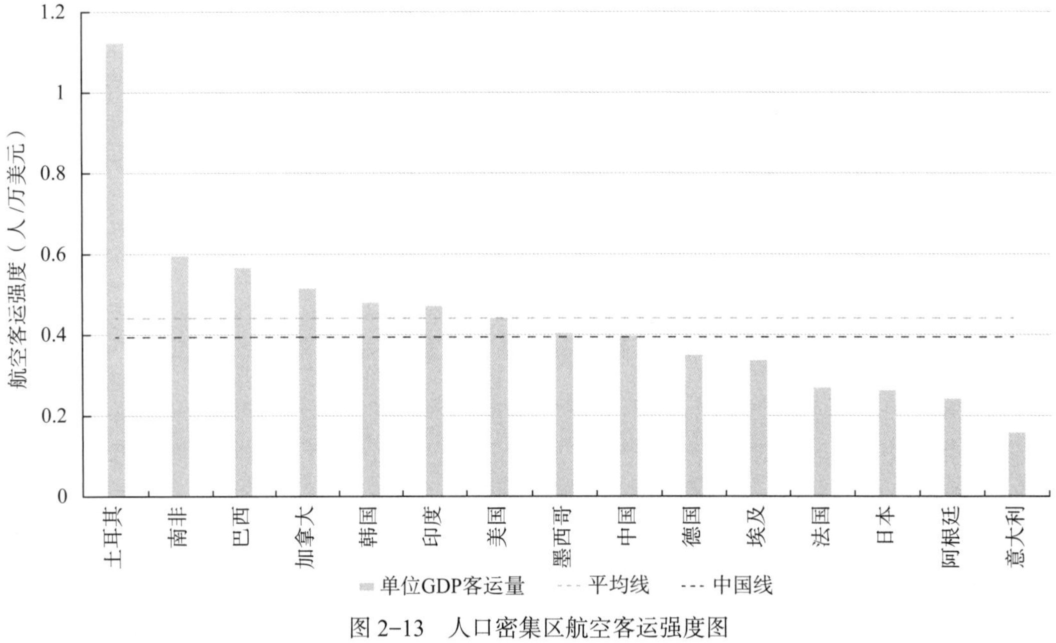

图 2-13　人口密集区航空客运强度图

非人口密集区的航空客运强度最高的是爱尔兰，为 3.99 人 / 万美元；其次是冰岛，高达 2.44 人 / 万美元，均高于非人口密集区的平均水平；且这两个国家均为岛国，航空运输发达，航空客运效率相对较高；其他国家航空客运强度相差不大，排名第三的智利仅比排名最后的捷克高 0.43 人 / 万美元。说明就航空客运强度而言，部分国家效率较高且远高于其他国家（图 2-14）。

就航空货运强度而言，人口密集区的航空货运强度最高的是韩国且最为突出，多达

81.68 吨 / 万美元，比排名第二的土耳其和第三的南非的两倍还要多；美国和德国分别位于第四、第五位，分别为 20.90 吨 / 万美元，20.70 吨 / 万美元，二者相差无几，且均高于平均水平和中国水平；中国航空货运强度排名第七，为 17.90 吨 / 万美元，接近平均水平，说明我国航空货运效率居中且有待提高；航空货运强度较低的国家是墨西哥、意大利和阿根廷（图 2–15）。

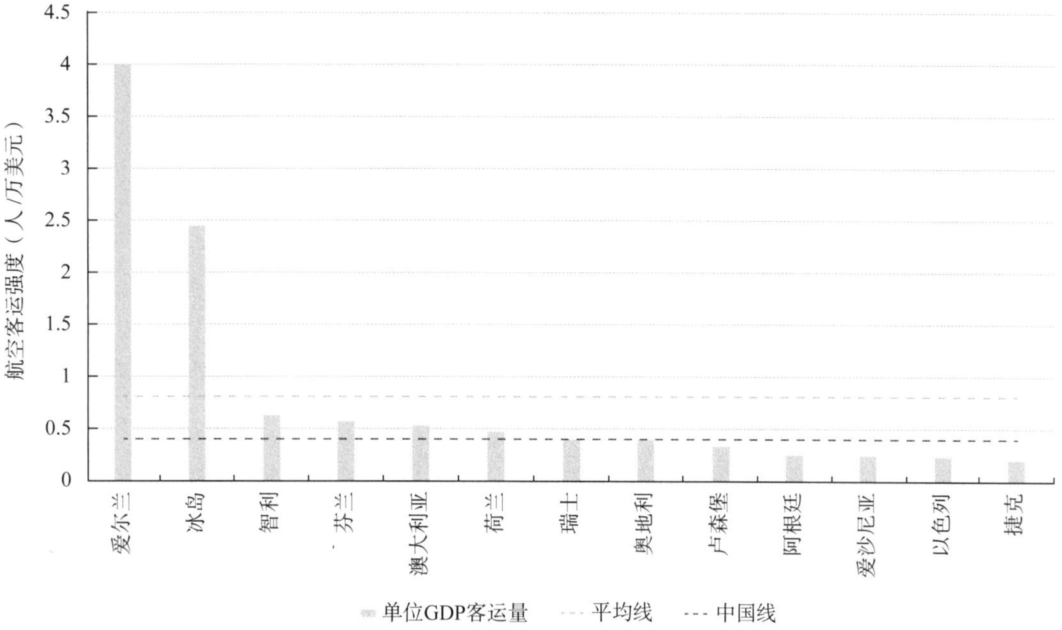

图 2–14 非人口密集区航空客运强度图

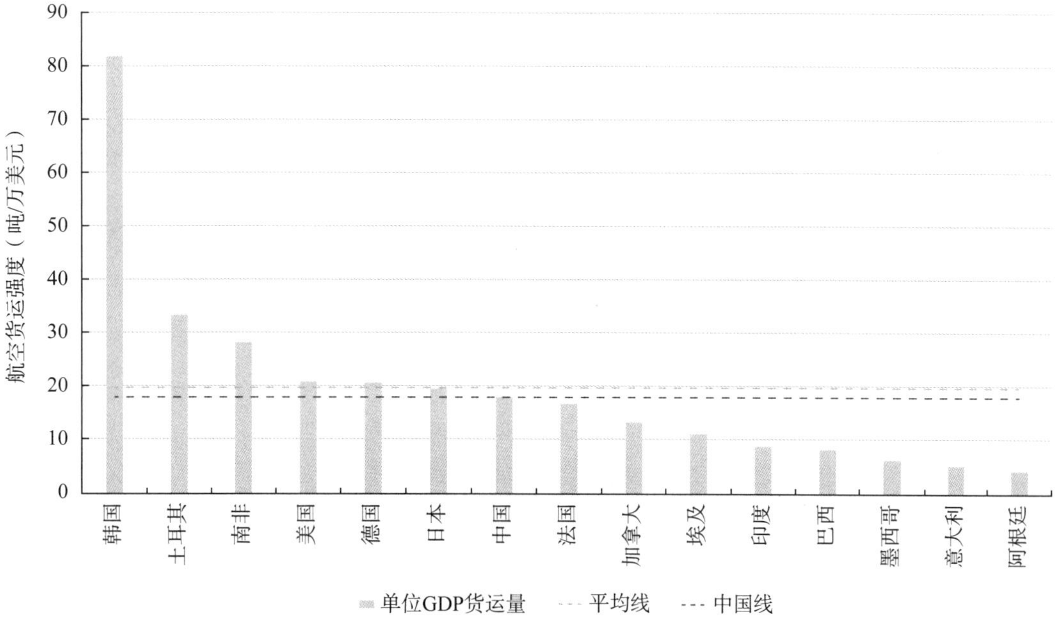

图 2–15 人口密集区航空货运强度图

非人口密集区的航空货运强度较高的是荷兰、冰岛和智利，分别为 69.83 吨 / 万美元，63.57 吨 / 万美元，57.06 吨 / 万美元，这些国家远高于非人口密集区的平均水平 29.94 吨 / 万美元和中国水平 17.90 吨 / 万美元；其中，冰岛受其自然地理条件的限制，航空运输相对发达；航空货运强度相对较低的是奥地利、爱尔兰和捷克，其中，捷克航空货运强度仅为 1.43 吨 / 万美元，不足荷兰的 1/48（图 2–16）。

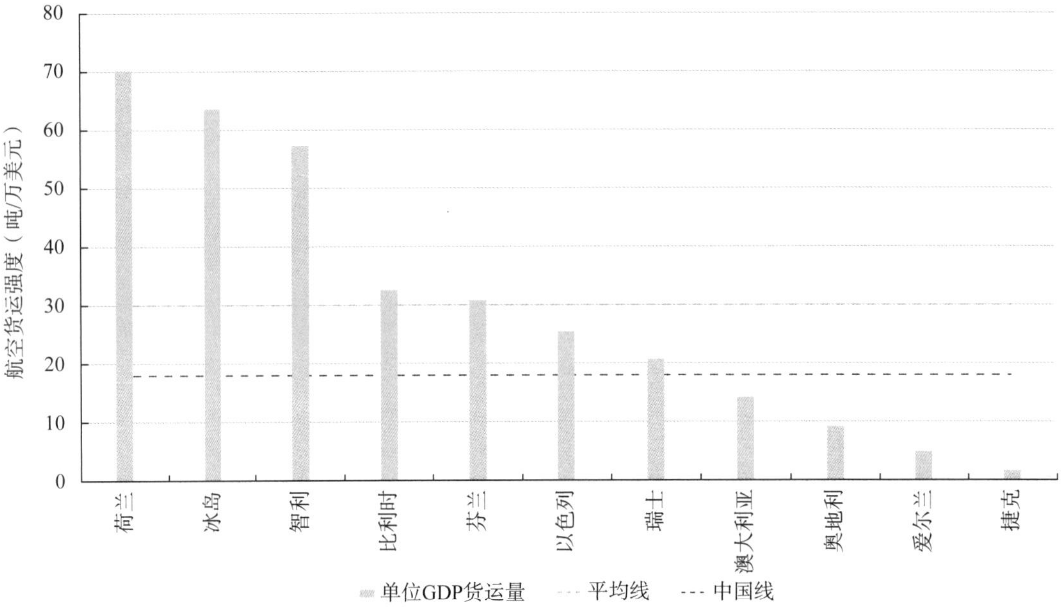

图 2–16 非人口密集区航空货运强度图

第二节 发达国家交通运输发展案例研究

一、美国交通运输用地与交通运输发展

2015 年，美国国土总面积 19.40 亿英亩[❶]，联邦土地占 21%，非联邦土地占 79%。在非联邦土地中，已开发土地为 1150 亿英亩，占 6%，包括大城市及建成区、小片建成区和乡村交通运输用地，分别占已开发土地的 74.20%，6.40%，19.40%，据此推测，乡村交通运输用地为连接城市城镇的交通运输用地，接近我国交通运输用地的定义，即 2015 年美国交通运输用地占建设用地的 19.40%，占国土总面积的 1.10%。

交通运输用地增加缓慢，2015 年交通运输用地面积较 2002 年增加了 1.30%；在建设用地中的比例呈下降态势，由 1982 年的 21% 下降到 2015 年的 19.40%，减少了 1.60 个百分点。

❶ 1 英亩 ≈4046.86 平方米，余同。

（一）人口和经济集聚

美国中西部地区地广人稀，人口聚集较高区域主要分布在沿海、沿湖地区。人口高度聚集区域同时也是创造较高 GDP 的区域。沿海发达，内陆空旷；互联互通的交通网、综合交通体现了对重点地区的支撑。

（二）交通基础设施分布

美国交通基础设施在全国范围内高度联通。总体呈现东部密度高、西部密度低的特点。综合交通枢纽主要分布在东部和沿海、沿湖地区。2016 年，美国公路里程 666.56 万公里，铁路里程 20.24 万公里，航道里程 4.03 万公里，输油 / 气管道里程 441.32 万公里，公用机场 5136 个。

（三）高速路网与制造业

高速路网与制造业集聚高度重合。美国货物运输高度依赖州际高速公路，货物运量也呈现东部、沿海、沿湖高，西部低的特点。高速公路与美国制造业有正相关关系。美国制造业产值高的地区（较大的绿色圆形）与高速路网密度大的地区（深蓝色地块表示）高度重合。

（四）主要机场与生产性服务业

美国生产性服务业产值高低与大型机场位置高度重合，大中型机场分布的地区，其生产性服务业产值普遍较高。这体现出航空运输对服务业的发展具有显著的正向刺激效应。

（五）2050 美国交通设施规划

美国包含 11 个巨型都市区域：东北地区、五大湖地区、南加利福尼亚、南佛罗里达、北加利福尼亚、皮的蒙特地区、亚利桑那阳光走廊、卡斯卡底、落基山脉山前地带、沿海海湾地区和得克萨斯三角地带，覆盖 26% 的国土面积，承载 74% 的人口。美国 2050 交通规划将构建交通网络以支撑城市发展，其交通设施规划以承载主要都市区域为主要目标。

二、日本交通运输用地与交通运输发展

（一）日本交通运输用地变化情况

根据日本统计资料，2017 年，全国土地面积 3780 万公顷，包括农地、森林、原野、水面河流、道路、宅地和其他共 7 类。其中，道路 140 万公顷，宅地 195 万公顷（其中住宅 119 万公顷，工业用地 16 万公顷）。据此测算，道路占国土面积的 3.70%，占建设用地（道路和宅地合计，与我国定义接近）面积的 41.80%。

交通运输用地增加较快。2017 年，道路用地面积较 2005 年增加了 6.10%；在建设用地

中的比例较为稳定，由 2005 年的 41.70% 上升到 2017 年的 41.80%，增加了 0.1 个百分点（表 2–3）。

表 2–3　2017 年日本土地利用现状

分　类		面　积（万公顷）	百分比（%）
总面积		3780	100.0
农地		444	11.7
森林		2505	66.3
原野等		35	0.9
水面、河川、水路		135	3.6
道路		140	3.7
建成区	住宅用地	119	3.1
	工业用地	16	0.4
	其他	60	1.6
其他		327	8.7

1993—1998 年，日本铁道等用地增长近 44%。1998 年后，铁道等用地逐年降低，2018 年降低至 416238 平方公里。

2018 年，日本铁道业中的停车场用地、铁路轨道用地和铁道林用地共计 412 平方公里，其他运输业中的配电、发电所、通讯设施、道路水路用地共计 498.4 平方公里。

（二）产业、交通引导空间拓展

日本人口、企业集中分布于沿太平洋经济带，形成若干中心城市和都市圈。日本的空间发展经历了点—线—网 3 个开发阶段：通过据点式开发，及大型项目建设新产业城市为点，再通过各种基础设施连接为线，到“交流网络构想”的构筑和“多极分散型国土”建设的网络开发，实现了经济的发展与空间的不断拓展。

（三）新干线与沿太平洋发展带

东海新干线建成后，日本沿太平洋地区的东京、大阪、神奈川 3 个大城市之间的联系明显加强，向三大都市圈的移民达到高峰。到 1980 年，“东京—大阪地区”这一新干线建设最早的地区，已形成世界级的大都市延绵带，其占国土面积 16% 的用地上，成为日本的城镇格局中最为重要的区域。

连接东京、名古屋和大阪的中央新干线，预计将大幅提高大城市圈和地方圈的交通便利性，和东海道新干线一样对国土产生重大影响。

中央新干线开通后，三大都市圈将实现一个小时内相互联通，形成一体化的大型经济圈：包含 4 个主要国际机场、两个国际集装箱港口，广泛吸纳全国人才、资源、资金、信息，提升国际竞争力，形成容纳 7000 万人口、引领世界的超级区域。

1. 带动沿线人口增长

没有新干线车站的辖区人口增长均低于全国平均水平，即使有高速公路的地区也不例外。有新干线车站的 6 个辖区内有 3 个辖区的人口增长高于全国平均水平（表 2–4）。

表 2–4　日本新干线开通前后相关城市劳动人口增长变化的对比

城　市	编　号	年　份		变　化		
		1960 年	1985 年	绝对数	百分比（%）	比率
有新干线车站城市	1	21178	25873	4695	22.2	0.8
	2	26389	48404	22015	83.4	2.4
总　数		47457	74277	26710	56.2	1.8
无新干线车站的相邻城市	1	55676	78166	22490	40.4	1.4
	2	68541	120566	52025	75.9	2.3
	3	107562	111121	3359	3.3	0.1
	4	150924	223675	72751	48.2	1.6
总　数		382703	533528	150825	39.4	1.3

2. 促进沿线城市产业结构调整

（1）促进区域产业重构

沿线城市内部会发生产业结构的重组（升级），高等级服务产业向中心城市集聚，而中心城市低端产业会向沿线其他城市扩散。

（2）带动现代服务业增长

高速铁路带动商务办公、零售商业、房地产等相关服务业的普遍增长，沿线平均增幅 22%，高于仅有高速公路地区的 7%（表 2–5）。

表 2–5　日本有新干线城市与无新干线城市的产业增长（1981 — 1985 年）

产　业	产业增幅（%）	
	有新干线和高速公路	只有高速公路
商业服务	42	12
信息、咨询、广告服务业	125	63
研发与高等教育	27	21
行政办公	20	11
其他	57	28
银行服务	27	28
房地产	21	3
总计	22	7

（四）东京都市圈与中心放射交通网络

在多次全国综合开发规划、大都市圈整备规划和地方圈开发促进计划实施后，日本形成了以东京为核心，包括三大都市圈、地方中枢城市、地方核心城市和地方中心、中小城市在内的，产业优化布局、城市功能协调完善的城市体系（图 2–17）。

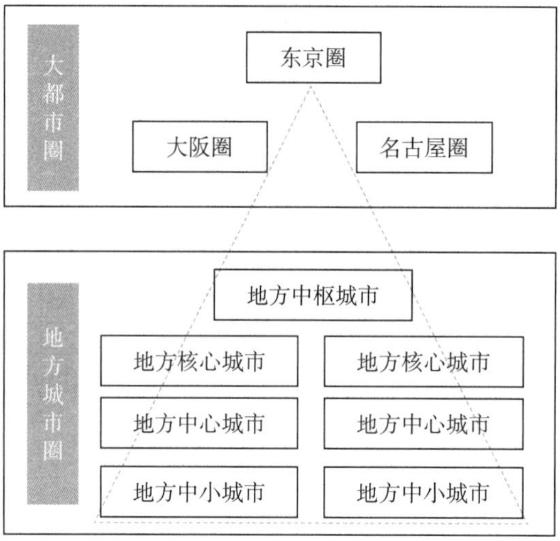

图 2–17　日本城市结构图

1970 年后，东京都开始向高度知识密集型、高附加值服务业转型。同时，制造业生产型企业持续向周边扩散转移，带动了东京周边地区的制造业发展。随着东京都功能的往外迁移，同时得益于轨道交通网络的延伸，周边神奈川、千叶、埼玉等地迎来持续的人口迁入。整个东京都市圈在人口持续增加的情况下，呈现由中心向外围拓展的过程。

即便如此，东京都市圈依然是各类资源最密集的区域。东京都市圈内，政治、经济、商业、金融和媒体大量集中，资产超过 10 亿日元的公司中，51% 将总部放在东京，日本 31% 的 GNP 由东京都市圈贡献，集聚 91% 以上银行和外资金融机构雇员，大约有 40% 的高校学生在东京都市圈学习和生活。

2010 年，全日本 51% 人口集聚在三大都市圈区域：关东（东京圈，人口密度 2631 人 / 平方公里），中京（名古屋圈，人口密度 1288 人 / 平方公里），近畿（大阪圈，1484 人 / 平方公里）。2015 年，东京都人口密度为 6169 人 / 平方公里，几乎为全国平均（341 人 / 平方公里）的 18 倍。

轨道交通建设对东京都市圈的形成起到至关重要的作用。在战后重建过程中，高速公路—城区地铁—城市轻轨—城际高铁为东京都市圈构建了城市立体交通网络。高速公路与地铁、轻轨和铁路等立体化轨道交通网络的建立，拉近了区域内城市的经济距离，加快了城市间人口和生产要素的自由流动，为城市功能定位与产业合理布局提供了基础，促进了东京都市圈的形成。

20 世纪 90 年代末，规划通过培育新城发展，大力推动东京地区基础设施改造和城市空间重组，逐步形成了“中心区—副都心—新城”的城市格局，建立了多中心、多圈层的城市体系。

东京地区轨道交通系统具有清晰的层次结构。在东京地区“多中心”的城市扩张模式下，以轨道交通为代表的地区交通系统始终发挥着对城市空间构架的支撑作用，并引导城市空间结构不断优化调整。

第三章　交通运输用地时空演变

第一节　交通运输用地现状分析

一、交通运输用地占比提高，港口码头用地增长较快

根据第三次全国国土调查主要数据公报统计，截至 2019 年年底，交通运输用地 955.31 万公顷（14329.61 万亩[1]）。其中，铁路用地 56.68 万公顷，占 5.93%；轨道交通用地 1.77 万公顷，占 0.19%；公路用地 402.96 万公顷，占 42.18%；农村道路 476.50 万公顷，占 49.88%；机场用地 9.63 万公顷，占 1.01%；港口码头用地 7.04 万公顷，占 0.74%；管道运输用地 0.72 万公顷，占 0.08%。我国交通运输用地较 2009 年增长 20.30%，其中，铁路、公路、机场、港口分别增长 44%，72.70%，73.30%，113.20%（图 3-1）。交通运输用地在建设用地中的占比略微下降，由 2009 年的 22.10% 降到 2019 年的 21.30%，降低了 0.8 个百分点。

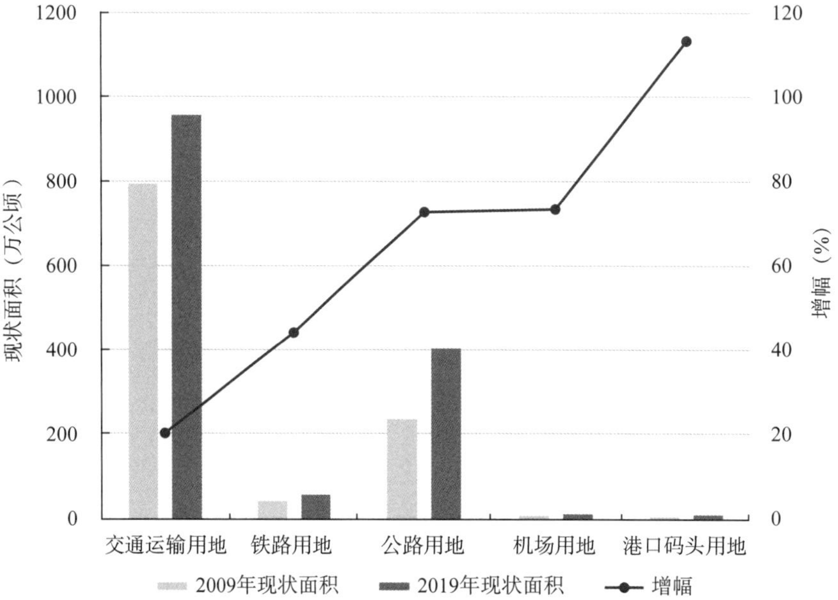

图 3-1　2019 年与 2009 年交通运输用地现状及变化图

[1] 1 亩≈666.67 平方米。

二、各地普遍以公路用地为主，东北和西北地区铁路占比较高

各地交通运输用地普遍以公路用地和农村道路为主，超过 98% 的城市（地级和地级以上城市，下同）公路用地和农村道路占交通运输用地 70% 以上，近九成城市公路用地和农村道路占比超过 85%，仅三沙市占比不到 50%。东北地区和西北地区铁路和轨道用地占比较高，铁路和轨道用地占交通用地 15% 以上的地区均位于甘肃、新疆、青海、黑龙江、湖北、内蒙古。内蒙古和黑龙江近半数城市的铁路和轨道用地占交通运输用地的比例接近或超过 10%（图 3–2）。

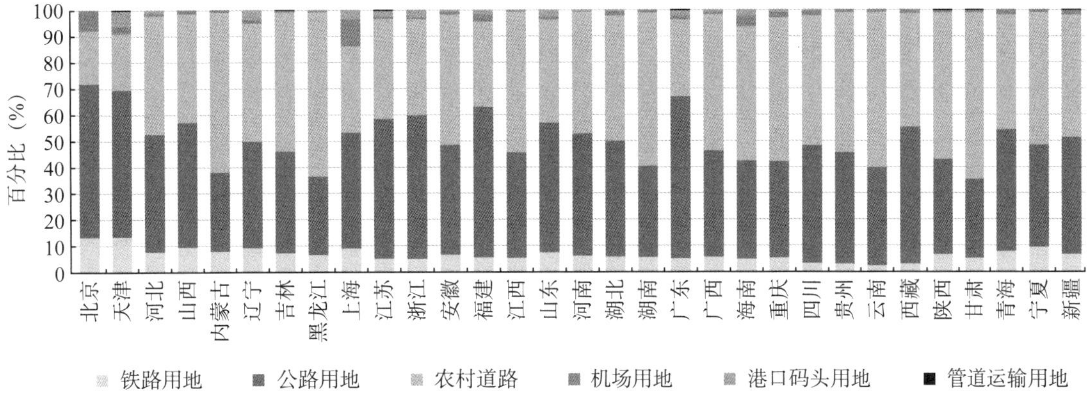

图 3–2　2019 年各地区分类型交通运输用地占比示意图

三、东北、西北地区铁路用地面积普遍较大，东南部地区公路用地面积普遍较大，机场用地在直辖市和省会城市相对集中

从铁路和轨道用地在全国的分布情况看，内蒙古、黑龙江和河北省铁路用地、轨道交通用地面积普遍较大，分别有 8 个、5 个和 5 个城市在全部城市中排在前 50 名以内；新疆、青海、甘肃和西藏交界的哈密、若羌、格尔木、玉树、拉萨、那曲、酒泉等市，铁路和轨道用地面积较大。此外，重庆、黑龙江哈尔滨、北京、河北唐山、天津、辽宁沈阳和大连等地的铁路和轨道用地面积较大，在全部城市铁路和轨道用地总面积中的比例较高。

从公路用地在全国的分布情况看，新疆、内蒙古、山东、四川、广东公路用地面积普遍较大；云南、江苏、河北公路用地面积也较高；此外，重庆、北京、江西赣州、山东潍坊、天津、黑龙江哈尔滨公路用地面积较大，在全部城市公路用地总面积中的比例较高。

机场用地和港口用地的分布相对较为集中。直辖市和省会城市机场用地面积较大，面积最大的前 15 座城市，机场用地面积合计超过全部城市机场用地总面积的 30%；四川、新疆和山东的机场用地面积较大。港口用地分布集中，面积最大的前 15 座城市，港口用地面积合计近全部城市港口用地面积的 50%，主要分布在山东、辽宁、江苏和广东，河北唐山市占比最高，为 5.70%。

重庆、天津、杭州和青岛公路、铁路、机场和港口四类用地面积均居前列；北京、辽宁大连、河北唐山、广东广州、山东潍坊、上海、江苏南京及徐州、黑龙江哈尔滨、湖北武汉、内蒙古呼伦贝尔、广西南宁、四川成都等21市公路、铁路、机场和港口用地中有三类用地面积居前列。

四、交通运输用地占比普遍偏低，西部地区相对较高

2019年，我国交通运输用地占建设用地的21.30%。西藏自治区占比最高，为50.70%。其次是内蒙古自治区、云南和黑龙江，交通运输用地占建设用地占比分别为34.90%，32.90%，31.90%；占比最低的是河南，交通运输用地占建设用地的比为13.50%；此外，山东、安徽和江苏，交通运输用地占建设用地占比不到15%。

从分市的情况看，西部地区交通运输用地占建设用地比例普遍较高。2018年，115个地级行政区（占全部统计行政区总数的34.20%）的交通运输用地在建设用地中的占比高于25%，绝大多数位于西藏、青海、新疆和内蒙古。西部地区自然资源禀赋差异巨大，生产生活资料在区域间的流动对交通运输设施依赖较大，交通用地在生产生活中的作用较为重要，因此交通运输用地在建设用地中的比例也相应较高。多数地区交通运输用地在建设用地中占比在15%~25%之间，共计150个地级行政区，占全部统计市级行政区总数的44.60%。此外，还有71个地级行政区（占全部统计县级行政区总数的21.10%）交通运输用地在建设用地中占比低于15%。交通运输用地在建设用地中的比例仍较低，我国仍有较大的交通运输设施建设需求（图3-3）。

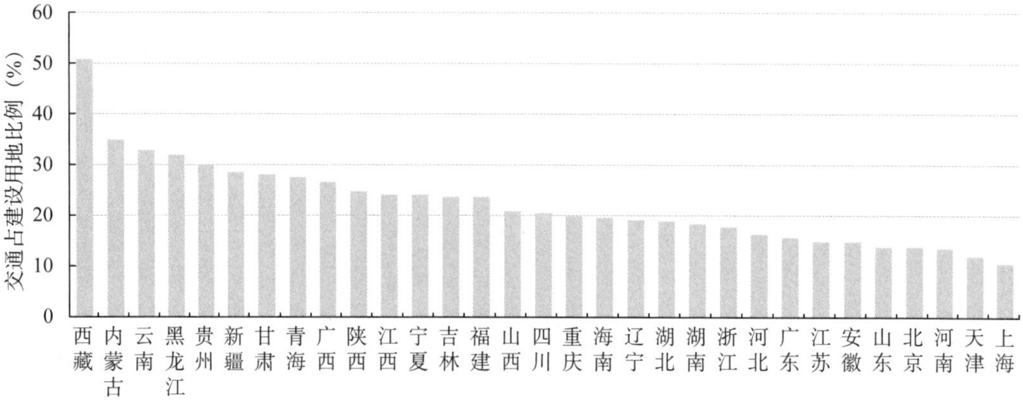

图3-3　2019年各地区交通运输用地占建设用地比例示意图

第二节　交通运输用地变化情况

一、总体情况

2009—2020年，我国所有地级市的交通运输用地面积大多呈增加态势，部分城市呈现

出大幅增长。交通运输用地增量超过 3 万亩的城市有 214 个，近我国地级市总数的 2/3。交通运输用地增量超过五万亩的城市有 172 个，超过我国地级市总数半数。从空间分布来看，交通运输用地增量较高城市的空间分布与交通运输用地总量的空间分布存在明显差异。交通运输用地增量较高的城市不再集中分布在东部沿海地区，而是在向中部和西部地区转移。这一方面表明，我国东部地区城市交通运输用地逐渐达到饱和状态；另一方面也表明，我国正在把交通基础设施建设的工作重心往中部和西部地区偏移（图 3-4）。

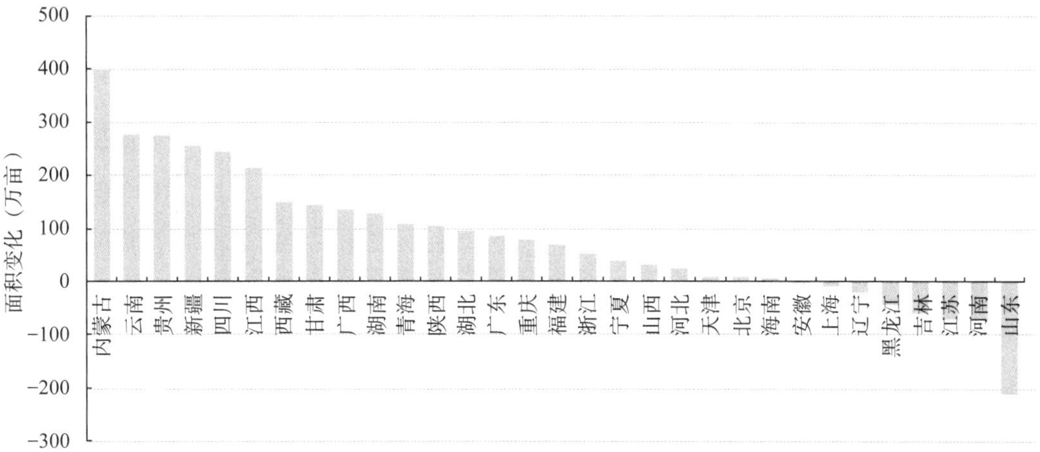

图 3-4　各省（市、区）交通运输用地增量图

（不含港澳台地区）

交通运输用地增量排名前十的城市分别是重庆市、锡林郭勒盟、鄂尔多斯市、黔西南布依族苗族自治州、怒江傈僳族自治州、赣州市、遵义市、阿拉善盟、赤峰市、巴音郭楞蒙古自治州。增量最高的城市为重庆市，其增量为 77.14 万亩。此外，除一些省会城市如成都市、合肥市外，其他增量较高的城市主要集中在中西部地区城市，如新疆维吾尔自治区哈密市、青海省海西蒙古族藏族自治州、甘肃省酒泉市、江西省赣州市和陕西榆林市等。可见，近年来我国对中西部交通基础设施建设的力度加大。交通运输用地增量排名后十位的城市分别是大庆市、菏泽市、潍坊市、四平市、驻马店市、青岛市、苏州市、绥化市、长春市、临沂市。这些城市多位于山东省及东北地区。农村道路的减少导致交通运输用地处于负增长状态。

二、分区域交通运输用地时空演变分析

七大自然地理分区的基本依据：一是中国自然地理区划方面众多权威专家多年的科研成果；二是全国高校地理专业师生普遍使用的《中国自然地理》教材；三是根据长期以来中学地理教材《中国地理》编写中形成的共识。本书将用地现状参照七大地理分区进行划分，可以看出我国交通运输用地的面积呈现明显的地理空间差异（表 3-1）。

表 3-1　中国地理分区表

地理分区	省（市、自治区）
华东	江苏省、浙江省、安徽省、福建省、江西省、山东省、上海市、台湾省
华南	广东省（含东沙群岛）、广西壮族自治区、海南省（含南海诸岛）、香港和澳门特区
华北	河北省、山西省、北京市、天津市、内蒙古自治区
华中	湖北省、湖南省、河南省
东北	辽宁省、吉林省、黑龙江省
西南	四川省、云南省、贵州省、重庆市、西藏自治区
西北	青海省 、陕西省 、甘肃省、宁夏回族自治区 、新疆维吾尔自治区

截至 2019 年年底，交通运输用地总量最高的地区为华东地区，约占全国交通用地总量的 20.60%；其次为西南地区，占全国的 17.30%。此两区地势相对平坦，人口集中，经济较为发达，交通网络构建历史悠久，且结构多元，相对成熟。交通运输用地面积较小的地区主要集中在华南、华中和东北地区，分别占全国交通运输用地总面积的 7.70%，11.30%，11.70%。其中，东北地区经济发展较为薄弱，而华南地区则主要受其区划面积限制故而排名靠后。值得一提的是，交通设施用地总量最高的华东地区和排名倒数第三的东北地区，区域面积几乎相同，但华东地区交通面积总量为东北地区的 1.76 倍，可见华东地区交通设施用地密集程度远远高于东北地区。这说明人口越密集、经济越发达地区需要更多交通运输用地承载人口和产品的空间流动（图 3-5）。

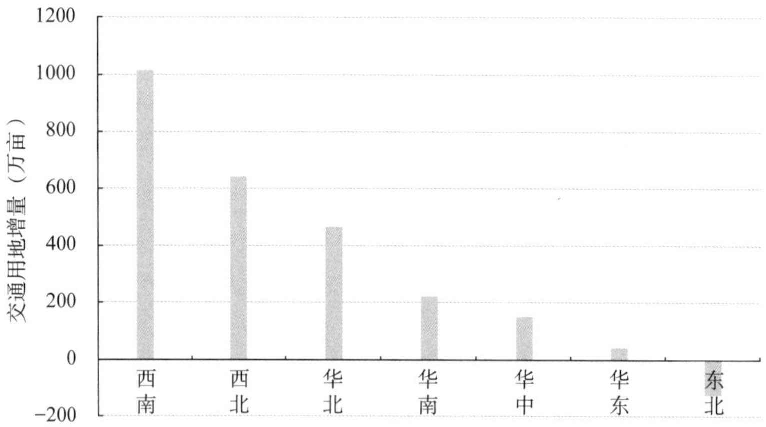

图 3-5　各地区交通运输用地增量图

2009—2019 年间，七大地理区域交通基础设施面积均明显增长。其中，西南地区增量最高，占总增量的 42%；其次为西北和华北地区，分别占总增量的 26.60%，19.30%。华东地区经济发展水平较高，且人口聚集程度高，现有交通运输用地面积虽大但需求量同样也高，故而在供地中为满足其经济发展需求，供地总量较高。西南地区和西北地区的增量情况超过华北地区，成为增量第一、第二的地区，可见近年来西南地区和西北地区在交通用地建设上作出的努力取得了一定的成效。只有东北地区交通用地处于负增长状态，这与近年来东北地区经济发展低迷有很大关系。东北地区应在保留传统铁路的基础上，加快多种交通基础设施同步发展，才能更好地带动经济发展，实现经济振兴。

三、分类型交通运输用地时空演变分析

（一）公路用地时空演变分析

综合交通网络框架中，公路网络规模最大、覆盖范围最广、通达程度最高。截至 2019 年年底，公路用地面积占交通运输用地总面积的 42.20%，约占土地面积的 0.40%，处于绝对领先地位。从市域尺度公路用地面积总量来看，公路用地面积较大的城市主要集中在省会城市、直辖市以及内蒙古自治区部分城市，而除重庆市等个别城市外的西部城市的公路用地面积明显较小。公路用地面积排名前十位的城市分别是重庆市、鄂尔多斯市、呼伦贝尔市、赣州市、成都市、巴音郭楞蒙古自治州、北京市、赤峰市、哈密市和通辽市。排名靠前的城市大部分为交通部《国家公路运输枢纽布局规划》（2007 年）中的 179 个国家公路运输枢纽城市中的一员。可见，国家对于公路运输枢纽城市的重视，通过建设公路枢纽城市完善公路网络建设。此外，第一阶梯所在城市公路用地面积普遍小于第二三阶梯城市。这也表明，公路基础设施建设，除受地形因素限制外，经济发展水平与公路面积之间也必定存在较强的关联性。

2009—2019 年间，我国公路用地面积增长率为 72.70%，年均增长率约为 6.60%。数据显示，我国公路用地规模呈快速发展趋势。从市域尺度增长情况来看，97.90% 的城市公路用地增量为正，少数城市公路用地面积几乎不变。深圳市和上海市的公路面积出现减少，但减少幅度很小，体现出这些城市现有的公路用地已经足以满足其自身生活和生产的需求。公路面积增量较高的城市超过一半分布在中西部地区，如新疆维吾尔自治区哈密市、重庆市、四川省成都市等。可见随着时间的增长和经济的发展，我国对公路用地建设力度还在不断增强，中西部地区公路基础设施建设成效逐渐显现。东部沿海地区相对于其他地区较早开始发展交通基础设施，公路用地总量已达一定规模，且东部发达地区面临更加严峻的建设用地供需矛盾，因此公路用地增量反而不高（图 3-6）。

（二）铁路用地时空演变分析

随着铁路进程的加快、路网的完善以及等级的提高，铁路在综合交通网络中的骨干地位日益突出。2019 年年底，铁路用地面积占交通用地总面积的 5.90%，相对于 2009 年的 5% 略有上涨。从铁路用地面积总量空间分布来看，铁路用地面积较大的城市除省会城市、直辖市以外，内蒙古和东北三省的铁路用地明显高于其他省份，这与内蒙古的地形以及 20 世纪 50 年代之前东北三省的历史地位密切相关。此外，东北地势平坦，修建铁路成本相对较低。随着时间的推移和中国改革开放以来沿海地区经济发展，东北地区的铁路数量虽仍处全国前列，但铁路质量已逐渐落后于发达城市。另外，新疆、青海等省份部分城市的铁

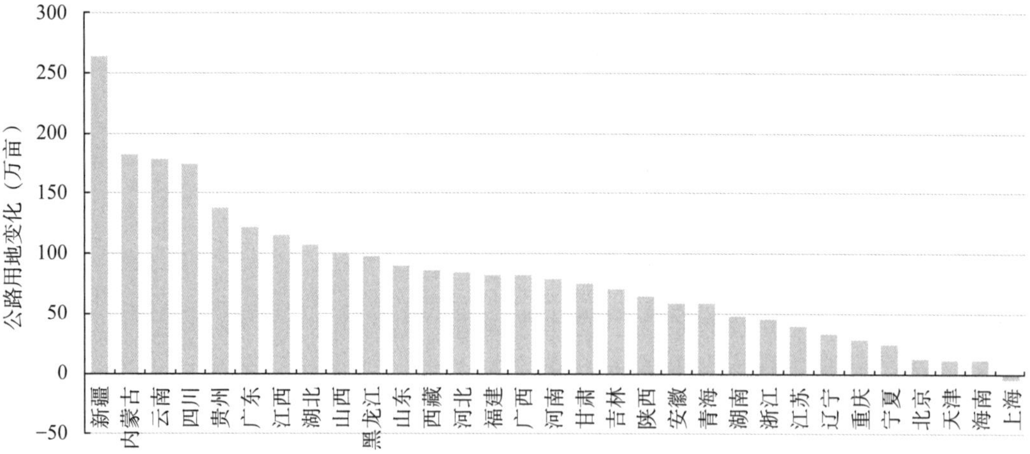

图 3-6　各省（市、区）公路用地增量图

（不含港澳台地区）

路用地面积也较大，这主要是由于此两省（区）地级市行政区面积较大。从总体上看，北方城市的铁路用地面积普遍高于南方地区，且城市的经济发展水平与城市铁路面积之间不存在显著的联系，说明传统铁路发展已相对成熟。此外，从铁路用地面积总量可以看出，城市行政区面积与铁路面积的大小存在明显正相关。

2009—2019 年，铁路用地面积增加了 44%，年均增加率为 4%。从铁路用地面积增量空间分布来看，大部分城市铁路面积处于增长状态。铁路面积无明显变化的城市，主要分布在中部地区和南部地区。这反映出我国近年来对该区域铁路的建设力度较小。铁路用地增量排名前十位的城市分别是哈密市、锡林郭勒盟、巴音郭楞蒙古自治州、鄂尔多斯市、海西蒙古族藏族自治州、重庆市、酒泉市、榆林市、天津市和青岛市。前十位城市中，有半数城市来自西部地区，部分城市经济发展水平一般，有的甚至处于落后状态，这体现出我国近年来对西部地区铁路建设的力度较大（图 3-7）。

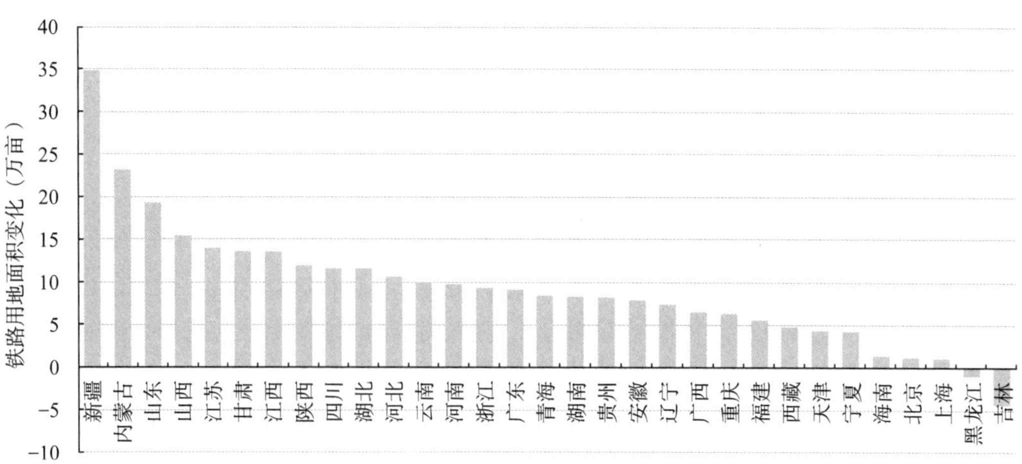

图 3-7　各省（市、区）铁路用地增量图

（不含港澳台地区）

（三）港口码头用地时空演变分析

截至 2019 年年底，全国有 54.80% 的城市有港口码头用地。从港口码头用地总量空间分布来看，港口码头用地分布呈现明显的空间集聚特征，这主要是因为港口码头用地的建设主要依赖于城市天然的地理区位。沿海城市航运发达，港口码头用地面积排名前十的全部是沿海城市。其中，面积最大的为河北唐山市，其次为辽宁营口市和山东烟台市。而内陆城市逐渐形成依托长江、珠江等水系和京杭运河为主体的内河水运基本格局。长江流域主干道港口码头用地较高的城市有重庆市和武汉市，珠江流域港口码头用地较多的城市有深圳市，京杭大运河河道港口码头用地较多城市主要有江苏省徐州市等。虽然许多河流发源于西部山脉，但西部地区由于地势落差大，难以发展航运，因此我国西部地区绝大部分城市无港口码头用地。

2009—2019 年，全国港口码头用地增加了 113.20%，年均增长 10.30%，增速位居交通运输用地之首。这主要是由于水运具有运输量大且成本低的特点。我国于 2006 年先后颁布《全国沿海港口布局规划》《全国内河航道与港口布局规划》，加大对港口码头以及地区港口群体的建设力度。尽管如此，全国仅有 3.90% 的城市港口码头用地增加超过 1 万亩，占有港口码头城市的 7.10%；超过 90% 的城市港口码头用地呈现不变或几乎不变状态，这主要是因为我国大部分城市从自然地形和天然区位上而言，无法建设港口码头，尤其是深居内陆的城市。从港口码头增量空间分布来看，港口码头用地呈现显著增加的城市主要分布在东部沿海城市，如唐山市、天津市、丹东市等，以及长江主干线周边的省会城市或直辖市，如武汉市、重庆市等（图 3–8）。

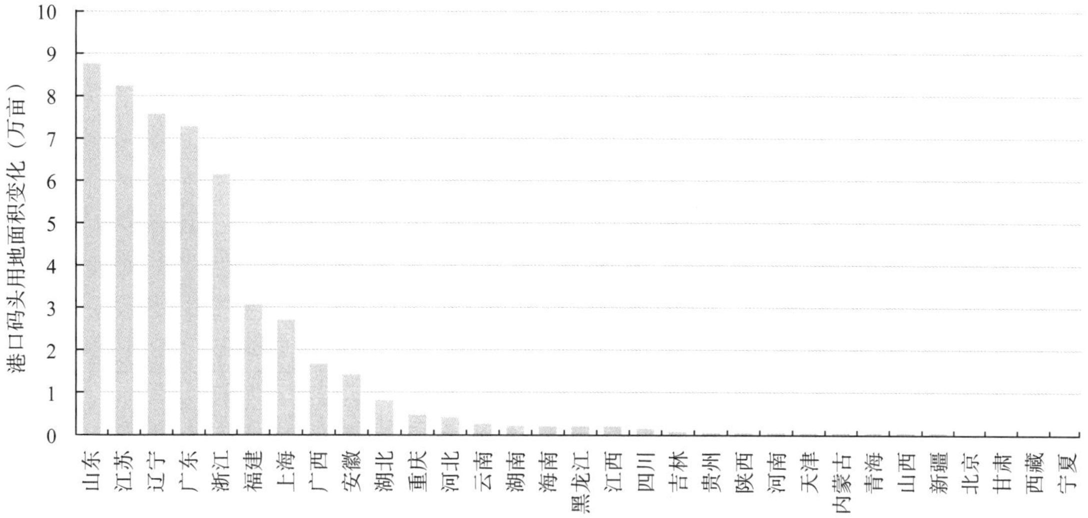

图 3–8　各省（市、区）港口码头用地增量图

（不含港澳台地区）

（四）机场用地时空演变分析

截至 2019 年年底，我国约有 75% 的城市有机场用地。可以看出，我国在机场建设上取得了较好成绩。从机场用地面积的空间分布来看，我国机场用地面积较高的城市主要集中在省会城市和直辖市。其中，机场用地面积最多的为北京市，这主要与城市的政治地位、经济水平有关。这些城市作为区域中心，与国际交流更加密切，无论是人流和货物流方面，对机场的需求都更大。北京首都国际机场是我国三大门户复合枢纽之一、环渤海地区国际航空货运枢纽群成员、世界超大型机场。此外，我国还有 25% 的城市机场用地面积为 0。这主要是由于航空运输的成本高、辐射面广，导致并非每个城市都需要机场。值得注意的是，西部地区的机场用地面积较大，这与西北地区地理条件有关，修建公路和铁路的难度较高，而航空运输却不受地理条件的限制，有利于当地资源的输出和人们的出行，航空运输反而成为更普遍的运输方式。

2009—2019 年，从机场用地增量水平来看，全国机场用地面积增加 73.30%，年均增加 6.70%。但全国仅有 3.20% 的城市机场面积增量超过 1 万亩，占有机场用地城市的 5%，约 1/3 的城市的机场用地面积没有增长，这主要因为航运这种交通方式的普适性较低且服务半径较大。从机场用地增量的空间分布来看，增量较高的城市主要为大连市，其次有成都市、重庆市、北京市等省会城市、直辖市和经济发展水平极好的城市。此外，西部地区部分城市机场用地增量靠前，如甘孜藏族自治州和青海省海西州。中国民用航空总局于 2008 年发布《全国民用机场布局规划》，要求重点培育国际枢纽、区域中心和门户机场，构筑规模适当、结构合理、功能完善的北方（华北、东北）、华东、中南、西南、西北五大区域机场群。因此，为完善区域中心功能，机场建设同步进行（图 3–9）。

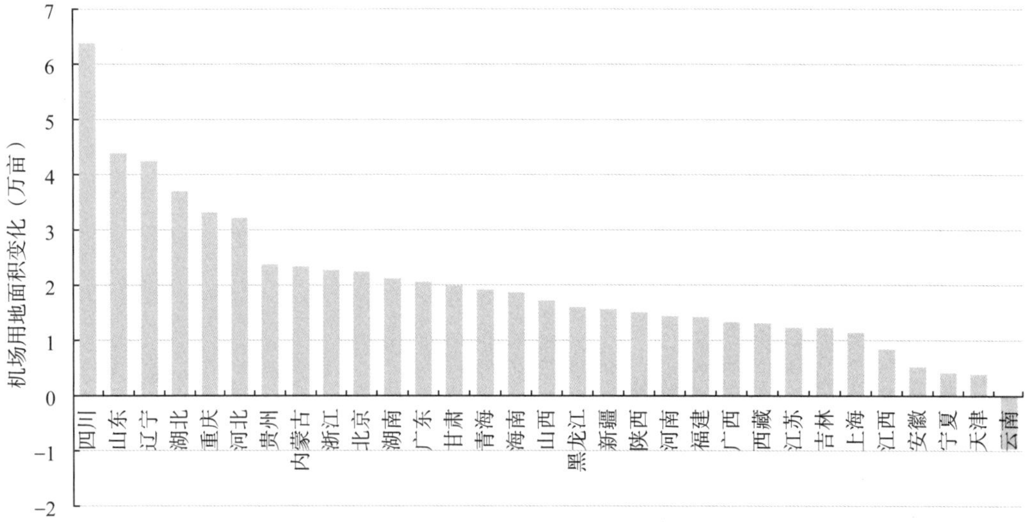

图 3–9　各省（市、区）机场用地增量图

（不含港澳台地区）

第三节　交通运输用地效率分析

一、路网密度

（一）铁路

2020 年年末，全国铁路路网密度 152.30 公里 / 万平方公里，铁路网密度增长了 23%。2020 年，世界平均铁路网密度为 78.30 公里 / 万平方公里。中国、美国、日本、德国、英国和韩国的铁路网密度均大于世界平均水平。德国的铁路网密度最大，为 935.55 公里 / 万平方公里，是世界平均铁路网密度的 11.94 倍；中国的铁路网密度为 152.30 公里 / 万平方公里，是世界平均铁路网密度的 1.65 倍，但远小于德国、英国、韩国和日本的铁路网密度，还需继续加强铁路网的建设。

2020 年，我国 90.32% 的省份铁路网密度大于世界平均铁路网密度。按省域面积计算，天津、北京、上海的铁路密度最高，分别为 990.31 公里 / 万平方公里，833.03 公里 / 万平方公里，736.59 公里 / 万平方公里；西藏、青海、新疆的铁路密度最低，分别为 6.40 公里 / 万平方公里，31.30 公里 / 万平方公里，41.65 公里 / 万平方公里。

但总体上，我国铁路区域发展不均衡，京津冀及其周边地区、华北平原、沿海等地区的铁路密度较高，西部及内陆沿边地区密度较低。按省域面积计算，北京、天津、上海的铁路密度最高，云南、青海、新疆、西藏的铁路密度最低。按省域人口计算，内蒙古、青海、西藏的铁路密度最高，上海、江苏、广东的铁路密度最低。

（二）公路

2020 年年末，全国公路总里程 519.81 万公里，比上年增加 18.56 万公里。公路密度 54.15 公里 / 百平方公里，增加 1.94 公里 / 百平方公里。公路养护里程 514.40 万公里，占公路总里程 99%。年末全国四级及以上等级公路里程 494.45 万公里，比上年末增加 24.58 万公里，占公路总里程比例为 95.10%，提高 1.4 个百分点。二级及以上等级公路里程 70.24 万公里，增加 3.04 万公里，占公路总里程比例为 13.50%，提高 0.1 个百分点。高速公路里程 16.10 万公里，增加 1.14 万公里；高速公路车道里程 72.31 万公里，增加 5.36 万公里。国家高速公路里程 11.30 万公里，增加 0.44 万公里。

从与其他国家的对比来看，2016 年，我国公路网密度为 48.92 公里 / 百平方公里，稍高于世界平均水平，远低于发达国家。世界公路网密度为 47.86 公里 / 百平方公里；日本、法国和德国的公路网密度分别为 321.43 公里 / 百平方公里，187.33 公里 / 百平方公里，180.53 公里 / 百平方公里。日本公路网密度是中国的 6.57 倍，美国公路网密度是中国的 1.37 倍（表 3-2）。

表 3-2 2016 年世界主要国家公路网密度对比

国家及地区	国土面积（万平方公里）	总人口（亿人）	GDP（亿美元）	人口密度（人/平方公里）	公路里程（公里）	高速公路里程（公里）	公路网密度（公里/百平方公里）	基于人口的公路网密度（公里/万人）
日本	37.80	1.27	49402	348	1215000	8050	321.43	95.67
法国	54.90	0.67	24654.50	122	1028446	11882	187.33	153.50
德国	35.70	0.83	34778	237	644480	12917	180.53	77.65
印度	298	13.24	22637.90	445	4865000	1324	163.26	36.74
英国	24.40	0.66	26479	271	394428	3519	161.65	59.76
韩国	10	0.51	14112.50	526	106414	4044	106.41	20.87
美国	983.20	3.23	186244.80	35	6586610	77017	66.99	203.92
中国	960	13.79	111991.50	147	4696300	131000	48.92	34.06
巴西	851.58	2.08	31340	24.43	1751868	11000	20.57	84.22
澳大利亚	774.10	0.24	12046.20	3.23	823217	3132	10.63	343.01
加拿大	998.50	0.36	15297.60	4	1042300	6350	10.44	289.53
俄罗斯	1709.80	1.44	12831.60	9	1396000	929	8.16	96.94

2020 年，重庆市、上海市和山东省的公路网密度位居全国前三。我国公路网密度为 54.15 公里 / 百平方公里，80% 的省市公路网密度均超过国家平均公路网密度。重庆市、上海市和山东省的公路网密度分别为 211.50 公里 / 百平方公里，205.76 公里 / 百平方公里，177.53 公里 / 百平方公里；青海省、甘肃省、西藏自治区的公路网密度最小，分别为 8.60 公里 / 百平方公里，21.39 公里 / 百平方公里，84.60 公里 / 百平方公里。

二、同社会经济指标的比较

（一）交通基础设施效益

从全国区域内看，京津冀、长三角、珠三角等发达地区每公里承载较多的人口和 GDP，这些地区公路投入效益高；西部和东北部地区公路承载的人口和 GDP 低，公路投入经济效益低。其中，每公里承载人口比值排名靠前的是上海、北京、山东、江苏、广东；每公里承载 GDP 比值排名靠前的是上海、北京、江苏、天津、广东。

人均铁路。世界人均铁路里程为 141.33 公里 / 百万人，俄罗斯、加拿大、美国、澳大利亚、法国、日本、德国和英国的人均铁路里程均大于世界平均水平。加拿大的人均铁路里程最大，为 1448.08 公里 / 百万人，是基于人口的世界平均水平的 10.25 倍；美国的人均铁路里程为 706.56 公里 / 百万人，是基于人口平均水平的 5 倍；我国的人均铁路里程为 89.92 公里 / 百万人，仅为基于平均水平的 3/5。按省域人口计算，内蒙古、青海、新疆的铁路密度最高，分别为 489.63 公里 / 百万人、396.16 公里 / 百万人、244.75 公里 / 百万人；上海、江苏、广东的铁路密度最低，分别为 19.22 公里 / 百万人、34.60 公里 / 百万人、

37.80 公里 / 百万人。

人均公路。按人口计算，我国人均公路里程为 34.06 公里 / 万人，为世界平均水平的 40%。2016 年，基于人口的世界人均公路里程为 86.38 公里 / 万人；澳大利亚、加拿大和美国分别为 343.01 公里 / 万人，289.53 公里 / 万人，203.92 公里 / 万人；美国是中国的 6 倍，日本是中国的 2.8 倍。按人口计算，2016 年，西藏自治区、青海省、内蒙古自治区基于人口的公路网密度位居全国前三。基于人口的公路网密度为 33.96 公里 / 万人，仅 55% 的省市基于人口的公路网密度均超过我国平均公路网密度。西藏自治区、青海省、内蒙古自治区基于人口的公路网密度分别为 248.02 公里 / 万人，132.52 公里 / 万人，77.80 公里 / 万人；上海市、北京市、天津市基于人口的公路网密度最小，分别为 5.48 公里 / 万人，10.14 公里 / 万人，10.73 公里 / 万人。

从交通用地总量规模与人口规模的角度来看，交通用地规模前五地区依次为山东、内蒙古、黑龙江、河南、江苏；人口规模前五地区依次为广东、山东、河南、四川、江苏。其中，交通用地少、承载人口多的地区有广东、浙江、湖南、湖北、安徽、陕西、江西、福建、贵州；交通用地与承载人口均较多的地区有山东、河南、四川、江苏、河北；交通用地与承载人口均较少的地区有西藏、青海、宁夏；交通用地多、承载人口少的地区有内蒙古、黑龙江、新疆、云南。

从交通用地增量规模与 GDP 增长的角度来看，交通用地增量前五的地区依次为内蒙古、新疆、广东、贵州、湖北；GDP 增量前五的地区依次为广东、江苏、山东、浙江、河南。其中，GDP 增长较快、交通用地增加少的地区有江苏、山东、湖南、浙江；交通用地增加较多、GDP 增长较慢的地区有新疆、内蒙古、湖北、贵州、江西、安徽、河北；GDP 增长与交通用地增长均较多的地区有广东、江苏、湖北、四川、福建、河南；GDP 增长与交通用地增长均较少的地区有西藏、宁夏、辽宁。

（二）连接价值

公路交通基础设施效益东高西低。基于县内连通度、县外通达度以及与中心城市区位优势度 3 个指标，集成交通网络布局指数。①我国县域交通网络布局指数呈现由沿海逐渐向内陆依次递减的趋势，交通设施同社会经济发展具有内在耦合关系。未来应加强城市群内部和城市群之间的交通网络建设，更好地服务于我国城镇化发展和国土空间交通规划。②我国东部铁路价值明显高于西部，东部 20% 的铁路里程承载了近 80% 的人口和 65% 的 GDP，铁路价值最高；而西部近 1/3 的铁路里程仅承载了 3% 的人口和 1.30% 的 GDP。未来仍需加强中东部铁路网络建设，使铁路网络更好地支撑人口和经济的集聚与发展。城市间经济联系强度呈现东中西递减的趋势。东部地区明显高于中部地区，远高于西部地区。铁路网络强化了区域中心城市间的经济联系，城市之间经济联系最强的为北京、上海、重庆、天津和广州。

三、交通用地供应效率

投资增长慢于供地增长，交通运输用地投资强度显著下降。2015 年，基础设施投资 10.10 万亿元，比上年增长 17.20%，增幅回落 4.30 个百分点，高于制造业及房地产投资增速，也高于投资领域整体增速。“十一五”期间，基础设施投资持续高速增长，尤其是 2009 年增速高达 45.80%；“十二五”期间，基础设施投资增速触底回升，2011 年降至近年来的低点 5.90%，2013 年起恢复增长，基础设施投资“十二五”期间年均 7.40 万亿元，是“十一五”期间年均投资的 2.40 倍，低于供地增长（3.80 倍）。

基础设施投资增速低于供地增速，导致交通运输用地、水域及水利设施用地投资强度显著下降。“十二五”期间，交通运输用地单位面积固定资产投资分别为“十五”期间和“十一五”期间的 39%，37%；水域及水利设施用地单位面积固定资产投资分别为“十五”期间和“十一五”期间的 66%，67%（表 3–3）。若按照历史平均水平估算，“十二五”期间已供交通运输用地需要投资 44.40 万亿元，是实际完成投资（16.70 万亿元）的 2.70 倍；水域及水利设施用地需要投资 4 万亿元，是实际完成投资（2.60 万亿元）的 1.50 倍。

表 3–3　主要基础设施用地投资强度比较

基础设施用地	投资强度（万元 / 公顷）			比上五年增长（%）
	“十五”	“十一五”	“十二五”	“十二五”
交通运输用地	5432	5660	2091	−63.1
水域及水利设施用地	1523	1502	1004	−33.1
公共管理与公共服务用地	1503	3215	3897	21.2

数据来源：供地数据来源于《国土资源综合统计年报》；固定资产投资数据来源于国家统计局官网。

其中，铁路用地单位面积固定资产投资大幅下降，由“十一五”期间的 10285 万元 / 公顷降至“十二五”期间的 2645 万元 / 公顷，下降了 74.30%；道路用地单位面积固定资产投资由“十一五”期间的 2801 万元 / 公顷降至“十二五”期间的 2283 万元 / 公顷，下降了 18.50%（图 3–10）。

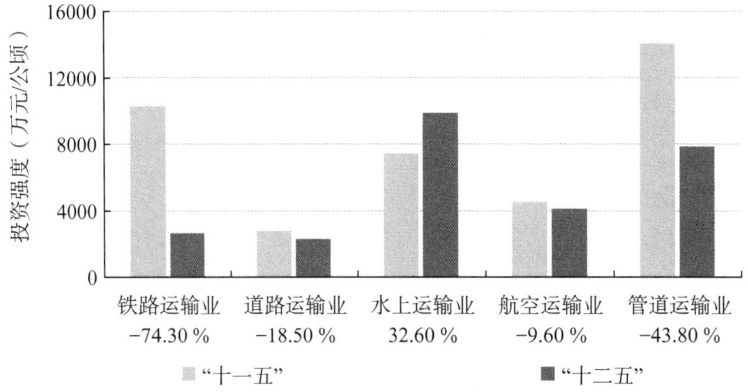

图 3–10　交通运输用地投资强度变化图

第四章　交通运输用地供需分析

第一节　交通运输用地供地分析

一、交通运输用地供应变化分析

交通基础设施用地供应持续快速增长。2008 年至 2018 年，交通运输用地供应面积总量为 15.40 万公顷，并呈现先持续快速增长后缓慢增长的趋势。2008 年至 2013 年，交通运输用地供应面积持续稳步上升；2013 年，交通运输用地供应面积达到历史高峰；2013 年至 2015 年，交通运输用地供应面积缓慢减少，之后又呈现缓慢增长趋势。2014 年起，交通运输用地供地面积居建设用地首位。“十二五”期间，年均供地 16.70 万公顷，较“十一五”期间增长 436.20%；“十三五”期间，年均供地 17 万公顷，较“十二五”期间增长 5.8%（图 4-1，图 4-2）。

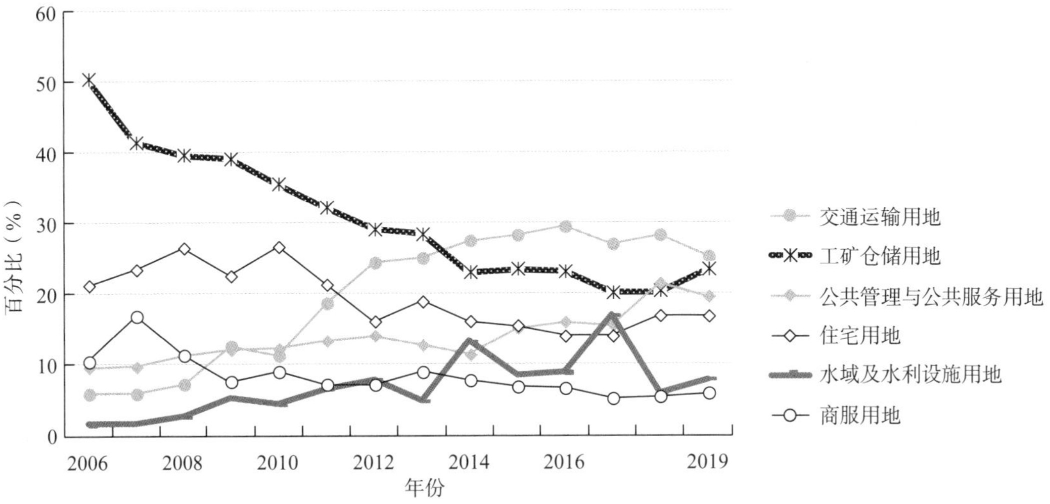

图 4-1　2006 — 2019 年建设用地供应结构年度变化图

根据 2016 年土地利用现状，我国交通运输用地占国土面积比例为 1.04%，占建设用地比例为 9.30%（2015 年），远低于美国（占建设用地 19.90%）、德国（占建设用地 36.90%）和日本（占建设用地 41.70%）。近 60% 的省份交通运输用地占建设用地比例不到 20%。

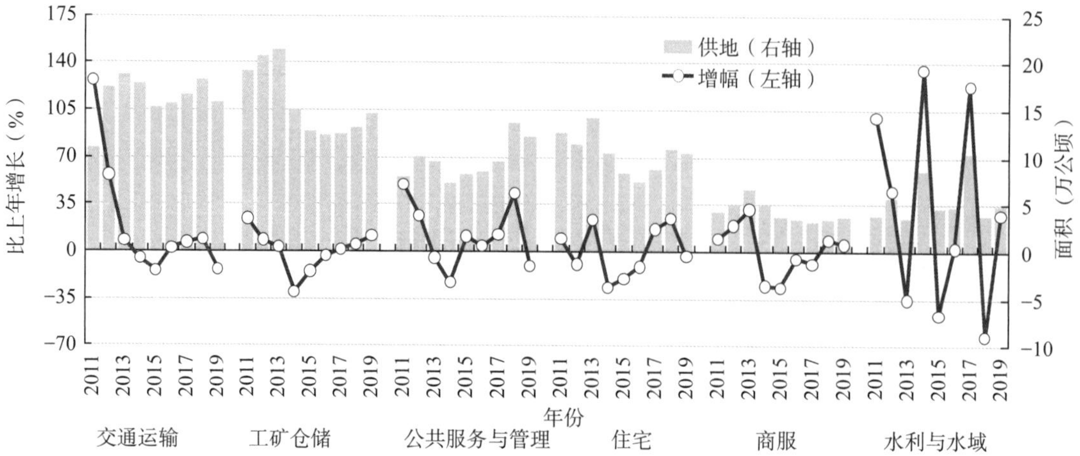

图 4-2　2011 — 2019 年全国各类建设用地供应年度变化图
（不含港澳台地区）

二、不同地区供应情况

（一）现状

从交通运输用地供地总量来看，截至 2017 年年底，供地量较高的省份为内蒙古自治区、广东省、安徽省和新疆维吾尔自治区。四省供地总量约占全国交通运输用地供地总量的 29%。供地较高的城市，除直辖市和省会城市外（天津市、北京市、昆明市、重庆市等），其他供地量较高的城市主要分布在我国北方地区，如内蒙古呼伦贝尔市和鄂尔多斯市，吉林通化市等。交通基础设施是一个城市对内和对外发展的基础。当前，我国要发展西部城市，必须先从交通基础设施抓起，加大西部城市交通基础设施的建设力度和交通运输用地的供应力度。虽然部分西部地区城市的供地量较高，但总体来说，西部大部分地区交通运输用地供地力度依然较小，如西藏自治区、青海省和四川西部城市的交通运输用地的供地量在我国属于垫底水平。因此，发展西部城市必须从整体考虑，形成整体的、适宜的交通基础设施网络（图 4-3）。

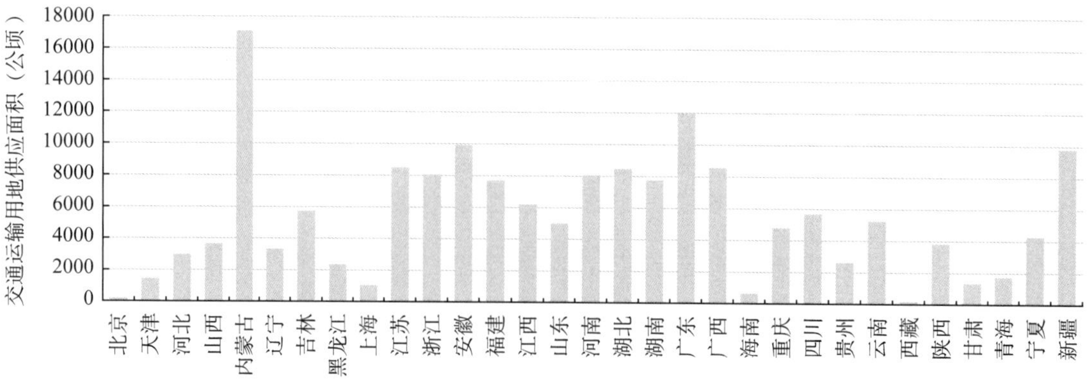

图 4-3　我国各省（市、区）交通运输供地现状图
（不含港澳台地区）

（二）变化

从三大区域看，西部地区交通基础设施用地供应面积最大且增长最快。近 10 年来，我国交通运输用地供应持续快速增长，向西部地区倾斜。西部地区交通运输用地供应面积占全国的比例为 37.18%；其次为东部地区，其交通运输用地供应面积占全国的比例为 29.51%；最后为中部地区和东北地区，其交通运输用地供应面积占全国的比例分别为 25.75%，7.56%（图 4-4）。

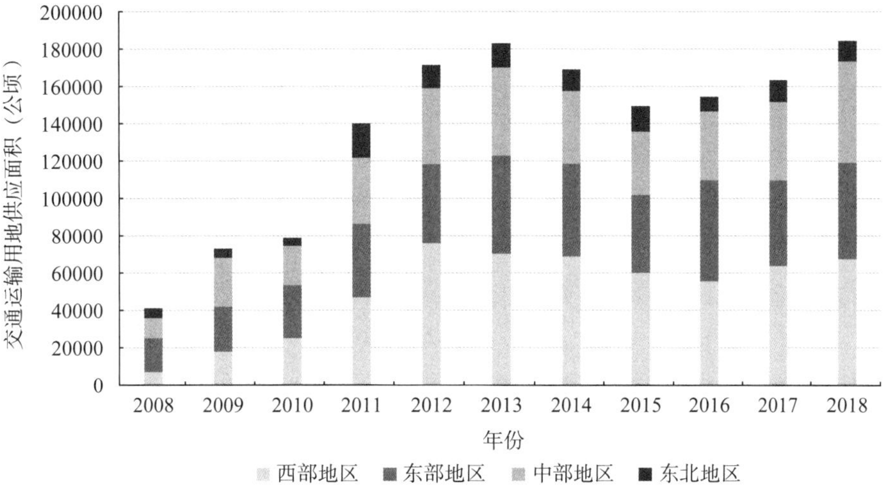

图 4-4　不同区域交通运输用地供应面积变化图

从各省份的情况看，2016—2019 年间，交通运输用地普遍增长（图 4-5），19 个省份年均供地面积高于“十二五”期间，青海和海南增幅较高；12 个省份年均供地面积减少，主要分布在东北和华北地区，北京、天津、内蒙古和贵州降幅较大。各省份交通运输用地供应在建设用地供应中的比例差异较大，较高的地区占比超过 45%，低的不到 10%，多数地

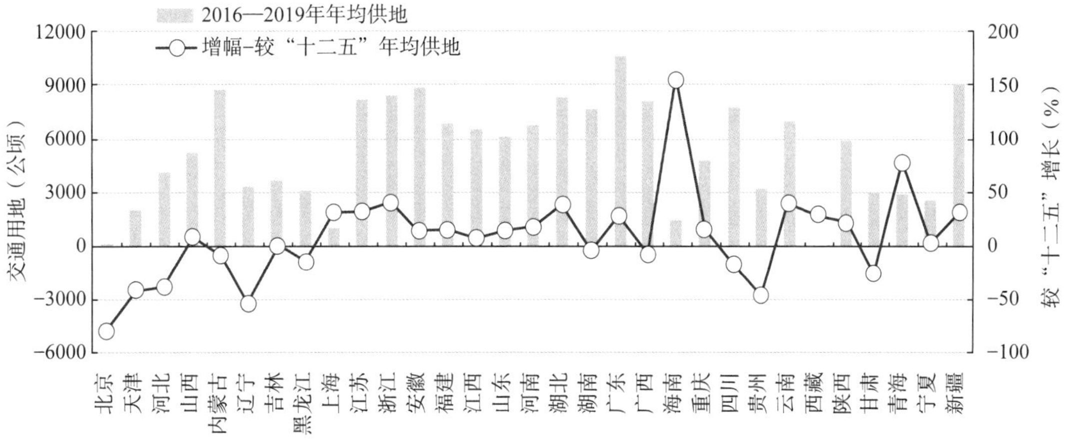

图 4-5　“十三五”期间各省（市、区）交通运输用地年均供地及变化情况
（不含港澳台地区）

区在建设用地供应中比例较高。2016—2019 年间，16 个省份交通运输用地在建设用地中的占比超过 30%，天津、山西、内蒙古和海南超过 40%；比较“十二五”时期，23 个省份交通运输用地占比提高，六个省提高幅度超过 10 个百分点。2019 年，21 个省份交通运输用地的供地面积比上年减少，西藏、河南、重庆、海南和安徽减幅度较大；新疆、贵州和河北增幅超过 100%。

从城市交通运输供地增量来看，2009—2015 年，全国约 82.8% 城市的交通运输用地供地总量是增加的，仅有少数城市供地减少。可见，随着时间的推移和经济的发展，交通运输用地需求量也在不断增长。交通运输用地供地增量最多的省份为云南省、广西壮族自治区和甘肃省，占全国总增量的 17%。这体现出我国西部交通基础设施建设力度正在不断增强。其中，西部地区供地增量较高的城市有云南的昆明市、宁夏的吴忠市、内蒙古的呼伦贝尔市和赤峰市等。交通运输用地供地量呈现减少的城市主要集中在中部和东部沿海城市，这主要是因为东部城市经济发展较快，城市建设较为成熟，交通用地需求量开始呈现饱和状态，并且伴随建设用地供需矛盾逐渐增加，“供地难”现象普遍。提高用地效率是东部城市需要重点着手的方向。值得注意的是，交通运输用地供地增量减小最多的是鄂尔多斯市，这主要是由于该市人口较少，且由于其自身资源禀赋优势（煤炭、羊绒等），经济发展较好、基础设施建设完备，导致该市不需要更多的供地来搞基建，“去库存”反而成为该市的工作重心，“鬼城”鄂尔多斯也由来于此。

（三）交通运输用地—供地对比分析

将全国现状交通运输用地和供地均值作为判断高低的依据，将全国有数据的城市划分为供地低—用地低、供地低—用地高、供地高—用地低、供地高—用地高 4 种类型。现状用地和供地均低的城市有 142 个，均高的城市有 73 个，现状用地高但供地少的城市有 60 个，供地多但用地少的城市有 45 个。双高城市除直辖市、省会城市及经济发达城市外，其他为一些发展较快的三、四线城市。这主要是因为经济发展越快的地区，继续深入发展要求交通基础设施建设的同步发展。双低的城市多分布在经济欠发达的四、五线城市，如山西吕梁市、甘孜藏族自治州等。用地总量高、供地总量低的城市，除上海、成都等经济发展水平好的城市外，主要分布在华东及中南等地，如福建厦门市和广东佛山市等。这些城市交通运输用地普遍可以满足现阶段城市发展的需求，交通运输用地趋于饱和。用地总量低、供地总量高的城市所占比例最少，主要分布在经济发展水平低的五线城市，如安徽宣城市和芜湖市等。这些城市虽然经济发展水平较低，但近年来发展速度逐步加快，因而对交通运输用地的需求量较大。

三、不同方式交通运输用地变化情况

我国交通运输用地（不含农村道路）以公路、铁路为主，2020 年，84.20% 为公路，11.80% 为铁路，两者合计占交通运输用地 98.20%，机场、港口、管道用地仅占我国交通运输用地 3.60%。

（一）铁路用地

2015—2020 年，全国铁路用地年均增加 19.37 万亩，新疆、内蒙古、河北、山东的总量和增量都高；浙江、福建、宁夏总量和增量都较低。

近几年，铁路用地的增长与铁路里程的增长基本同步；从近年的数据看，平均每增加 1 公里铁路里程，铁路用地增长约 41.26 亩；历史上看，每公里铁路所需的用地需求在 67.04 亩左右；近年来，新建铁路中高铁比例的增加，与用地的变化相一致（图 4–6，图 4–7）。

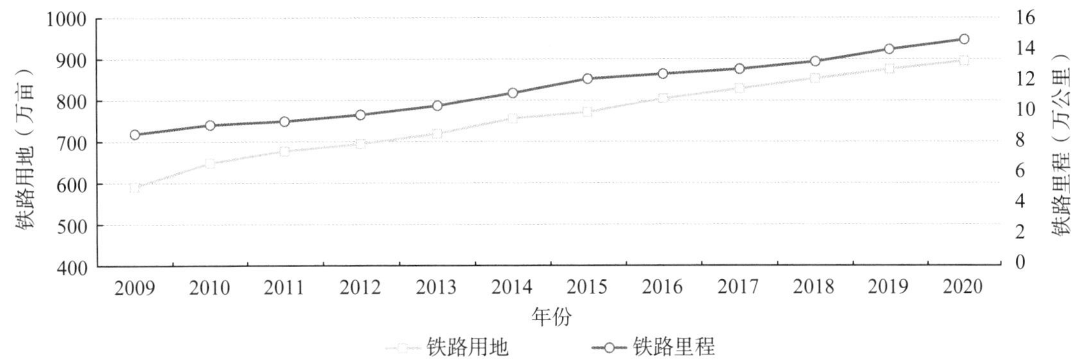

图 4–6　历年铁路用地与铁路里程增长图

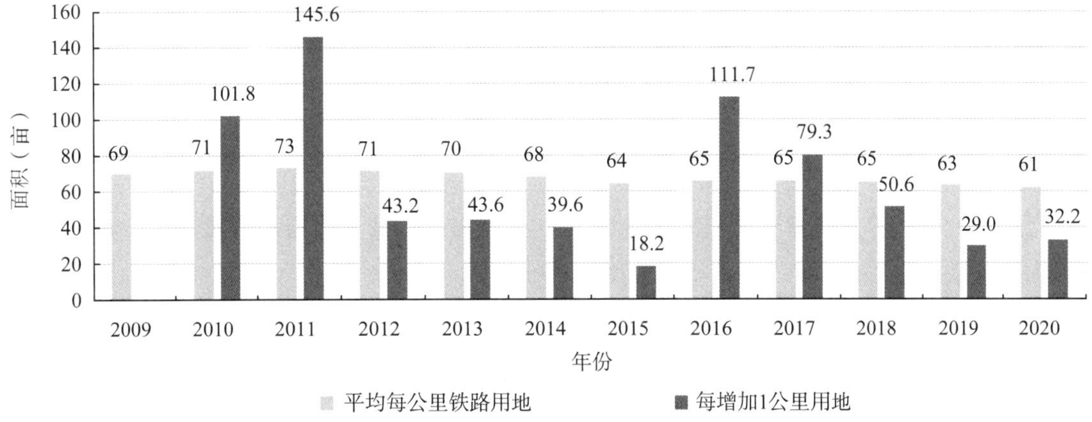

图 4–7　铁路里程与用地的关系图

（二）公路用地

2015—2020 年，全国公路用地年均增加 359.15 万亩，内蒙古、河北、河南、广东的总量和增量都高，西藏、吉林的增量总量都较低。

从近年数据看，平均每增加 1 公里公路里程，公路用地增长约 32 亩；历史上看，每公里公路所需的用地需求在 10 亩左右；随着近年来公路网的完善，高等级公路占比增加，平均每公里公路的用地在增加，从 2009 年的 9.06 亩 / 公里增长到 2020 年的 11.9 亩 / 公里（图 4–8，图 4–9）。

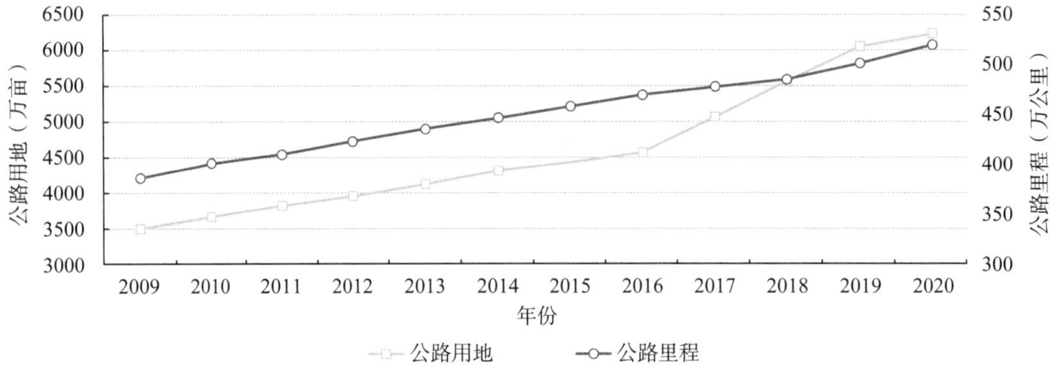

图 4-8　历年公路用地与公路历程增长图

图 4-9　公路里程增长与用地的关系图

（三）机场用地

2015—2020 年，全国机场用地年均增加 8.23 万亩。内蒙古、云南、重庆、上海的总量和增量都高，辽宁、安徽、西藏总量和增量都低。

近几年，机场用地的增长与机场数量的增长基本同步；从 2018 年，2019 年，2020 年三年的数据来看，基本上每增加一个机场，机场用地增长约 2.28 万亩（图 4-10）。

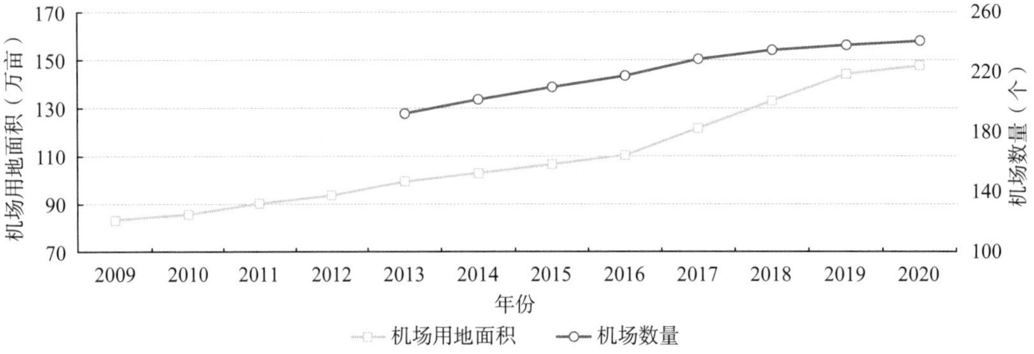

图 4-10　机场用地年均增量图

（四）港口码头用地

2015—2020 年，全国港口码头用地年均增加 7.93 万亩。辽宁、江苏、广东、山东的总量和增量都高。

港口码头用地的增长与万吨级以上泊位数的增加呈线性关系；从近年数据来看，平均每增加 1 个万吨港口泊位，港口码头用地增长约 1210 亩；历史上看，每个万吨港口泊位所需的用地需求在 333 亩左右（图 4-11，图 4-12）。

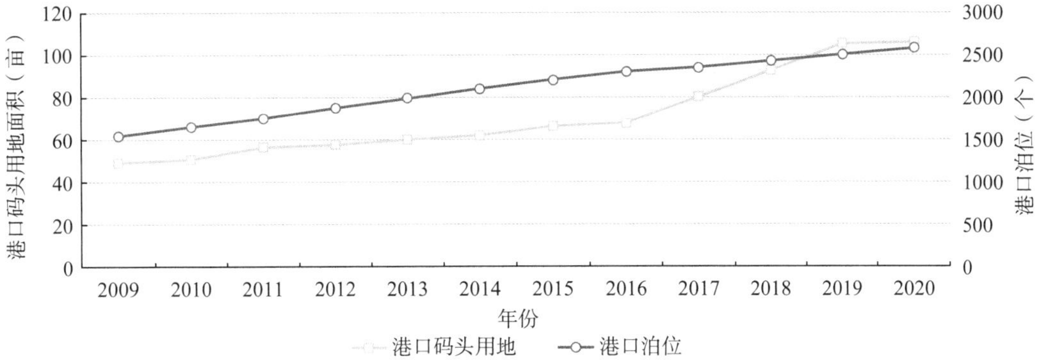

图 4-11　港口码头用地（万亩）与港口泊位数量关系图

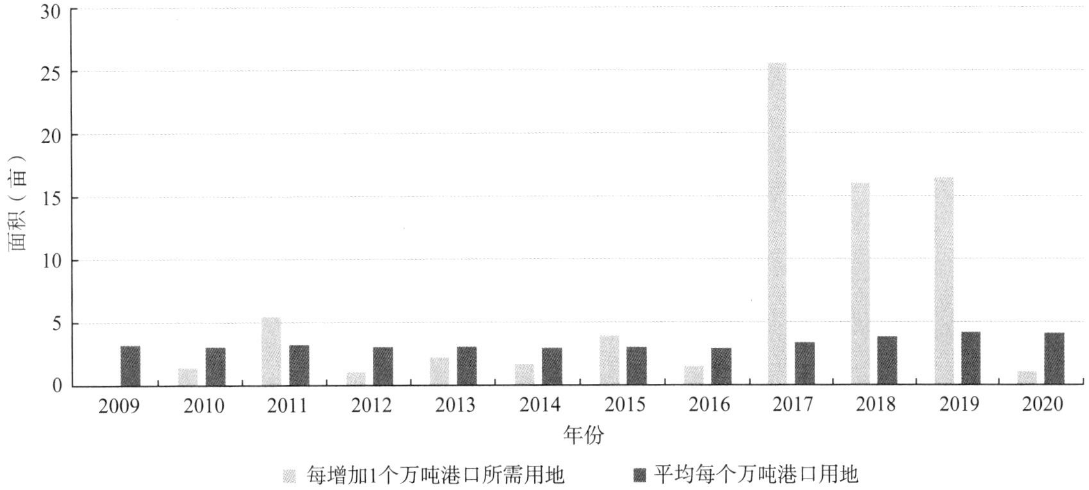

图 4-12　港口用地增长图

（五）管道运输用地

2015—2020 年，全国管道运输用地减少。新疆、青海的总量和增量都高，内蒙古、陕西总量低但增量高。从近年数据看，平均每增加 1 公里管道里程，管道运输用地减少约 0.21 亩；历史上看，每公里管道所需的用地需求在 1.30 亩左右（图 4-13，图 4-14）。

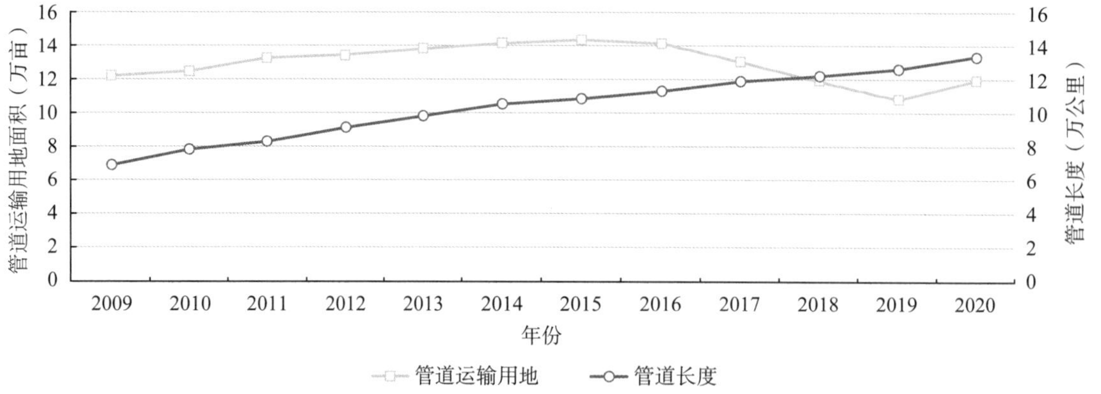

图 4-13　管道运输用地与管道里程历年变化趋势图

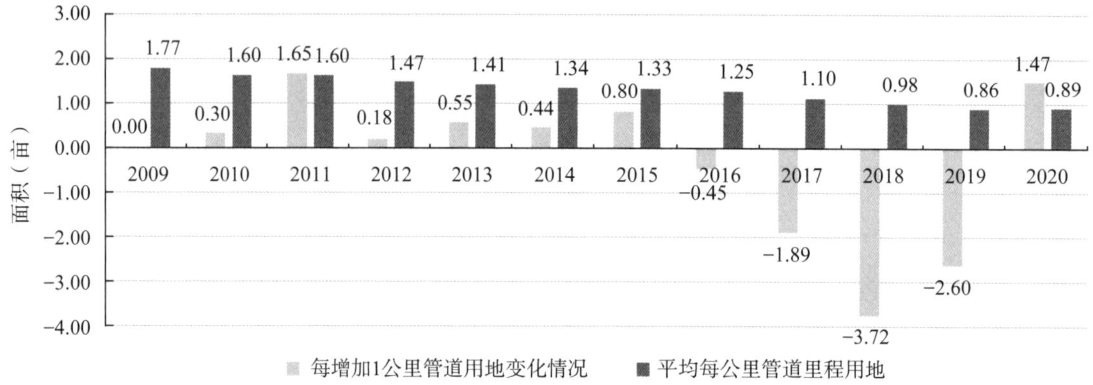

图 4-14　管道运输用地增长图

第二节　交通运输用地需求分析

结合经济社会发展、国土空间、国防安全等，逐步降低交通基础设施投资规模和建设强度，适当控制公路和港口建设，稳步推动铁路建设，适度加快机场建设。

基于国土空间格局与交通服务支撑要求，聚焦城市群与城市群之间，以航空、高铁、高速为主，依托多类型枢纽与集疏运网络，通过完善交通主骨架和主枢纽建设，实现对外快联，提供快捷、舒适、高品质完整出行链服务，共同营造生态化、品质化交通互联互通主骨架。

一、相关系数法

从交通用地构成看，计算各省（市、区）的 6 类交通用地中位数占比可知：农村道路占总交通用地面积最大（55%），其次是公路用地占比 37%，铁路占比 6%，机场占比 1%。由于农村道路用地作为变量偏差值较大，在相关系数预测中计算交通用地规模时，不纳入统计（图 4-15）。

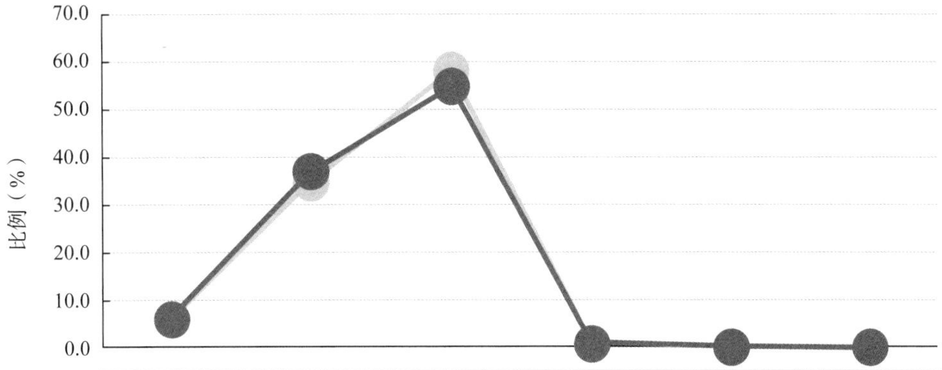

	铁路用地	公路用地	农村道路	机场用地	港口码头用地	管道运输用地
全国	6.1%	34.4%	58.1%	0.8%	0.5%	0.1%
中位数	6%	37%	55%	1%	0%	0%

图 4-15　各类交通用地比例图

全国交通用地与全国人口、GDP 增量呈现明显的线性相关关系。以各地区数据测算，交通用地规模同样与 GDP、人口呈现线性相关关系。同时，交通用地增量与 GDP 增量也存在一定的线性相关关系（图 4-16 至图 4-19）。

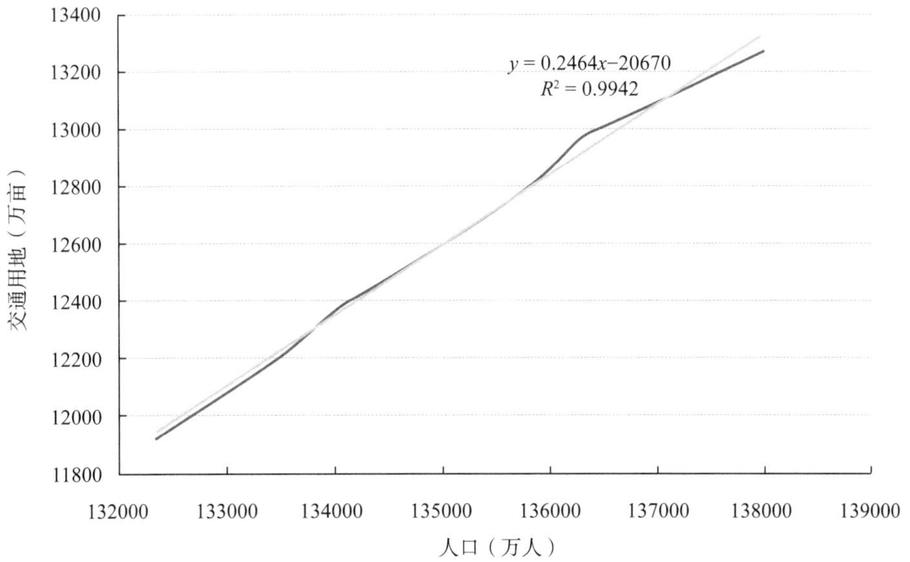

图 4-16　2009 — 2016 年全国人口 - 交通用地相关关系图

（不含港澳台地区）

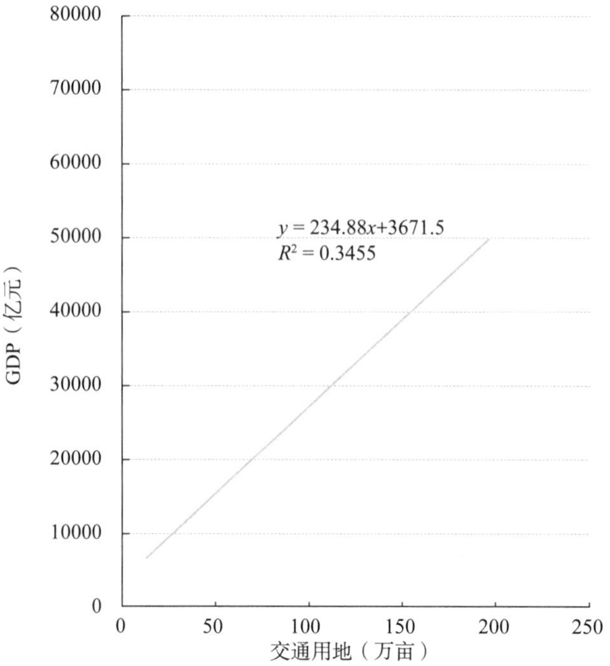

图 4-17　2003 — 2017 交通用地增量 -GDP 增量相关关系图

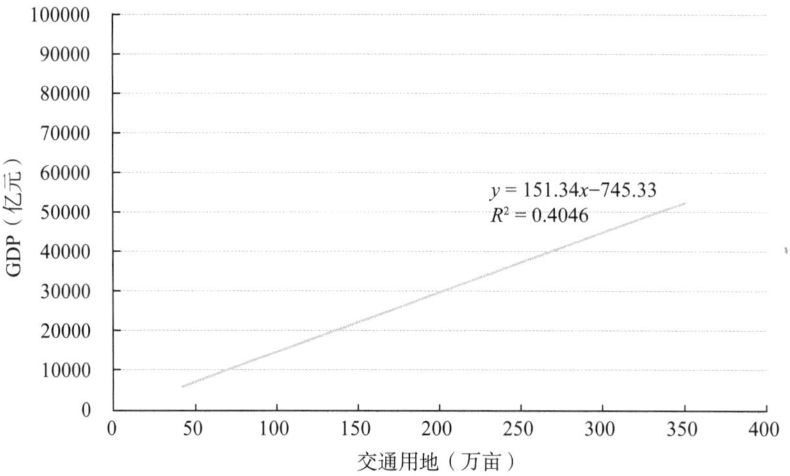

图 4-18　2017 年交通用地 -GDP 示意相关关系图

按照 GDP 在 2018—2020 年以 6% 增长，2021—2030 年以 4% 增长，2031—2035 年以 3% 增长预测未来 GDP，拟合高度达 99.30%；预计 2025 年交通用地达 490 万公顷（不含农村道路用地），为 2016 年数据的 1.30 倍（图 4-20，图 4-21）。

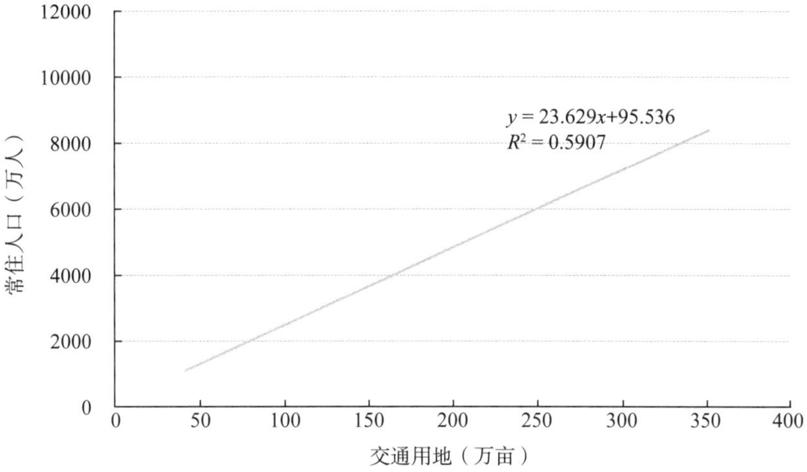

图 4-19　2017 年交通用地 - 人口相关关系图

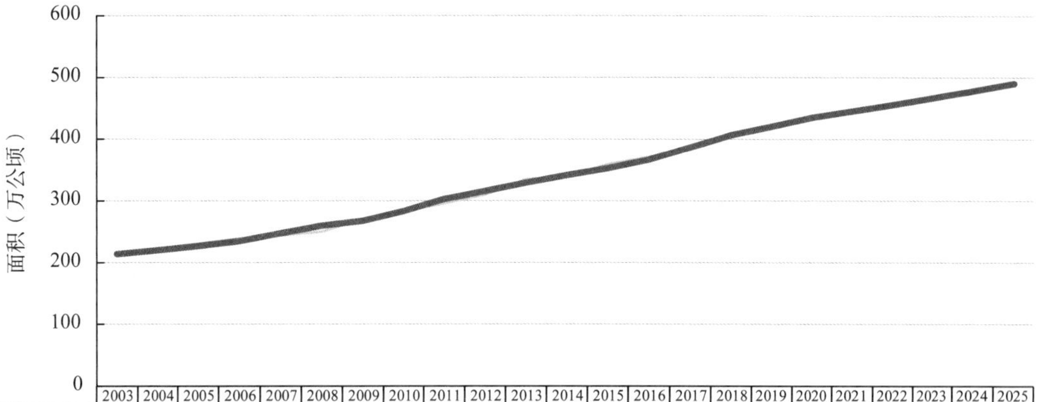

	2003	2004	2005	2006	2007	2008	2009	2010	2011	2012	2013	2014	2015	2016	2017	2018	2019	2020	2021	2022	2023	2024	2025
交通用地	215	223	231	240	244	250	271	283	296	310	334	339	359	371	383	408							
交通用地预测	214	220	227	235	248	260	267	284	303	316	329	341	353	366	387	407	421	435	445	456	467	479	490

年份

交通用地　交通用地预测

图 4-20　交通用地拟合及预测图

SUMMARY OUTPUT

回归统计	
Multiple R	0.996839
R Square	0.993689
Adjusted R Square	0.993238
标准误差	5.1253
观测值	16

方差分析

	df	SS	MS	F	ignificance F
回归分析	1	57901.51	57901.51	2204.201	8.38E-17
残差	14	367.7618	26.2687		
总计	15	58269.27			

	Coefficients	标准误差	t Stat	P-value	Lower 95%	Upper 95%	下限 95.0%	上限 95.0%
Intercept	179.3836	2.819452	63.62356	1.21E-18	173.3365	185.4307	173.3365	185.4307
X Variable 1	2.527638	0.053838	46.94892	8.38E-17	2.412167	2.643109	2.412167	2.643109

图 4-21　交通用地拟合及预测图

农村道路用地占交通用地比例，从 2009 年的 64.50% 下降到 2016 年的 58.10%，年均下降 0.90%。按这个趋势，到 2025 年，农村道路用地占比为 51.0%。估算除农村道路外的交通用地为 490 万公顷。因此，总的交通用地约为 1000 万公顷左右。

二、增长率法

从 2009 年到 2016 年，交通用地年均增长率为 1.60%，但整体趋势呈现出增长率放缓的现象，由 2010 年的 2.10% 降为 2016 年的 1.30%。按照整体增长率趋势外推预测，至 2025 年，年均增长率在 1.40%~1.50% 之间；综合考虑相关系数法和增长率法得出的预测规模，到 2025 年，交通用地面积约为 1000 万公顷。

三、不同交通方式需求分析

不同交通方式间供地需注意差异。未来运输结构将朝提高运输效率、降低成本、环境友好方向转变。以“公转铁、公转水”为导向，公路基础设施投资和用地需求要给予控制；港口建设要充分合理利用岸线资源，清退小散乱，实现规模化、集约化要求；铁路处在增长期，规划 2025 年路网密度接近美国和日本目前水平；未来机场建设仍有较大空间，三大城市群将形成世界级机场群，要保障供应。

（一）铁路用地

从近年数据看，平均每增加 1 公里铁路里程，铁路用地增长约 71.80 亩；历史上看，每公里铁路所需的用地需求在 68.80 亩左右；近年来，新建铁路中高铁比例的增加，与用地的变化相一致。2015 年，高速铁路占总铁路里程的 16%；预计 2025 年高速铁路占总里程的 22%；新建高铁占比将进一步增加，每公里铁路的用地需求将大于历史平均值 68.80 亩，约 70 亩 / 公里。

依据《新建铁路工程项目建设用地指标》（建标 [2008]232 号），新建客运专线铁路综合建设用地指标的影响因素概括为速度越低，所需用地面积越大；地形越复杂，所需用地面积越大。新建客运专线将更多侧重于完善“十三五”时期尚未建设的复杂地形地区，特别是中部地区的城市间联系。因此，每公里新增客运专线的用地约在 105 亩左右。新建客货共线铁路综合建设用地指标的影响因素，概括为等级越高，所需用地面积越大。综合判断，平均每公里新增客货运共线铁路的用地约在 68 亩左右。

实现 2025 年新增铁路里程 2.50 万公里，包括 0.80 万公里的高速铁路，以每增加一公里铁路里程需要 78 亩用地计算，需要新增铁路用地约 13 万公顷。到 2025 年，铁路用地约为 83 万公顷。

（二）机场用地

从 2014 年、2015 年、2016 年三年的数据来看，基本上每增加一个机场，机场用地增长约 4300 亩。随着机场数量的增长，单个机场的平均规模呈减小趋势，与近年新建的机场普遍属于中小型机场的事实相一致；随着机场数量进一步增加，单个机场的平均用地规模将会进一步减小，趋近于4000~4500亩的区间。

根据《民用航空运输机场工程项目建设用地指标 》机场建设用地计算示例，单个新建机场的用地规模：大型机场约为1.30万亩，中型机场约为0.45万亩，小型机场约为0.24万亩。新建机场以中小型机场为主。加权综合下，平均每个新建机场的用地需求为4300亩。参考美国通用机场的平均规模，平均每个新建的通用机场用地需求为1000亩。

为实现2025年规划布局机场约370个（建成约320个）的目标（4300亩/个），新建机场60个，用地1.72万公顷；规划机场50个，用地1.43万公顷，共3.15万公顷。同时，结合各省市通用机场布局规划，预计2025年通用机场将达到1370个，用地为9.20万公顷。

2025年，机场用地将达到12.40万公顷。“十四五”期间，新增机场用地3.50万公顷。

（三）公路

从近年数据来看，平均每增加1公里公路里程，公路用地增长约43亩；历史上看，每公里公路所需的用地需求在19亩左右。随着近年来公路网的完善，高等级公路占比增加，平均每公里公路的用地在增加，从2009年的17.80亩/公里增长到2016年的19.20亩/公里。按照这个趋势，未来平均每公里公路的用地将稳定在20亩/公里左右。

预计2025年，公路里程将达到295万公里。按照20亩/公里计算，2025年公路用地约为5900万亩（393万公顷）。“十四五”期间，新增公路用地702万亩（47万公顷）。

根据公路工程项目建设用地指标（建标〔2011〕124号），结合“十四五”时期新增的公路将向过去工程技术较困难的地区倾斜，因此需更加考虑Ⅱ类、Ⅲ类地形区。总体上考虑，新增高速每公里用地约100亩，一级公路每公里用地约60亩。

分析历年道路交通基础设施建设的情况发现，高速公路占比逐年上升，一级、二级公路占比有所上升，三级公路占比有所下降，四级公路占比上升较多，等外公路占比逐年下降。从量上看，高速公路年均增长0.89万公里，一级公路年均增长0.57万公里，二级公路年均增长1万公里，三级、四级公路年均增长13.50万公里，等外公路年均减少4.60万公里。

预计2025年高速公路达到17万公里，新增高速公路约2万公里，新增高速公路需要的用地约200万亩（13万公顷）。农村道路用地变化相对平稳，其占总用地的比例不断减少，平均每年减少0.90个百分点。预计2025年，农村道路用地占比下降到51%左右，届时农村道路用地约7830万亩（522万公顷），“十四五”期间新增农村道路用地3.90万公顷。

（四）管道运输用地

从近年数据来看，平均每增加1公里管道里程，管道运输用地增长约0.58亩；历史上看，每公里管道所需的用地需求在1.50亩左右。随着近年来管道网络不断完善，平均每公里管道所需的用地在不断减少。预计长期来看，每公里管道的用地需求在1.10亩/公里左右。

预计 2025 年，管道里程将达到 24 万公里，按照 1.10 亩 / 公里计算，2025 年管道运输用地约为 27 万亩（1.80 万公顷）；“十四五”期间，新增管道运输用地约 10 万亩（0.67 万公顷）。

（五）港口码头用地

从近年数据来看，平均每增加 1 个万吨港口泊位，港口码头用地增长约 246 亩；历史上看，每个万吨港口泊位所需的用地需求在 305 亩左右，这一数字在逐年减小，预计 2025 年左右在 290 亩左右。

预计 2025 年万吨港口泊位数量将达到 2826 个。根据拟合曲线，2025 年的港口码头用地共 81 万亩（5.40 万公顷）；“十四五”期间，新增港口码头用地约 6.55 万亩（0.44 万公顷）。

综上所述，预计到 2025 年，铁路用地 83 万公顷，占比 8.20%；机场用地 12.40 万公顷，占比 1.20%；公路用地 393 万公顷，占比 38.60%；农村道路用地约 522 万公顷，占比 51%；管道运输用地 1.80 万公顷，港口码头用地 5.40 万公顷，占比 0.18%；交通用地总计 1018 万公顷，与总量预测的 1000 万 ~1030 万公顷之间相一致。

第三节　地级以上城市交通运输用地需求分析

一、全国各城市交通主导性判定

交通主导性的判断，主要基于国家战略交通规划、各市交通用地现状和各市主导产业来综合判定。国家战略交通规划用于确定各市是否为重要交通枢纽，而各市主导产业是定量分析各市主导交通方式的重要参照。国家战略交通规划参考了《国家公路运输枢纽布局规划》《中长期铁路网规划》和《全国内河航道与港口布局规划》等。各市主导产业的确定，主要参照了各市国民经济和社会发展“十三五”规划纲要、城市总体规划、国民经济和社会发展统计公报、政府工作报告、政府门户网站，以及相关学术文献等。通过收集和筛选全国各市的主导产业（详见附录 2），参照投入产出表中的行业部门，选取频数较高且我国较为重点的产业，共 25 个，如表 4–1 所示。

表 4–1　全国 25 大主导产业名称

主导产业		
交通运输、仓储和邮政	石油、炼焦产品和核燃料加工业	金融
化学产品	金属冶炼和压延加工业	电力、热力的生产和供应
批发和零售	农林牧渔产品和服务	食品和烟草
交通运输设备业		通用设备
煤炭开采和选洗业	计算机和其他电子设备	造纸印刷和文教体育用品

续表

主导产业		
电气机械和器材	金属制品	金属矿采选产业
非金属矿采选业	非金属矿物制品	专用设备
建筑业	纺织服装鞋帽皮革羽绒及其制品	仪器仪表
旅游业	水的生产和供应	

1. 产业主导交通方式模型构建

产业的发展受多重因素的共同作用。本书认为，产业的发展与其影响指标存在多元线性关系，并构建了多元线性回归模型如下：

$$Y_i = \beta_0 + \beta_1 X_1 + \beta_2 X_2 + \beta_3 X_3 + \beta_4 X_4 + \beta_5 X_5 + \beta_6 X_6 + \beta_7 X_7 + \varepsilon_i$$

式中：Y_i 代表不同的产业类型；β_0–β_7 分别代表各个变量的回归系数；X_1、X_2 和 X_3 代表各类型的交通运输用地；X_4、X_5、X_6 和 X_7 代表选取的控制变量，具体说明见表 4–2。

2. 控制变量的选取

城镇化水平对于产业发展有十分重要的影响，城镇化水平相对较高的区县，其经济发展水平也较高，进而影响产业发展；随着经济社会的发展及科学技术的不断提升，区域的人力资本禀赋成为影响产业发展的重要因素之一，尤其是技术和资本密集型产业对人力资本有较高需求；产业的发展同样受到工业发展状况的影响，工业发展状况较好的区域更有利于吸引投资，产业间联系更加紧密，产业资本积累坚实；产业结构对产业布局及发展起着重要的作用，不同的产业结构决定未来城市产业的发展方向。

表 4–2 计量模型变量表

变量类型	变量符号	变量名	度量方式
被解释变量	Y	主导产业名称	产业产值
解释变量	X_1	公路	公路里程
	X_2	铁路	铁路里程
	X_3	水运	航道里程
控制变量	X_4	城镇化水平	城镇人口占总人口比例
	X_5	人力资本禀赋	各市平均工资水平
	X_6	工业发展状况	各市工业总产值
	X_7	产业结构	第二和第三产业产值占 GDP 比例

将 25 个省会、直辖市（其中，河南、广东、西藏、青海、甘肃、新疆、港澳台地区由于数据缺失，没有考虑在内）2012—2016 年的各解释变量和控制标量以及被解释变量导入上述模型之中，得到不同交通运输方式对 25 个产业的影响程度（表 4–3）。

表 4-3　不同类别交通基础设施对产业发展影响表

变量名称	C	公　路	铁　路	水　运	城镇化水平	人力资本禀赋	工业发展状况	产业结构
交通运输、仓储和邮政	8003 (***)	0.0139 (***)	−0.02345	0.01008	−10.19	0.01417	0.1107 (***)	−94.39 (***)
石油、炼焦产品和核燃料加工业	0.002867 (**)	0.002867 (*)	−0.09383 (**)	−0.210 (***)	39.20 (***)	−0.01535 (*)	0.2611 (***)	−66.56 (***)
金融	2146 (**)	0.0004069	−0.02599	0.04231 (***)	10.04 (.)	0.04367 (***)	0.09992 (***)	−5.136
金属冶炼和压延加工业	423.2	−0.01238 (**)	0.1295	−0.06043	−89.92 (**)	−0.009088	0.5607 (***)	64.07
化学产品	−4806.783	−0.00099	−0.291835 (***)	−0.097122 (.)	−63.4626 (***)	−0.000144	0.22906 (***)	92.98316 (.)
电力、热力的生产和供应	−2625	−0.0000746	0.0534	0.00329	−30.56	0.03328 (*)	0.1424 (***)	34
批发和零售	674.3	0.0002836	−0.02949	−0.04040 (**)	9.3	0.02661 (***)	0.2749 (***)	−29.03 (.)
农林牧渔产品和服务	8003 (***)	0.01390 (***)	−0.02345	0.01008	−10.19	0.01417	0.1107 (***)	−94.39 (***)
食品和烟草	1.270 (***)	0.005238 (*)	−0.07168	−0.05415 (***)	19.75	0.001629	0.06862 (***)	−26.25
交通运输设备业	−372	−0.00172 (.)	−0. 22 (**)	0.028	60.4 (*)	0.0225	0.305 (***)	−40.6
通用设备	2454 (.)	−0.002111	−0.1453 (***)	−0.01581	10.92	0.008075	0.3512 (***)	−46.16 (*)
煤炭开采和选洗业	−25670 (***)	0.004280 (*)	0.3158 (***)	−0.04544 (*)	−74.17 (***)	−0.01271	−0.04737 (*)	336.3 (***)
计算机和其他电子设备	−3007	−0.01017 (**)	−0.1531 (*)	0.3698 (***)	9.645	0.03519 (*)	0.2926 (***)	5.001
造纸印刷和文教体育用品	2898 (**)	−0.001561	−0.1251 (***)	−0.05264 (***)	−15.87 (.)	0.00946 (*)	0.2398 (***)	−29.64 (*)
电气机械和器材	−2923	−0.02001 (**)	−0.01946	0.3229 (***)	−112.7 (*)	0.01338	0.3446 (***)	108
金属制品	2349 (**)	−0.003084 (***)	−0.05208 (**)	−0.02699 (**)	−9.729	0.007064(.)	0.2643 (***)	−29.09 (**)
金属矿采选产业	3004	−0.007118	0.2119	−0.07457	−29.21	−0.01582	0.07568	3.142
非金属矿采选业	238.6	0.001381 (***)	−0.002649	−0.001702	5.323 (*)	−0.001583	0.008960 (***)	−5.966 (.)
非金属矿物制品	4730 (**)	0.004977 (***)	−0.1118 (**)	−0.0954 (***)	2.116	0.001019	0.2654 (***)	−59.85 (**)
专用设备	464.7	−0.001003	−0.08162 (**)	0.02314 (*)	18.18 (*)	−0.007365 (*)	0.1942 (***)	−14.72
建筑业	669.1	0.01311 (***)	−0.05004	0.02634	50.72 (.)	−0.01336	0.08235 (*)	−37.18

续表

变量名称	C	公　路	铁　路	水　运	城镇化水平	人力资本禀赋	工业发展状况	产业结构
纺织服装鞋帽皮革羽绒及其制品	1824	−0.0072 (***)	−0.06983 (.)	0.02876	−21.59	−0.003039	0.2203 (***)	−1.431
仪器仪表	148.4	−0.004252 (***)	0.01169	0.07049 (***)	−12.18 (**)	0.006176 (**)	0.06541 (***)	1.822
旅游业	−12470	0.007933	0.08619	−0.1197	−151.3	0.09393 (.)	0.2052 (.)	195.4
水的生产和供应	−97.02 (.)	0.0000665	−0.00158	0.001973 (**)	−0.03376	0.000514 (.)	0.003562 (***)	0.8918

注：C 代表常数值；·，*，**，*** 分别表示在 0.1 水平上显著（$p < 0.1$），在 0.05 水平上显著（$p < 0.05$），在 0.01 水平上显著（$p < 0.01$），在 0.001 水平上显著（$p < 0.001$）。

通过上述计量经济模型得到的结果，根据各交通类型对主导产业的回归系数和显著性水平，并结合我国的现实状况，得到了各主导产业的主导交通方式，见表 4–4。

表 4–4　25 大主导产业交通主导性表

产　业	主导性	产　业	主导性
交通运输、仓储和邮政	公路	金属冶炼和压延加工品	公路
交通运输设备	公路	金属矿采选产品	铁路
非金属矿物制品	公路	非金属矿和其他矿采选产品	公路
电气机械和器材	水运	纺织服装鞋帽皮革羽绒及其制品	水运
通用设备	铁路	食品和烟草	公路
专用设备	水运	电力、热力的生产和供应	铁路
旅游业	公路	煤炭采选产品	铁路
金属制品	铁路	批发和零售	铁路
建筑业	公路	石油、炼焦产品和核燃料加工品	公路
化学产品	铁路	水的生产和供应	水运
仪器仪表	水运	金融	水运
造纸印刷和文教体育用品	公路	农林牧渔产品和服务	公路
通信设备、计算机和其他电子设备	水运		

以国家交通战略规划为本底，结合各市交通用地现状，以及各市主导产业对应主导交通的综合分析，将各市的主导交通类型逐一确定，对模型结果与现实交通状况或国家交通规划相矛盾的城市，进行深入分析并进行相应调整，例如，青海省的海南藏族自治州和果洛藏族自治州，由于其自身地理条件的限制，结合我国现有铁路网的空间分布，发现这两自治州没有铁路，且"十三五"时期铁路规划建设中也没有规划铁路穿过两地，但按照其

主导产业得到的两地的主导交通类型却是铁路。在这种情况下，本书以现实情况和国家规划出发，对两地的交通现状进行分析，并最终调整为以公路为主导。基于上述步骤，本书最终确定了包括单一交通主导城市和复合交通主导城市两大类。其中单一交通主导包含公路、铁路、水运 3 种；复合交通主导包含综合、公路—水运、公路—铁路、铁路—水运 4 种。详见附录 3。

二、全国各城市交通依赖性判定

众所周知，各行业在生产过程中都需要有交通运输的投入。但是每个行业对交通运输投入在数量、质量和结构上的要求是各不相同的。这也是产业结构对交通运输业产生影响的基本出发点。投入产出中的直接消耗系数可以反映各部门单位产出所需的运输直接投入，而完全消耗系数可以反映出各部门单位产出所需要的直接和间接运输投入。

根据投入产出基本原理，最终需求对生产的诱发额，可以通过下式计算：

$$X=(I-A)^{-1}F$$

式中：X 为最终需求对生产的诱发向量额；F 为最终需求向量；A 为直接消耗系数矩阵；$(I-A)^{-1}$ 为逆矩阵 B，逆矩阵 B 与单位矩阵的差 $[(I-A)^{-1}-I]$ 即为完全消耗矩阵。

在此基础上，本研究可以更进一步测度产业结构变化对交通运输业的影响，即测算不同的行业增加单位产出对交通运输的需求，k 中产品发生变化时，其余 $n-k$ 中产品产出的变化模型：

$$X(n-k)=TB(k)^{-1}\Delta X(k)$$

$$T=B(n-k)$$

式中：n 为产品种类；T 为 $n-k$ 行列的逆矩阵 B。

基于投入产出模型，计算得到本书中筛选出的 25 个主导产业的完全消耗系数。将系数大小进行排序，将交通运输、仓储和邮政视为对交通运输用地完全依赖，其他 24 个产业按照四分位数法分为 4 种依赖程度，分别为高依赖、中高依赖、中低依赖和低依赖（表 4-5）。值得注意的是，虽然在投入产出表中没有旅游业，但依照相关文献，本书认为，旅游产业对交通运输用地具有高依赖性。

表 4-5　25 大主导产业交通依赖性

产　业	完全消耗系数	依赖程度
交通运输、仓储和邮政	0.208630111	完全依赖
交通运输设备	0.115074042	高依赖
非金属矿物制品	0.114459344	高依赖
电气机械和器材	0.11056471	高依赖
通用设备	0.110277881	高依赖

续表

产　业	完全消耗系数	依赖程度
专用设备	0.109753988	高依赖
旅游业	—	高依赖
金属制品	0.108432023	中高依赖
建筑	0.10711574	中高依赖
化学产品	0.104156998	中高依赖
仪器仪表	0.10401557	中高依赖
造纸印刷和文教体育用品	0.099805119	中高依赖
通信设备、计算机和其他电子设备	0.096698043	中高依赖
金属冶炼和压延加工品	0.094992981	中低依赖
金属矿采选产品	0.093285876	中低依赖
非金属矿和其他矿采选产品	0.090790668	中低依赖
纺织服装鞋帽皮革羽绒及其制品	0.090532791	中低依赖
食品和烟草	0.085454983	中低依赖
电力、热力的生产和供应	0.067849449	中低依赖
煤炭采选产品	0.067471593	低依赖
批发和零售	0.063040643	低依赖
石油、炼焦产品和核燃料加工品	0.062694205	低依赖
水的生产和供应	0.054972076	低依赖
金融	0.053704902	低依赖
农林牧渔产品和服务	0.043860336	低依赖

由于各市的主导产业不止一个，各主导产业对交通的依赖程度也存在差异，因此各城市的交通依赖性是各主导产业交通依赖性综合作用的结果。本书首先将全国各市主导产业与依赖程度相对应，得到各市各产业对应的交通依赖程度。将交通依赖程度赋予分值：完全依赖 5 分，高依赖 4 分，中高依赖 3 分，中低依赖 2 分，低依赖 1 分。然后，将各市对应各主导产业的依赖程度分值进行平均，求得该市对应的交通综合依赖程度。例如，北京市的主导产业属于本书所定 25 个主导产业的有金融、旅游、交通运输、仓储和邮政、批发零售和交通运输设备业，则北京市的交通依赖程度为（1+4+5+1+4）/5=3，为中高依赖。全国所有地级市的交通依赖程度，见附录 3。

三、全国各城市交通主导性和依赖性分析

（一）单一交通主导性依赖性城市分析

从主导性来看，单一交通主导型城市有 208 个，约占全国地级市总数的 2/3。可见，我

国目前的城市交通方式还多以单一某种交通类型为主导。从空间分布上看，单一交通主导型城市在我国各大区域都有分布，各省均有城市为单一交通主导型城市（图 4-22）。相比之下，东部沿海地区的单一交通主导型城市较少，西部地区单一交通主导型城市较多，这主要是受自然地理条件、经济发展水平、人口聚集程度、产业类型等多因素共同作用的结果。在单一交通主导型城市中，公路主导型城市有 154 个，占单一交通主导型城市总量的 74%。这反映出公路交通运输方式在我国交通运输中的重要地位。以水运为主导交通的城市最少，这一方面因为水运对自然地理条件的依赖较高；另一方面，也是因为水运对产业发展的普适性相对于公路和铁路较差。举例来说，广西壮族自治区的贵港市，其水路运输能力突出，西江黄金水道流经市境，被誉为中国西部地区内河第一大港，而其他运输方式相较于水运而言没有那么突出。因此，该市的主导交通方式被定位水运主导。从依赖性来看，对交通高依赖的城市主要集中在我国东、中部城市，且这些城市的主导产业多为对交通依赖程度较高的产业，像河北省的衡水市，该市以装备制造业为主导，因此对交通的依赖性高。交通依赖性低的城市主要集中在我国西部地区，这些城市普遍经济发展水平较低，多以农牧业为主导产业，对交通的要求较低。

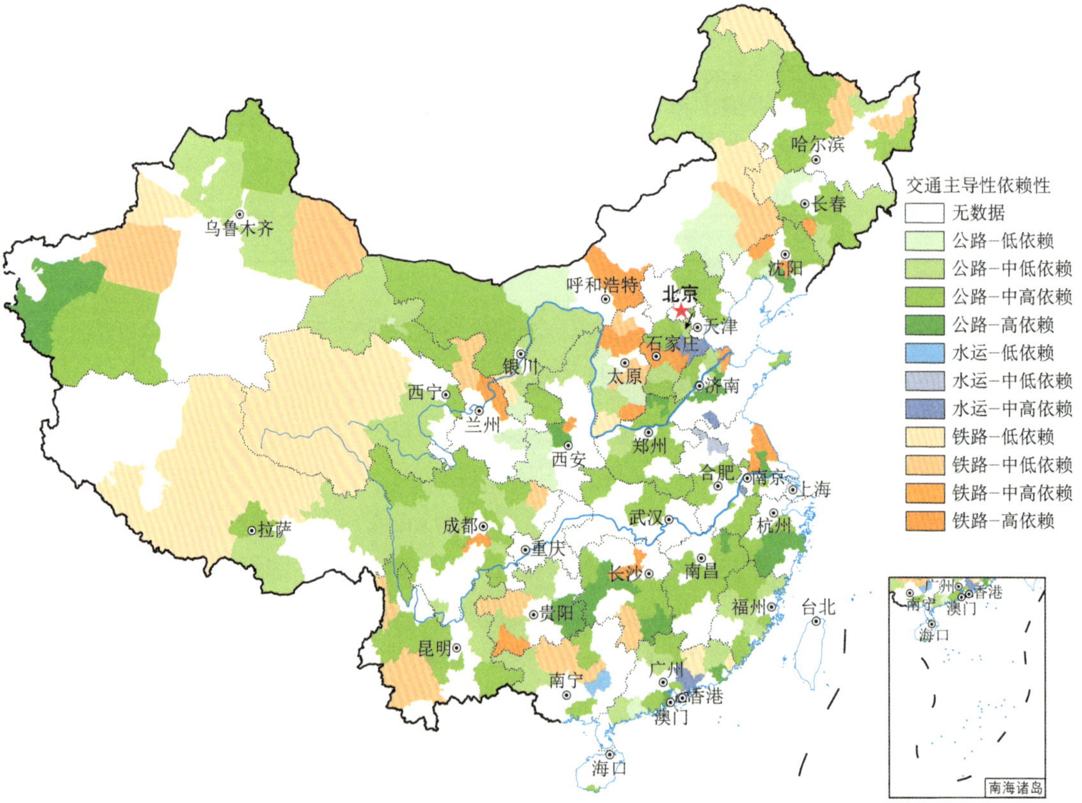

图 4-22　我国城市单一交通主导性依赖性分布图

（二）复合交通主导性依赖性城市分析

从主导性来看，复合交通主导型城市有 133 个，约占全国地级市总数的 1/3。虽然复合交通型城市比单一交通型城市少，但复合型城市的体量已经反映出新中国成立以来，我国在交通基础设施建设上的伟大进展。相较于单一交通主导型城市而言，复合交通主导型城市的空间分布更具空间集聚性，主要在沿海、沿江、沿河分布，集中于我国华东和中南地区，而西部地区的新疆维吾尔自治区、西藏自治区和青海省等省份的复合交通主导型城市较少（图 4–23）。这一方面反映了我国近年来的建设和发展重点，主要集中在东部地区城市；也反映了复合交通主导型城市更加依赖自然地理区位，像长江主干线两侧的城市多为复合交通主导型城市。就复合交通主导型城市的内部对比而言，公路—铁路复合主导型城市有 72 个，占全部复合型城市总量的 54%。这体现出公路和铁路运输在我国交通运输中具有相对普适性的特点。而综合型交通主导城市多为直辖市、省会城市、经济发展较好的城市；且这些城市普遍位于我国主要水系的干线上，或者为临海、近海城市。如直辖市天津市，该市为首批沿海开放城市、改革开放先行区、北方第一个自贸区，拥有发达的公路和铁路网络，世界等级最高、中国最大的人工深水港，并且是我国北方国际航运核心区。因此，将天津市定位为综合型交通主导型城市。从依赖性来看，复合型城市的依赖性多为中高依赖性，占比高达 61%。可见，复合交通主导型城市对交通的依赖性普遍较高，这也间接反映出交通运输业在我国经济发展中的重要地位。

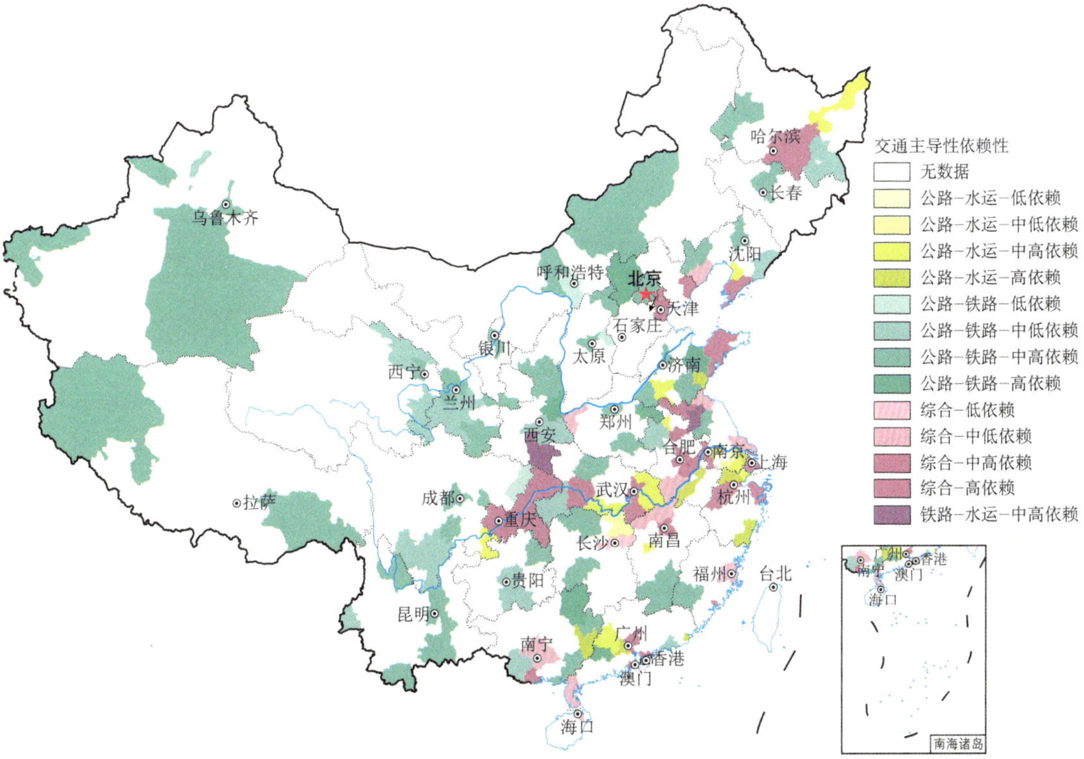

图 4–23　我国各城市复合交通主导性依赖性分布图

（三）交通主导性依赖性城市分析

综合来看，我国目前多数城市的交通主导方式还是以公路为主，复合型城市大多经济发达，且拥有天然地理区位的优势；我国多数城市对交通运输业的依赖程度为中高依赖，这反映出交通运输在我国经济增长、产业发展的进程中扮演主要角色（图 4–24）。

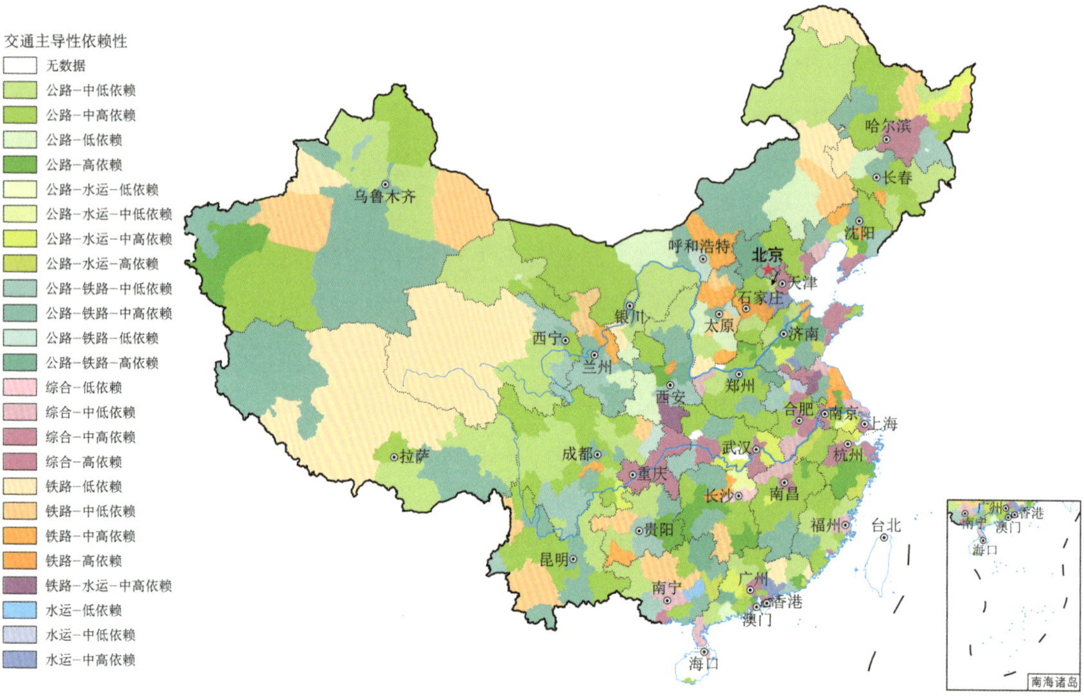

图 4–24　我国各城市交通主导性依赖性分布图

第五章　交通运输用地供需协调性分析

第一节　交通运输用地供需协调性分析思路

经济新常态下，我国土地资源供需矛盾仍然存在，交通基础设施的建设水平直接关系到城市发展的基础。摸清我国交通运输用地的需求情况，对于保障基础设施建设，提高基础设施用地供给的针对性和有效性，优化供地布局和结构，促进土地资源精准供给，具有重要意义。

为实现上述内容，本节基于全国尺度和典型区域尺度开展交通运输用地供应与需求协调程度研究成果，根据分类分级的思想，为全国和典型区域交通运输用地的供应提供建议。在供地决策中，综合考虑各市用地缺口大小、对交通的依赖程度，以及生态、经济、人口与交通运输用地的协调程度，来确定供地缺口城市的供地顺序。在此基础上，结合各缺口城市的交通主导性和主要交通运输用地短缺类型，判定该城市的缺口类型。

其中，分类的思想体现在各城市交通运输用地的缺口类型。根据缺口城市的交通主导性和交通运输用地主要短缺类型的一致性，判定为3类：当交通运输用地主要缺口类型和主导交通方式一致时，为绝对缺口型；当交通运输用地主要缺口类型和主导交通方式不一致时，为结构调整型；当缺口城市交通主导性为复合型，而该城市交通运输用地主要缺口类型为其中的一种时，确定为补充平衡型。

分级的思想则体现在供地决策的优先级，以及为实现优先级而进行的缺口大小判定，城市对交通的依赖度确定，生态、经济和人口与交通运输用地的协调程度划分中。其中，缺口大小的判定，通过四分位法来确定级别，将缺口划分为4个等级，分别是高缺口、中高缺口、中低缺口和低缺口。城市对交通运输用地的依赖程度，则是根据投入产出表中的完全消耗系数确定，分为完全依赖、高依赖、中高依赖、中低依赖和低依赖5种。生态交通干扰度，通过均值划分为相对高值和相对低值，没有生态功能区的城市确定为中等。经济、人口与交通的协调度，根据四分位法划定级别，分为优质、良好、中等和较差4个等级，并在此基础上对条件交叉排序，从而确定缺口城市的供地优先级（图5-1）。

这一方法综合考虑了用地缺口、产业、生态、经济、人口，确定了供地优先级和供地类型，具有科学性。

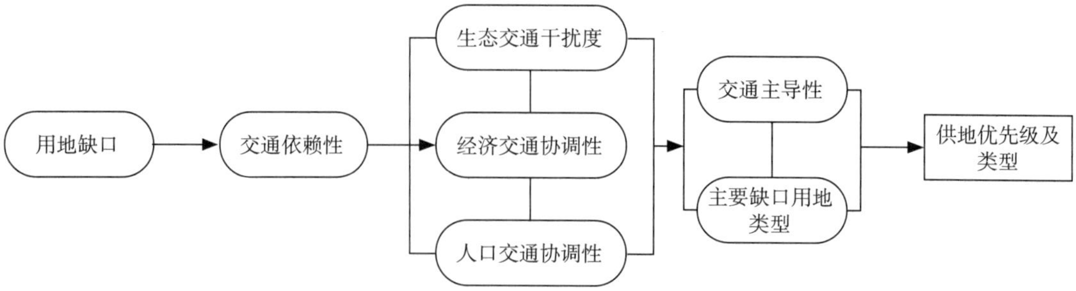

图 5-1　供地决策流程图

交通运输用地供地缺口的确定，是基于第二章中各国的泛选指标进行的。在泛选指标的基础上，本书利用统计学知识对指标进一步精选，确定了建立交通用地对标模型的对标指标。对标指标选取后，进一步确定了建立对标模型所需要的对标城市，并基于对标指标和对标城市确定了不同用地类型的交通运输用地对标模型。然后，将全国所有样本城市相关参数带入对标模型中，确定了不同类型交通用地的理论需求值，并与各市各类交通运输用地的实际值进行对比，最终确定了各市各类交通运输用地的理论缺口值（图 5-2）。本章第三节对对标指标的精选、对标城市的选取和交通运输用地对标模型的构建，进行了详细的介绍。

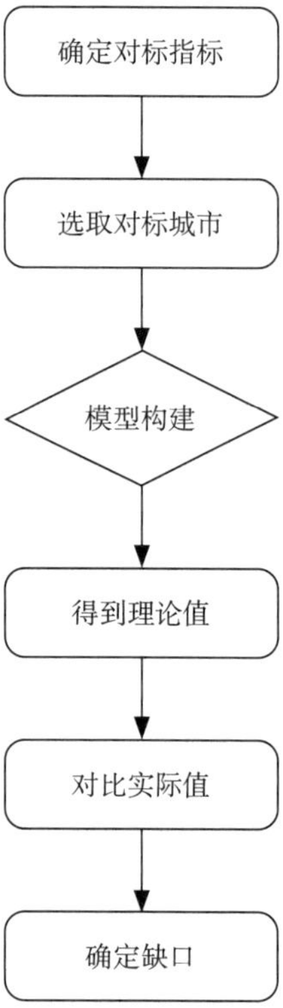

图 5-2　用地缺口确定流程图

第二节　交通运输用地的供需协调性问题初步识别

一、协调性计算方法

（一）耦合协调度建模

人口、经济和生态与交通运输用地之间的耦合度，反映了人口、经济和生态与交通运输用地之间相互影响和作用的程度，公式如下：

$$C=2\times\left[\frac{U_1\times U_2}{(U_1+U_2)^2}\right]^{\frac{1}{2}}$$

式中：C 为耦合度，取值范围是 [0,1]，数值的增大表明两者为共振耦合，相互作用程度强；U_1 是人口指标、经济指标或生态指标；U_2 是交通运输用地的状况。

单纯计算的耦合度难以反映现状水平和真实状态，如经济水平和交通运输用地状况均处于较低水平，其耦合度也较高。故引入耦合协调度函数，可客观表征要素相互作用过程中良性耦合水平，耦合协调度计算公式如下：

$$D=(C\times T)^{\frac{1}{2}}$$

$$T=aU_1+bU_2$$

式中：T 为人口、经济或生态与交通运输用地状况的总和评价值；待定参数 a、b，参考前人经验，各取 0.5，表示人口、经济或生态和交通运输用地同等重要。

为区分耦合协调度，采用四分位数法，将 $D\in[0,1]$ 分为较差、中等、良好和优质 4 个等级。不同于前人按照数值的绝对量以 0.1 等距划分为 10 个等级，四分位数法运用前 25%，50%，75% 和后 25%，对全部数据分类，能更好地体现数据的分布特征。

（二）干扰强度模型

干扰强度表示人类的干扰作用。利用干扰强度来评判生态功能区与交通基础设施的协调性。干扰强度越小，越利于生物的生存。因此，其针对受体的生态意义越大。干扰强度计算公式如下：

$$W_i=\frac{L_i}{S_i}$$

式中：W_i 表示受干扰强度；L_i 是指 i 类生态系统内廊道（公路、铁路、堤坝、沟渠）的总长度；S_i 是指 i 类生态系统的总面积。

二、交通运输用地的供给协调性分析

（一）各城市经济 – 交通协调度

我国城市经济交通耦合协调度呈现西北部较差而中东部较好的趋势。北京、天津、重庆、上海、吉林、郑州等直辖市或者省会城市及大部分沿海的协调度优质，说明这些地区的交通条件足够保证当地的社会经济发展，并且这些地区的经济发展同时也使得当地的各种交通设施得到充分利用。

各省份经济发展水平较低的城市，协调性基本处于较差状态。东北地区以及西南地区虽然交通基础设施建设水平和经济发展水平都相对落后，但交通基础设施的建设水平相较而言，要优于经济发展水平。这导致此二区域的经济 – 交通协调度处于较差水平。西北的经济条件落后，而且由于地势、气候等原因，使得区域的交通基础设施极度不完善，从而使得该地区的交通基础设施成为了当地社会经济发展的最大障碍（图 5–3）。

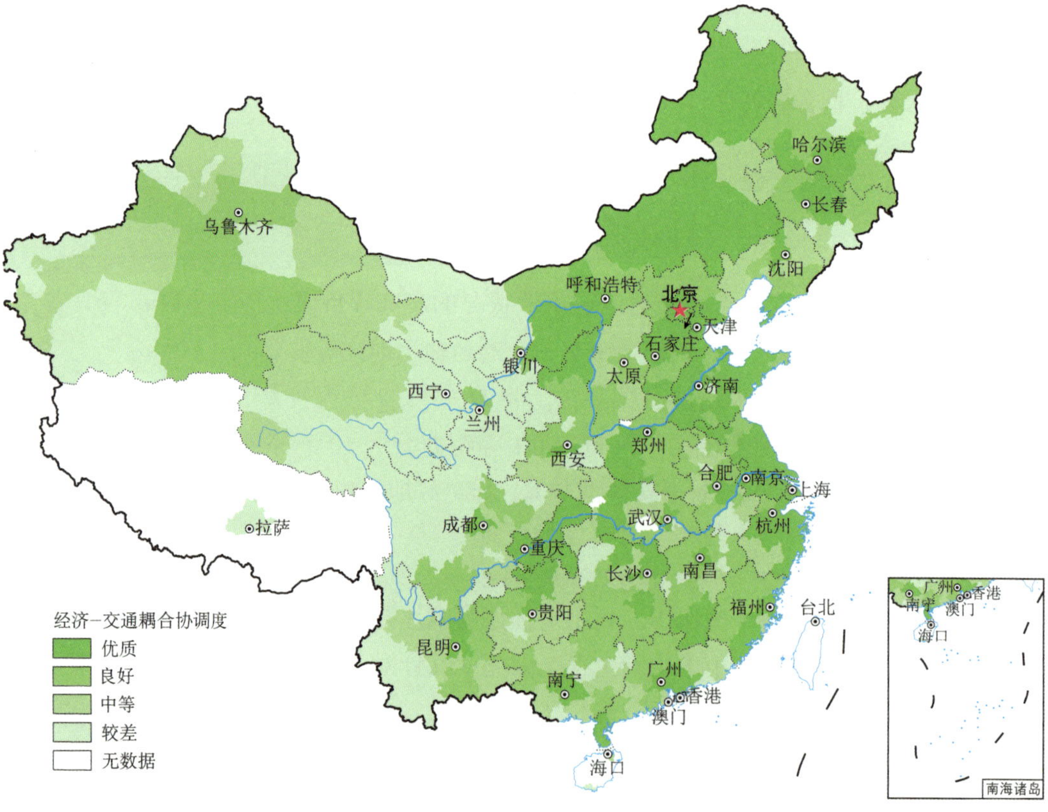

图 5–3　经济 – 交通耦合协调度示意图

特别是位于我国最西北的伊犁地区，交通运输用地能够较好地满足当地目前的经济发展，从而使得该地区的落后交通基础设施与该地区的落后的经济发展形成较好地耦合协调性。

（二）各城市人口－交通协调度

我国城市人口交通耦合协调度从东南到西北呈现“优质→较差”的趋势。北京、天津、重庆、上海、吉林、郑州等直辖市或者省会城市以及西北的伊犁地区等的协调度优质，沿海城市协调度普遍优质、良好，说明这些地区的交通条件足够保证当地的人口出行需要。同时，这些地区的人口出行，也能使得当地的各种交通设施得到充分利用，从而使得当地的人口交通耦合协调度表现出良好或者优质的特性。

各省份经济发展水平较低的城市，协调性基本处于较差状态。东北地区黑龙江省等以及西南地区云南省等的城市交通基础设施相对发达，但是人口相对稀少，使得这些地区的交通设施不能得到充分的利用。西北地区由于地势、气候等原因，使得区域的交通基础设施极度不完善，但是该地区的人口数量却是连年快速增长，区域交通基础设施压力日益增大，从而使得该地区的交通基础设施成为了当地人口流动的最大障碍。

特别是位于我国最西北的伊犁地区、和田地区、喀什地区以及乌鲁木齐市，属于人口相对稀少地区的交通条件相对落后区。该地区人口没有东部多，但是在西北地区属于小型的人口集聚区。同时，交通设施虽然相对落后，但也是西北地区的交通核心区，从而使得该地区的落后交通基础设施与该地区的相对稀少的人口压力形成较好的耦合协调度（图 5-4）。

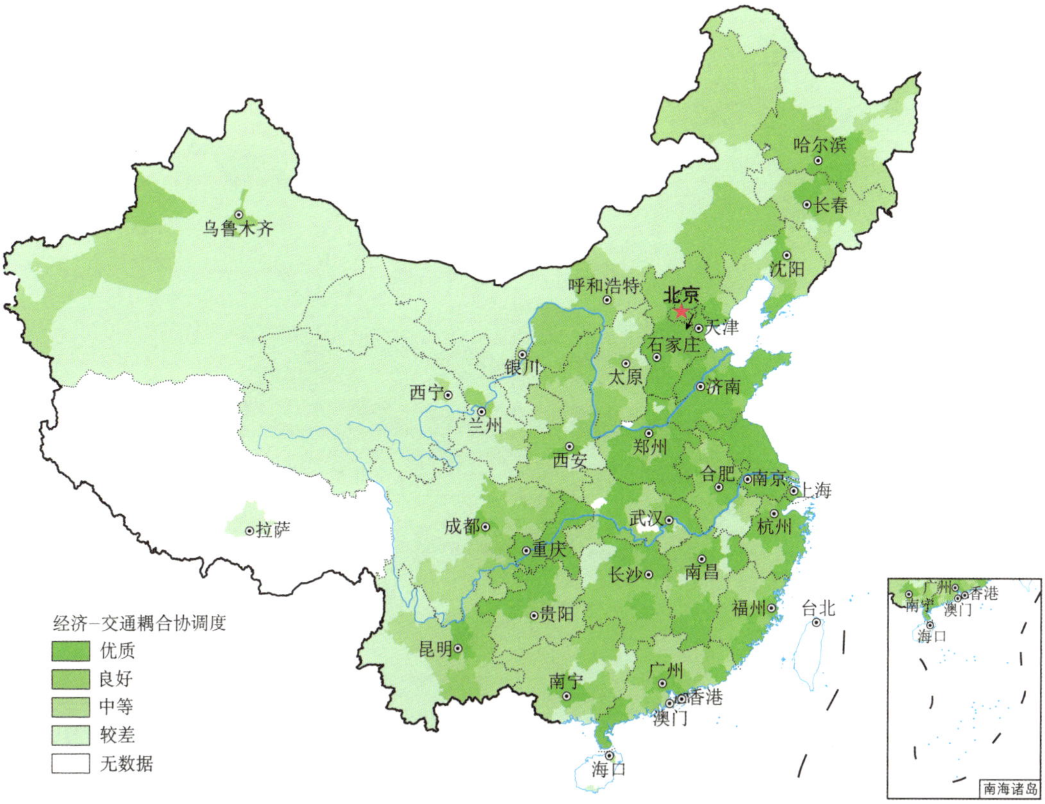

图 5-4　人口－交通耦合协调度示意图

（三）各城市生态－交通协调度

1. 全国生态功能区分布分析

我国地处欧亚大陆东南部，位于北纬 4° 15' ~ 53° 31'，东经 73° 34' ~ 135° 5'，自北向南有寒温带、温带、暖温带、亚热带和热带 5 个气候带。地貌类型十分复杂，由西向东形成三大阶梯：第一阶梯是号称“世界屋脊”的青藏高原，平均海拔在 4000 米以上；第二阶梯从青藏高原的北缘和东缘到大兴安岭—太行山—巫山—雪峰山一线之间，海拔在 1000 ~ 2000 米；第三阶梯为我国东部地区，海拔在 500 米以下。我国气候和地势特征奠定了我国森林、灌丛、草地、湿地、荒漠、农田、城市等各类陆地生态系统发育与演变的自然基础，以及我国社会经济发展的空间格局。

国家重点生态功能区是国家对于优化国土资源空间格局、坚定不移地实施主体功能区制度、推进生态文明制度建设所划定的重点区域。2016 年 09 月 29 日，国务院印发《关于同意新增部分县（市、区、旗）纳入国家重点生态功能区的批复》，国家重点生态功能区的县（市、区）数量有 676 个，占国土面积的比例为 53%（图 5–5）。

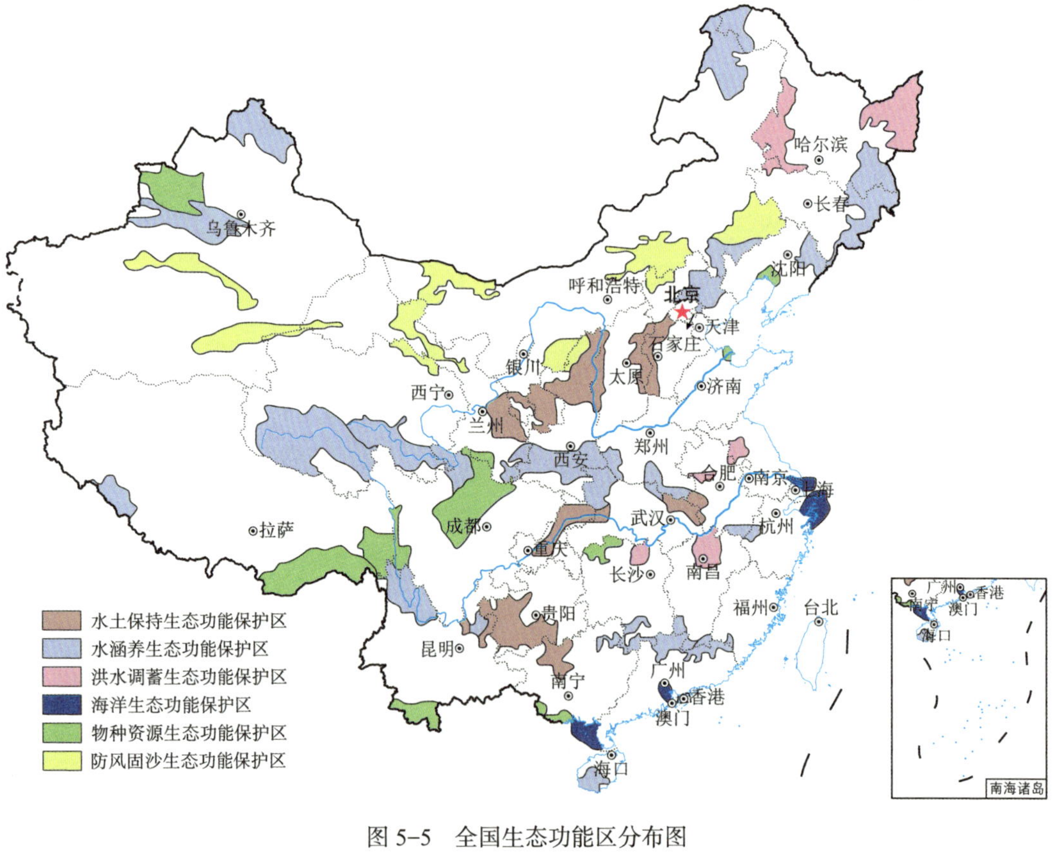

图 5–5　全国生态功能区分布图

全国生态系统服务功能分为水土保持、水源涵养、防风固沙、物种资源生态保护，以及海洋生态功能区保护等。

水土保持生态功能保护区，主要考虑生态系统减少水土流失的能力及其生态效益。全国水土保持的极重要区域面积为63.80万平方公里，主要分布在黄土高原、太行山区、秦岭—大巴山区、祁连山区、环四川盆地丘陵区，以及西南喀斯特地区等区域；较重要区域面积为76.40万平方千米，主要分布在川西高原、藏东南、海南中部山区以及南方红壤丘陵区。

水源涵养生态功能保护区，是指我国河流与湖泊的主要水源补给区和源头区。其中，极重要区面积为151.80万平方公里，主要包括大兴安岭、长白山、太行山—燕山、浙闽丘陵、秦岭—大巴山区、武陵山区、南岭山区、海南中部山区、川西北高原区、三江源、祁连山、天山、阿尔泰山等地区。较重要区面积为101.60万平方公里，分布于藏东南、昆仑山、横断山区、滇西及滇南地区等地。

防风固沙生态功能保护区，主要考虑生态系统预防土地沙化、降低沙尘暴危害的能力与作用。全国防风固沙极重要区主要分布在内蒙古浑善达克沙地、科尔沁沙地、毛乌素沙地、鄂尔多斯高原、阿拉善高原、塔里木河流域和准噶尔盆地等区域，面积为30.60万平方公里。防风固沙较重要区主要分布在呼伦贝尔草原、京津风沙源区、河西走廊、阴山北部、河套平原、宁夏中部等区域，面积为44.10万平方公里。

物种资源生态保护区，是指国家重要保护动植物的集中分布区，以及典型生态系统分布区。我国物种资源生态保护极重要区域面积为200.80万平方公里，主要包括大兴安岭、秦岭—大巴山区、天目山区、浙闽山地、武夷山区、南岭山地、武陵山区、岷山—邛崃山区、滇南、滇西北高原、滇东南、海南中部山区、滨海湿地、藏东南等地区，以及鄂尔多斯高原、锡林郭勒与呼伦贝尔草原区等。物种资源生态保护较重要区面积为107.60万平方公里，主要包括松潘高原及甘南地区、羌塘高原、大别山区、长白山以及小兴安岭等地区。

海洋生态功能区保护区，是海洋开发活动的核心区域，也是坚持陆海统筹、实现人口资源环境协调发展的关键区域。其中，长江口及其两翼海域，主要包括江苏省南通市、上海市和浙江省嘉兴市、杭州市、绍兴市、宁波市、舟山市、台州市毗邻海域。珠江口及其两翼海域，包括广东省汕头市、潮州市、揭阳市、汕尾市、广州市、深圳市、珠海市、惠州市、东莞市、中山市、江门市、阳江市、茂名市、湛江市毗邻海域。海南岛海域，包括海南岛周边及三沙海域。

2. 全国生态功能区生态干扰度分析

全国共有50个集中连片的重点生态功能区，以全国生态功能区干扰度均值为标准进行比较。其中，有36个生态功能区受交通运输用地的干扰程度较低，有14个生态功能区受交通运输用地的干扰程度较高，总体呈现为中东部生态功能区受交通运输用地的干扰程度较高，西部和北部生态功能区受交通运输用地的干扰程度较低（图5–6）。

全国大部分地区生态功能区受交通运输用地的干扰程度较低，生态功能受到交通基础设施建设的影响较小，但也应该不断优化生态功能区交通运输用地的配置，进而进一步地减少甚至消除由于公路、铁路、机场、港口等交通基础设施建设给生态环境带来的影响。

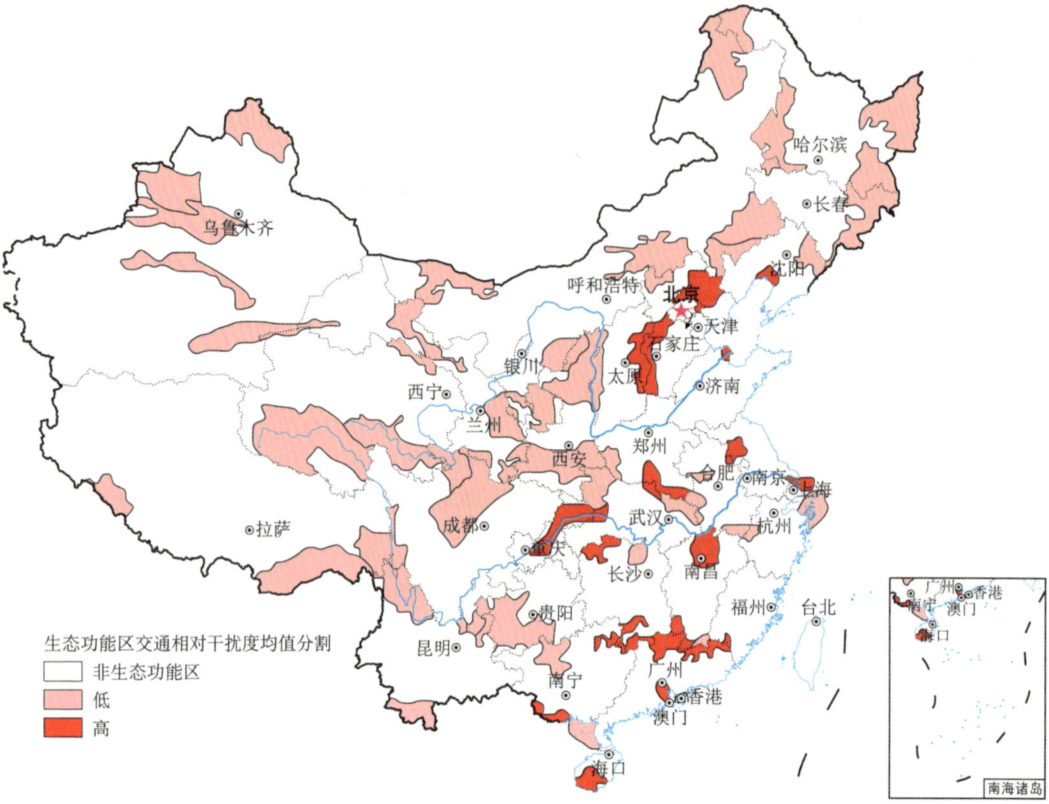

图 5-6　全国生态功能区交通相对干扰度均值分割图

全国仍然有小部分地区生态功能区受交通干扰程度较高。这些地区的生态环境受到公路、铁路、机场、港口等交通基础设施建设的严重影响，应该在配置交通用地的同时，充分考虑生态功能区的生态功能，尽可能地减少由于基础设施建设给生态环境带来的干扰影响。

对于全国生态功能受交通干扰程度较高的区域，在配置交通用地的同时，应该充分考虑当地的生态功能，尽可能地降低基础设施建设对生态环境的干扰。全国有 14 个生态功能受交通干扰程度较高的集中连片区域。这些区域受到干扰较大的生态功能，主要体现在三峡库区的水土保持生态功能、南岭山地的水涵养生态功能、淮河源的水涵养生态功能、武陵山山地的物种资源生态功能、太行山地的水土保持生态功能、京津的水涵养生态功能、桂西南的物种资源生态功能、海南岛中部山区的水涵养生态功能、鄱阳湖的洪水调蓄生态功能、南水北调东段工程水源区的洪水调蓄生态功能、黄河三角洲湿地的物种资源生态功能、辽河三角洲湿地的物种资源生态功能、长江口的海洋生态功能，以及珠江口的海洋生态功能等方面。

为了改进严重受到交通基础设施建设干扰地区的生态服务功能，以协调人与自然的关系、协调生态保护与交通基础设施建设关系、增强生态支撑能力、促进交通 – 生态相互协调为目标，在充分认识生态系统结构、过程及生态系统服务功能空间分异规律的基础上，进行这些地区以及城市的生态保护与建设、交通基础设施合理布局，减少交通基础设施对相关生态功能的干扰度，促进地区人文交通建设与生态保护协调、健康发展。

第三节　交通运输用地的供需缺口分析模型建立

一、交通运输用地供需影响因素指标的泛选与搜集

指标主要从国内外数据库资料、文献库资料、统计年鉴、政府报告及相关规划、网站公开资料等途径进行收集，查找不同制度、不同地域、不同经济发展水平下的国家关于交通运输用地供应决策关注问题及参考指标（详见附录 1），以广口径、多渠道和高精度的优势收集了 46 个国家的信息数据，涵盖经济水平、人口密度、产业类型，以及反映国外铁路、公路等交通运输用地开发与利用水平的指标数据，构建了典型国家案例库。

在前期收集大量文献资料的基础上，提炼出影响各个国家或地区交通运输用地供应的定性或定量指标因子，在 Microsoft Office Excel 软件的支持下，对这些指标进行频数分析。通过频数分析法统计各项指标出现的次数，为不同指标类型在交通运输用地供应决策中扮演的角色进行重要性排序，从而建立起交通运输用地“必选—备选”指标体系的初步筛选依据。

本书吸取发达国家的经验，选取交通基础设施高度完善的莱茵河流域国家作为理想对标国家，因此选取奥地利、比利时、法国、德国、意大利、列支敦士登、卢森堡、荷兰和瑞士共九个莱茵河流域国家，作为指标选取国家。由于指标收集过程中存在不同国家对于不同指标有不同的名称差异，因此在经过相同含义或接近含义指标的整合和合并后，最终得到影响上述国家交通运输用地供应的 62 项指标并建立指标集，见表 5-1。通过频度分析法统计各项指标出现的次数，将频数为 1 的指标作为每个国家的特有指标考虑，因此对频数为 1 的指标不作考虑。将剩下的指标建立交通运输用地“必选—备选”的指标体系，其中 GDP、客运量、货运量、人口、交通基础设施投资额、交通拥堵、汽车数量、运输效率和交通基础设施维护与支出以超过半数的频率，成为多个国家在考虑交通运输用地供应的最高指标，说明这些指标可以纳入交通运输用地供应对比指标的选择范围。其中，交通拥堵和运输效率无法进行定量分析，故只作为定性分析指标；人口密度、运输成本、交通安全等指标出现次数相对较低，不足对比国家总数的一半；车辆库存、国土面积、交通结构、相关政策、运输税、城市规模、公路网密度、货柜码头吞吐量、交通基础设施投资、卡车数量、贸易额、内陆航道泊船数量、交通基础设施资本总值、人口增长、生态环境保护、税收、铁路交通车辆容量以及员工流动性等指标出现的频数不足对比国家的三分之一，因此作为交通运输用地对比指标的备选指标。为更直观地看出各个交通运输用地供应指标的频数大小，将各个指标出现的频率做成气泡图（图 5-7），其中包括“必选—备选”指标和已剔除的指标。

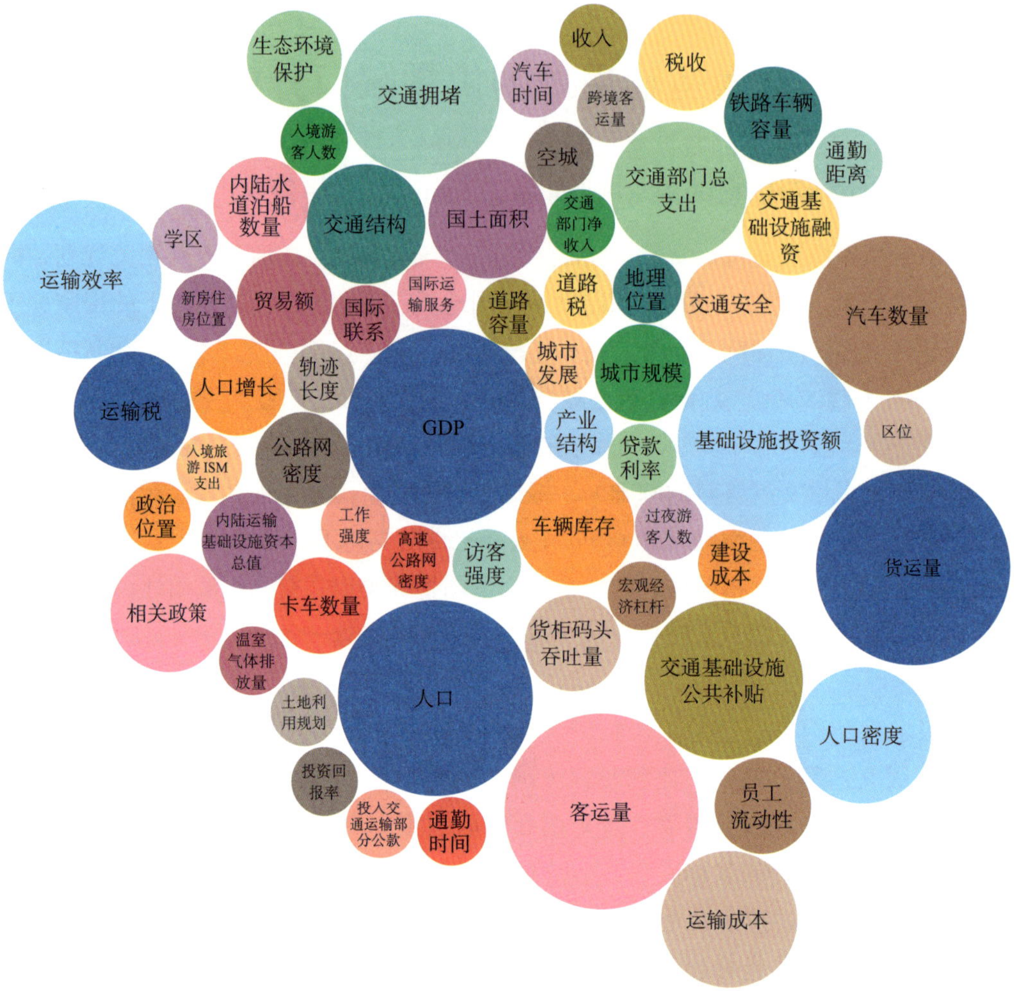

图 5-7　交通运输用地供地指标频度气泡图

表 5-1　交通运输用地供应指标泛选

指标名称	频　数
GDP、客运量、人口	8
货运量、交通基础设施投资额	7
交通拥堵、汽车数量、运输效率、交通基础设施维护支出	5
人口密度、运输成本、交通安全	4
车辆库存、国土面积、交通结构、相关政策、运输税	3
城市规模、公路网密度、货柜码头吞吐量、交通基础设施投资、卡车数量、贸易额、内陆航道泊船数量、交通基础设施资本总值、人口增长、生态环境保护、税收、铁路交通车辆容量、员工流动性	2

根据筛选出来的“必选—备选”指标数据集，对国内外数据库资料、文献库资料、统计年鉴、政府报告及相关规划、网站公开资料等进行分类收集和整理。其中，在比较我国

和国外城市交通运输用地供应水平时，为保证数据之间的可比性，有关我国交通运输用地的指标数据需与国外数据来源一致，主要来源于世界银行数据库、经合组织数据库、欧盟统计局、国家统计网站和国内外文献；国内地级市之间的数据来源，主要是统计年鉴、政府报告及相关规划、网站公开资料等。

二、交通运输用地对标指标的精选

在确定精选指标的过程中，首先将频数为 1 的泛选指标剔除，以频数≥ 2 的泛选指标作频数直方图（图 5–8），并将频数超过 60% 的指标初步定为精选指标。其中，GDP、客运量、人口、货运量、交通基础设施投资额、汽车数量和运输效率的国外数据可以获得；而交通拥堵难以进行量化，交通基础设施维护支出数据难以获取，故将这两个指标进行剔除。

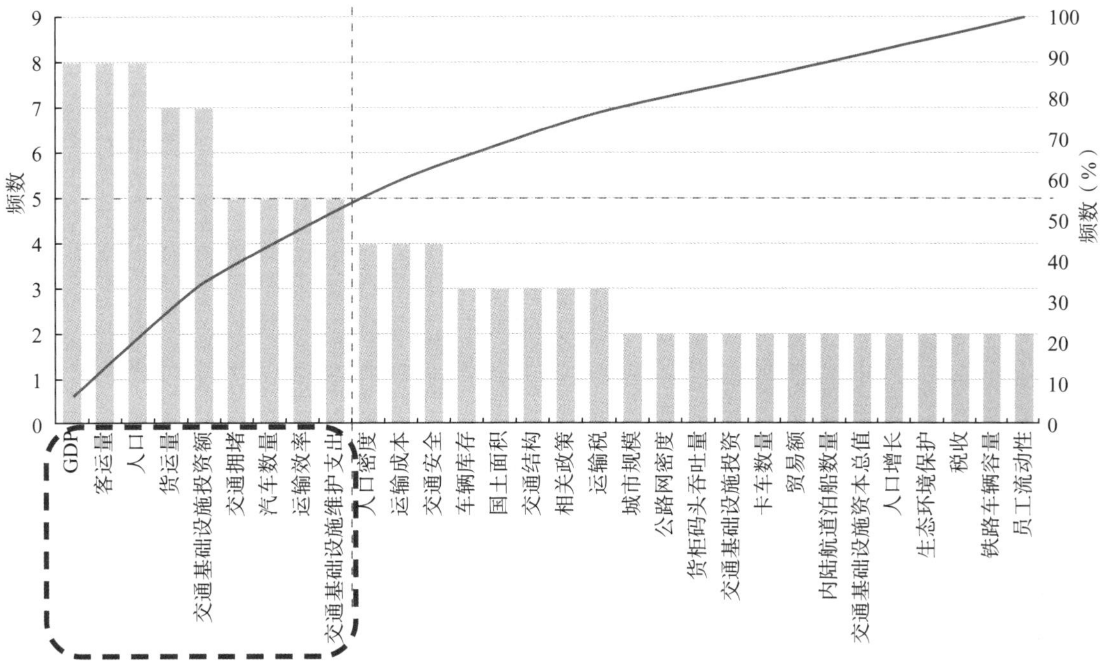

图 5–8　国外交通运输用地供应指标频数直方图

在频数直方图筛选指标的基础上，对 GDP (X_1)、客运量 (X_2)、人口 (X_3)、货运量 (X_4)、交通基础设施投资额 (X_5)、汽车数量 (X_6) 和运输效率 (X_7) 这 7 项指标进行汇总并无量纲化处理。无量纲化的方法选取极差标准化，将所有指标值都无量纲为 [0,1] 之间的无单位的数值，方便进行统计分析（表 5–2）。在此基础上，对 X_1—X_7 进行主成分分析，基于 SPSS 选择主成分分析方法，计算出各变量之间的相关性，并经过 KMO 和 Bartlett 的检验，最终选取主要得出主成分的特征值和其贡献率、旋转后的主成分载荷矩阵（表 5–3，表 5–4）。

表 5-2 指标标准化

国 家	X_1	X_2	X_3	X_4	X_5	X_6	X_7
比利时	0.120	0.112	0.132	0.064	0.094	0.118	0.395
德国	1.000	1.000	1.000	1.000	1.000	1.000	0.644
法国	0.717	0.835	0.817	0.391	0.980	0.721	0.292
意大利	0.535	0.753	0.747	0.268	0.478	0.942	0.269
卢森堡	0.000	0.000	0.000	0.000	0.000	0.000	0.323
荷兰	0.213	0.154	0.203	0.174	0.190	0.174	0.438
奥地利	0.098	0.002	0.099	0.081	0.090	0.131	1.000
瑞士	0.187	0.099	0.095	0.045	0.399	0.091	0.000

表 5-3 相关矩阵

指 标		X_1	X_2	X_3	X_4	X_5	X_6	X_7
相关性	X_1	1.000	0.975	0.978	0.933	0.954	0.933	0.041
	X_2	0.975	1.000	0.997	0.854	0.921	0.975	−0.043
	X_3	0.978	0.997	1.000	0.867	0.913	0.980	0.029
	X_4	0.933	0.854	0.867	1.000	0.833	0.817	0.239
	X_5	0.954	0.921	0.913	0.833	1.000	0.837	−0.108
	X_6	0.933	0.975	0.980	0.817	0.837	1.000	0.031
	X_7	0.041	−0.043	0.029	0.239	−0.108	0.031	1.000
Sig.（单侧）	X_1	—	0.000	0.000	0.000	0.000	0.000	0.461
	X_2	0.000	—	0.000	0.003	0.001	0.000	0.459
	X_3	0.000	0.000	—	0.003	0.001	0.000	0.473
	X_4	0.000	0.003	0.003	—	0.005	0.007	0.284
	X_5	0.000	0.001	0.001	0.005	—	0.005	0.400
	X_6	0.000	0.000	0.000	0.007	0.005	—	0.471
	X_7	0.461	0.459	0.473	0.284	0.400	0.471	—

表 5-4 KMO 和 Bartlett 的检验

取样足够度的 Kaiser-Meyer-Olkin 度量		0.486
Bartlett 的球形度检验	近似卡方	90.470
	df	21
	Sig.	0.000

主成分个数的提取原则为主成分对应的特征值大于 1 的前 m 个主成分（注：特征值在某种程度上可以被看成主成分影响程度力度大小的指标；如果特征值小于 1，说明该主成分的解释力度还不如直接引入一个原变量的平均解释力度大）(图 5-9)。这是因为旋转前的因

子载荷矩阵中，各因子的典型代表变量并不突出，不能对因子做出很好的解释。因此，通过方差最大原则对因子载荷矩阵进行旋转，进行更清晰的分析。

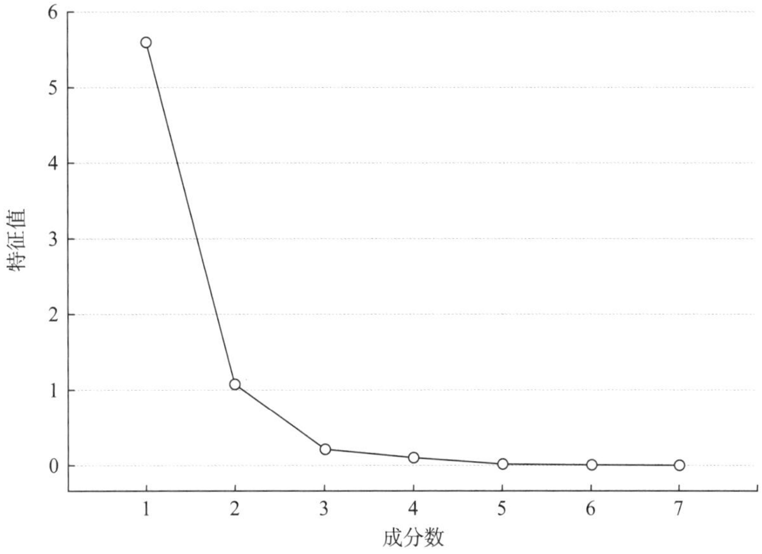

图 5-9 主成分分析碎石图

表 5-5 解释的总方差

成分	初始特征值			提取平方和载入			旋转平方和载入		
	合计	方差（%）	累积（%）	合计	方差（%）	累积（%）	合计	方差（%）	累积(%)
1	5.596	79.940	79.940	5.596	79.940	79.940	5.591	79.876	79.876
2	1.076	15.372	95.312	1.076	15.372	95.312	1.080	15.436	95.312
3	0.218	3.109	98.421						
4	0.101	1.440	99.861						
5	0.009	0.122	99.984						
6	0.001	0.015	99.999						
7	4.603E−005	0.001	100.000						

表 5-6 成分矩阵

指标	成分	
	1	2
X_1	0.997	0.006
X_2	0.988	−0.087
X_3	0.991	−0.016
X_4	0.916	0.234

续表

指　标	成　分	
	1	2
X_5	0.941	−0.153
X_6	0.958	−0.012
X_7	0.038	0.995

从上述的分析结果（表 5–5，表 5–6），我们可以发现，提出的两个主因子的累计贡献率已经达到 95.312%（>85%），达到分析要求，可以基本上概括所有变量信息。这里将两个因子标记为 F1、F2。其中，F1 因子的累计贡献率已经达到 79.940%（>75%），满足分析要求。同时，考虑到我国地级市数据的可获取性及指标之间的多重共线性，本书最终将 GDP、人口和货运量确定为多元回归模型的建模指标。

三、交通运输用地对标城市的选取

在选取不同交通运输用地的对标城市时，将交通运输用地分为两类：一类为普适性交通运输用地，包括公路和铁路；一类为约束性交通运输用地，此类用地受到经济发展水平、自然条件等多种因素的制约较大，包括港口码头和机场。针对这两种不同性质的交通运输用地，其对标城市选取的思路存在一定差异。对于普适性交通运输用地而言，由于普适性交通用地受自然条件和地理区位的影响较小，在选取对标城市时，只是考虑了将经济发展好、运输效率高、用地变化幅度小的城市作为对标城市，没有对公路和铁路进行分类分级，选取了上海、北京和天津三个直辖市作为全国公路和铁路用地的对标城市。而限制性交通用地选取对标城市时，不仅要考虑经济发展水平、运输能力和效率、用地变化平稳性等影响因素，还应引入分类分级的思想。将港口按照吞吐量分为了 1 ~ 5 级，不同等级反映了港口的生产经营能力。参照《民用机场飞行区技术标准》，将机场按照跑道长度和宽度指标同样也分为五级。对不同级别的运输用地分别选取对标城市，具体细节如下：

选取经济发展水平较高，对标交通运输用地面积在近年来变动较小，且货运量和客运量较为发达的城市作为限制性交通用地的对标城市。各市经济发展水平用 GDP 来表征，对标交通运输用地面积的波动用 2009—2015 年的用地面积变化率来表征，客运量和货运量则是各市对应交通方式的客货运量。在进行对标城市选择时，经济发展水平被认为是最重要的判定因素，货运量次之，用地面积的变化率和客运量对判定对标城市时的作用最小。基于经济水平 > 货运量 > 客运量 = 用地变化率的前提，运用因素成对比较法对此四项判定指标赋予权重，分别为经济发展水平 0.5，货运量 0.25，客运量 0.125 和用地变化率 0.125。然后，对不同限制性交通用地等级的城市的各个判定指标进行量纲为一处理，并按照给定权重进行加权求和，得到不同等级城市对应的判定分值，选取分值最大的城市作为不同等级限制性用地的对标城市。对标城市及其特征分析，见表 5–7。

表 5–7　对标城市及其特征描述

对标城市			经　济	交通面积平稳性	产　业	其　他
公路 / 铁路		上海	国内第一位	趋于饱和	第三产业	直辖市、国家中心城市；国际经济、金融、贸易、航运、科技创新中心和综合交通枢纽
		北京	国内第二位	趋于饱和	第三产业	首都、直辖市、国家中心城市、国际大都市，全国政治、文化、国际交往、科技创新中心和综合交通枢纽
		天津	国内第五位	趋于饱和	第三产业	直辖市；综合交通枢纽；北方国际航运核心区、金融创新运营示范区
水运	一级	上海	等级内第一	同等级内面积平稳性相对较好，趋于稳定	第三产业	直辖市、国家中心城市；国际经济、金融、贸易、航运、科技创新中心和综合交通枢纽
	二级	深圳	等级内第一		第三产业	国家区域中心城市、超大城市；中国三大全国性金融中心之一
	三级	武汉	等级内第一		第三产业	工业基地、科教基地和综合交通枢纽
	四级	台州	等级内第五		第三产业	第二批国家新型城镇化综合试点地区
	五级	济宁	等级内第一		第三产业	淮海经济区核心区八大城市之一
航空	4F	北京	等级内第二	同等级内面积平稳性相对较好，趋于稳定	第三产业	直辖市；政治中心；历史文物中心
	4E	青岛	等级内第一		第三产业	“一带一路”新亚欧大陆桥经济走廊主要节点城市和海上合作战略支点
	4D	泉州	等级内第二		第二产业	“一带一路”海上丝绸之路先行区
	4C	榆林	等级内第六		第二产业	国家历史文化名城、生态保护与建设示范市；矿产资源丰富
	3C	乌海	等级内第二		第二产业	五线城市；新兴工业城市，矿产资源丰富

四、交通运输用地对标模型的建立

普适性交通运输用地（公路和铁路）与限制性交通运输用地（港口码头和机场）采取不同的建模思路。由于普适性交通用地基本上各个城市都有该交通类型，且数据较为完备，因此采用多元回归的方法进行建模。而限制性交通用地，由于受到经济发展水平、自然地理条件等多因素制约，一些城市没有相关用地类型，且数据获取难度较大，因此采取分类分级的方法进行建模。

（一）普适性交通运输用地对标模型的建立

本书通过对影响交通运输用地指标的泛选到精选，最终确定 GDP (X_1)、货运量 (X_2)、人口 (X_3) 为影响交通运输用地量的重要指标，并认为 GDP、货运量和人口与交通运输用地之间存在多元线性关系；基于此假设，建立模型如下：

$$\ln Y_i = \beta_0 + \beta_1 \ln X_1 + \beta_2 \ln X_2 + \beta_3 \ln X_3 + \varepsilon_i$$

式中：Y_i 表示第 i 类交通运输用地的理论需求值；β_0–β_3 分别代表各个变量的回归系数；ε_i

代表系统误差。

将对标城市北京、上海和天津 3 市 2009—2015 年的 GDP、公路 / 铁路货运量和人口数据构建成为面板数据带入模型中，得到公路和铁路的对标模型，对标步骤和结果如下：

1. 公路用地对标建模代码

```
> dat<-read.table("全国公路建模 .txt",header = TRUE)
> model<-lm(Y~X1+X2+X3,dat)
> summary(model)
Call:
lm(formula = Y ~ X1+X2+X3, data = dat)
Residuals:
     Min         1Q       Median       3Q         Max
 -0.33467    -0.06028    0.01306    0.09660    0.24293
Coefficients:
              Estimate    Std. Error   t value    Pr(>|t|)
(Intercept)   -14.43221   1.62409      -8.886     8.48e-08 ***
X1            0.04743     0.15859      0.299      0.768530
X2            0.68034     0.15207      4.474      0.000334 ***
X3            0.41672     0.17164      2.428      0.026584 *
---
Signif. codes:  0 '***' 0.001 '**' 0.01 '*' 0.05 '.' 0.1 ' ' 1
Residual standard error: 0.1546 on 17 degrees of freedom
Multiple R-squared:  0.8438,       Adjusted R-squared:  0.8162
F-statistic:  30.6 on 3 and 17 DF,  p-value: 4.469e-07
```

公路用地对标模型：

$\ln Y_1 = -14.43221 + 0.04743\ln X_1 + 0.68034\ln X_2 + 0.41672\ln X_3$

2. 铁路用地对标建模代码

```
> dat1<-read.table("全国铁路建模 .txt",header = TRUE)
> model1<-lm(Y~X1+X2+X3,dat1)
> summary(model1)
Call:
lm(formula = Y ~ X1+X2+X3, data = dat1)
Residuals:
     Min          1Q          Median       3Q          Max
-0.040317    -0.022433   -0.004024    0.015056    0.050767
```

Coefficients:

	Estimate	Std. Error	t value	Pr(>|t|)	
(Intercept)	−7.32575	0.46551	−15.737	1.44e−11	***
X_1	0.09473	0.03185	2.974	0.00851	**
X_2	−0.07165	0.01297	−5.526	3.70e−05	***
X_3	0.18083	0.03402	5.315	5.70e−05	***

Signif. codes: 0 ‘***’ 0.001 ‘**’ 0.01 ‘*’ 0.05 ‘.’ 0.1 ‘ ’ 1

Residual standard error: 0.02829 on 17 degrees of freedom

Multiple R−squared: 0.9748, Adjusted R−squared: 0.9704

F−statistic: 219.4 on 3 and 17 DF, p−value: 8.69e−14

铁路用地对标模型：

$$\ln Y_2 = -7.32575 + 0.09473\ln X_1 - 0.07165\ln X_2 + 0.18083\ln X_3$$

（二）约束性交通运输用地对标模型的建立

港口码头用地和机场用地的对标模型采取分类分级的方法，将港口码头用地按照吞吐量的大小分为五级。港口码头用地的分类原则为基于所有港口码头用地的吞吐量生成箱线图（图 5−10），将异常点归为一类，划定为一级港口（33027 ~ 71739.6 万吨）；将吞吐量在 13762.575 ~ 25300 万吨的港口码头划定为二级港口；将吞吐量在 7166.28 ~ 13762.575 万

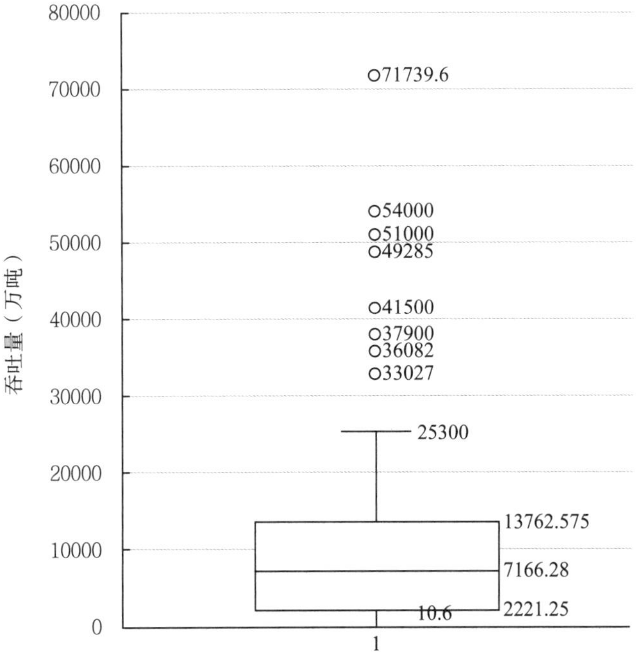

图 5−10　港口吞吐量箱线图

吨的港口码头划定为三级港口；将吞吐量在 2221.25 ～ 7166.28 万吨的港口码头划定为四级港口；将吞吐量在 10.6 ～ 2221.25 万吨的港口码头划定为五级港口码头。而机场的分级则是根据《民用机场飞行区技术标准》将机场划定为 4F，4E，4D，4C 和 3C。在分级的基础上，根据各等级的对标城市的对应交通类型的单位用地的运输效率为标准，进行对标。具体公式如下：

$$Y_{in}=T_{in}\times\frac{S_{di}}{T_{di}}$$

式中：Y_{in} 表示等 i 等级（i=1,2,3,4,5）的第 n 个城市的限制性交通运输用地理论需求面积；T_{in} 表示第 i 等级的第 n 个城市的运输能力；S_{di} 表示第 i 等级的对标城市的限制性交通运输用地实际面积；T_{di} 表示第 i 等级的对标城市的运输能力。

运输能力的计算，是将某类交通运输用地的客运量和货运量进行标准化后加和得到的数值。公式如下：

$$T=K_{ib}+H_{ib}$$

式中：K_{ib} 表示第 i 种交通运输类型的客运量的标准化值；H_{ib} 表示第 i 种交通运输类型的货运量的标准化值。

第四节　交通运输用地对标成果分析

一、全国各城市公路用地国内对标

将北京、天津、上海 3 个城市作为公路对标城市建立模型，全国所有研究区域共 214 个城市处于饱和状态，79 个城市存在缺口。全国大部分地区的公路用地处于饱和状态，很多城市的公路基础设施可以满足当地当前的发展需求，从《“十三五”现代综合交通运输体系发展规划》也可以发现，我国公路网络较为成熟，多数城市在“十三五”期间没有规划建设公路。缺口城市主要集中在中、西部地区的江西、湖南、广西、重庆、陕西、甘肃和内蒙古（图 5-11）。缺口最大的城市为重庆市。该市是我国西南地区的重要交通枢纽城市，成渝城市群的核心城市。该市在近年来对公路的建设力度很大。“十二五”期间，在“二环八射”高速公路路网基础上，该市先后启动实施了“新千公里”和“第四个千公里”高速公路建设，奉溪高速、奉巫高速、成渝复线、沪渝南线主城至石柱等高速公路建成通车，高速公路通车总里程高达 2525 公里，“4 小时重庆”全面实现；预计在 2030 年，将建成“三环十二射七连线”高速路网。由此看来，该市对公路交通的需求量依然很大。目前的公路现状不足以满足当地发展需求，因此用地缺口较大。此外，内蒙古自治区的多数城市普遍存在较大缺口。这主要是因为该自治区公路网密度较低，在 1997 年才通车了第一条高速公路“呼包高速”，随着内蒙古经济的不断发展，需要修建更多的公路。结合《“十三五”现代综合交通运输体系发展规划》和《国家公路运输枢纽布局规划》，可以发现，本书提出的缺口城市中，有 80% 的城市属于规划中的公路运输枢纽城市（表 5–8），且多数缺口城市在“十三五”期间或者远期规划建设中都有高速公路的建设。这表明本书的成果契合国家布局规划，具备参考价值。

多数城市公路用地与当地的社会经济发展相匹配，且主要集中在我国东部沿海地区，

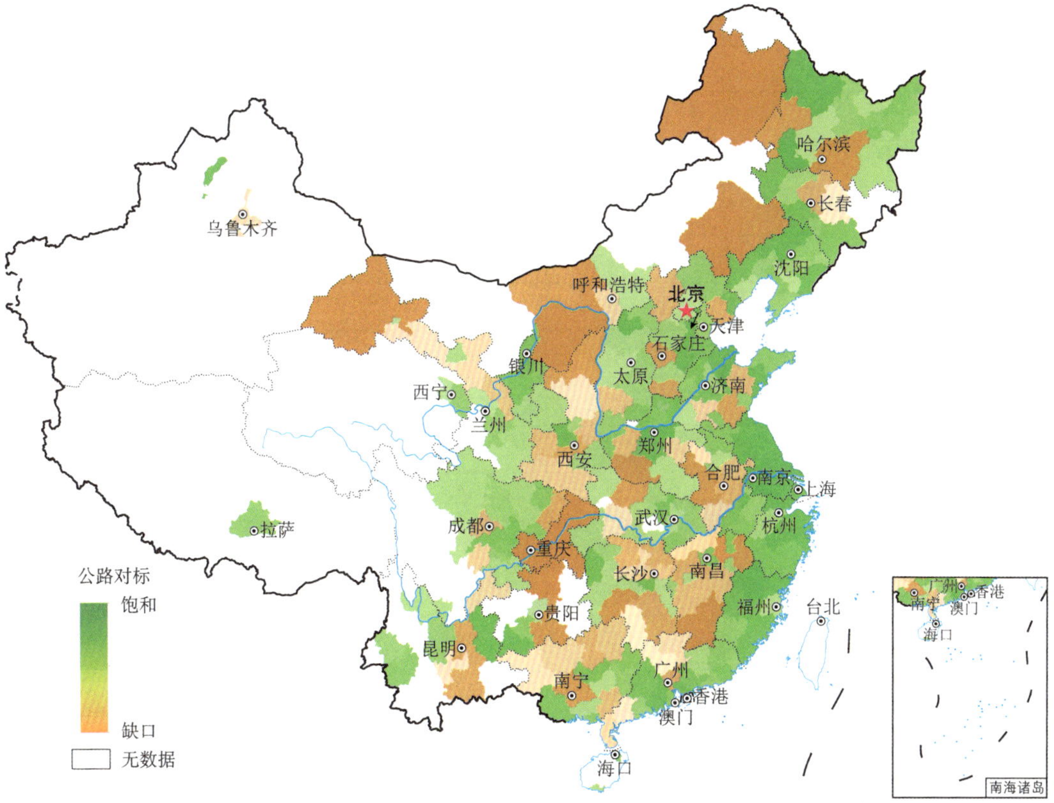

图 5–11　全国各城市公路用地对标成果

如苏州市、盐城市、无锡市、嘉兴市、泉州市、东营市等。其中，城市饱和度最高的是苏州市。该市为长江三角洲城市群重要的中心城市之一，江苏省内经济发展最好的城市（GDP 在省内排名第一），拥有完备的公路交通网络，已形成“井字加环”的城市快速路网体系，以东、西、南、北快速干道为骨架，向八个方向延伸，构建了“八纵八横”的组团间主干路系统。由此来看，苏州市公路基础设施可以满足当前经济发展和人民方便快捷出行的需求。

表 5-8 公路交通枢纽城市

城市	交通枢纽	城市	交通枢纽	城市	交通枢纽
石家庄市	√	抚州市	—	玉林市	—
唐山市	√	上饶市	—	百色市	√
邯郸市	√	潍坊市	√	河池市	—
张家口市	√	济宁市	√	重庆市	√
临汾市	√	临沂市	√	成都市	√
呼和浩特市	√	洛阳市	√	乐山市	—
包头市	√	南阳市	√	达州市	√
赤峰市	√	周口市	√	遵义市	√
通辽市	√	宜昌市	√	黔南布依族苗族自治州	√
鄂尔多斯市	√	襄阳市	√	昆明市	√
呼伦贝尔市	√	长沙市	√	玉溪市	—
巴彦淖尔市	√	衡阳市	√	昭通市	—
长春市	√	邵阳市	√	普洱市	—
吉林市	√	岳阳市	√	红河哈尼族彝族自治州	√
哈尔滨市	√	常德市	√	西安市	√
齐齐哈尔市	√	益阳市	—	宝鸡市	√
合肥市	√	郴州市	√	渭南市	—
安庆市	√	永州市	—	延安市	√
滁州市	—	广州市	√	汉中市	√
阜阳市	√	韶关市	√	榆林市	√
六安市	√	湛江市	√	安康市	—
亳州市	—	茂名市	√	白银市	—
九江市	√	清远市	—	武威市	—
赣州市	√	南宁市	√	张掖市	√
吉安市	√	柳州市	√	酒泉市	√
宜春市	√	桂林市	√	乌鲁木齐市	√

二、全国各城市铁路用地国内对标

将北京市、天津市和上海市作为铁路对标城市建立对标模型，全国研究区域共有 30 个城市处于饱和状态，214 个城市存在缺口，这与我国公路用地的缺口情况正好相反（图 5-12）。全国绝大部分城市的铁路用地与当地的社会经济发展不相匹配。这反映出我国铁路整体上需要投入更大的建设力度。虽然已形成八横八纵高速铁路网络，但仍需扩大中西部路网覆盖，完善东部网络格局，推进周边互联互通，形成覆盖广泛、内外联通、通边达海的铁路网络。其中，城市铁路用地缺口较高的城市主要集中在中、西部地区，如呼伦贝尔市、重庆市、赤峰市、巴彦淖尔市、赣州市等。其中，内蒙古自治区的城市普遍铁路用地缺口较大，这主要是因为该自治区铁路建设起步较晚，直到进入 21 世纪以来才掀起了建设草原铁路的热潮。到 2010 年，内蒙古铁路基本形成“四条出区达海通道、四个对外口岸、六纵六横”的路网新格局。这种铁路快速建设的现象体现了内蒙古自治区对铁路用地需求较大，当前的铁路基础设施还无法较好满足其自身生产和生活的需求，铁路建设和铁路用地供地力度有待进一步提升。全国少部分城市的铁路用地呈现饱和状态，但普遍饱和程度较低，饱和城市多数分布在我国东部地区，如唐山市、锦州市、大连市、厦门市、南京市等。虽然这些城市的铁路现状足以满足其当前经济发展需求，但随着进一步的发展，这些城市也需要进一步加强铁路基础设施建设。

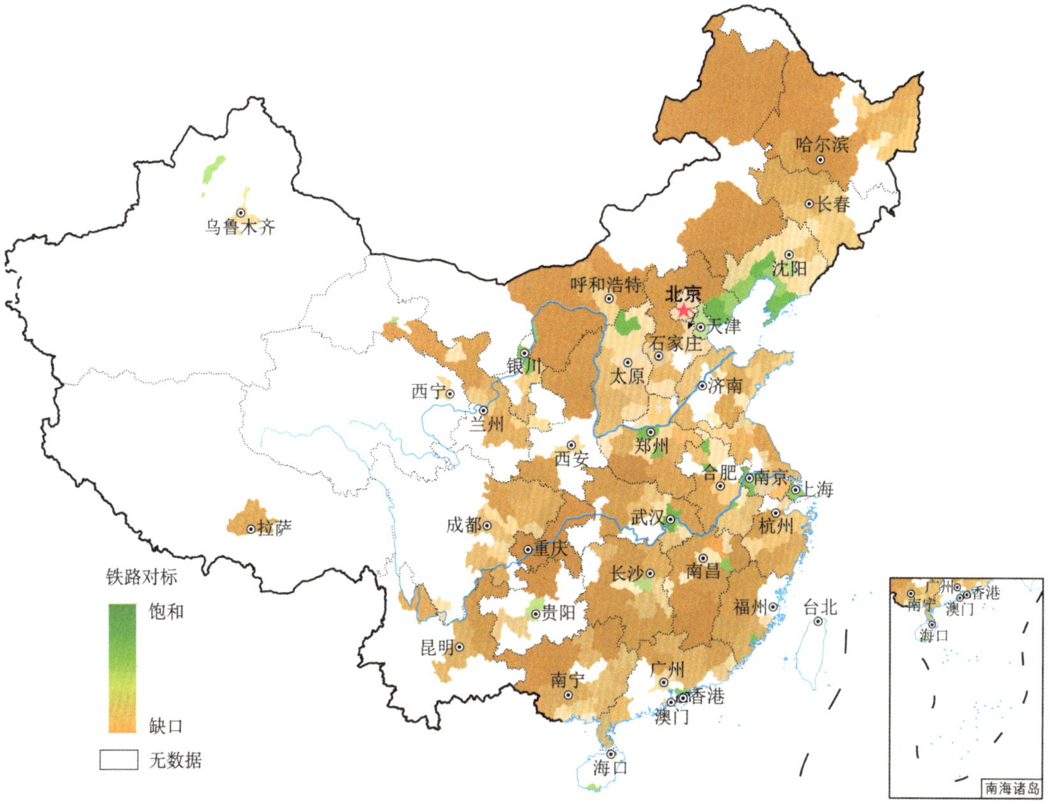

图 5-12　全国各城市铁路用地对标成果
（不含港澳台地区）

在确定铁路用地缺口城市的基础上，本书结合《“十三五”现代综合交通运输体系发展规划》《中长期铁路网规划》来验证研究的合理性。结果发现，本书所确定的缺口城市涵盖了 90% 以上的国家规划建设铁路的城市。这说明，本书的结果与国家战略规划相契合，具备科学性及参考价值。

三、全国各城市港口码头用地国内对标

（一）各级港口码头用地国内对标

选取北京、深圳、武汉、台州以及济宁这五个城市分别作为一级、二级、三级、四级和五级港口码头用地的对标城市建立模型。全国研究区域共有 52 个城市处于饱和状态，33 个城市存在缺口（图 5-13）。

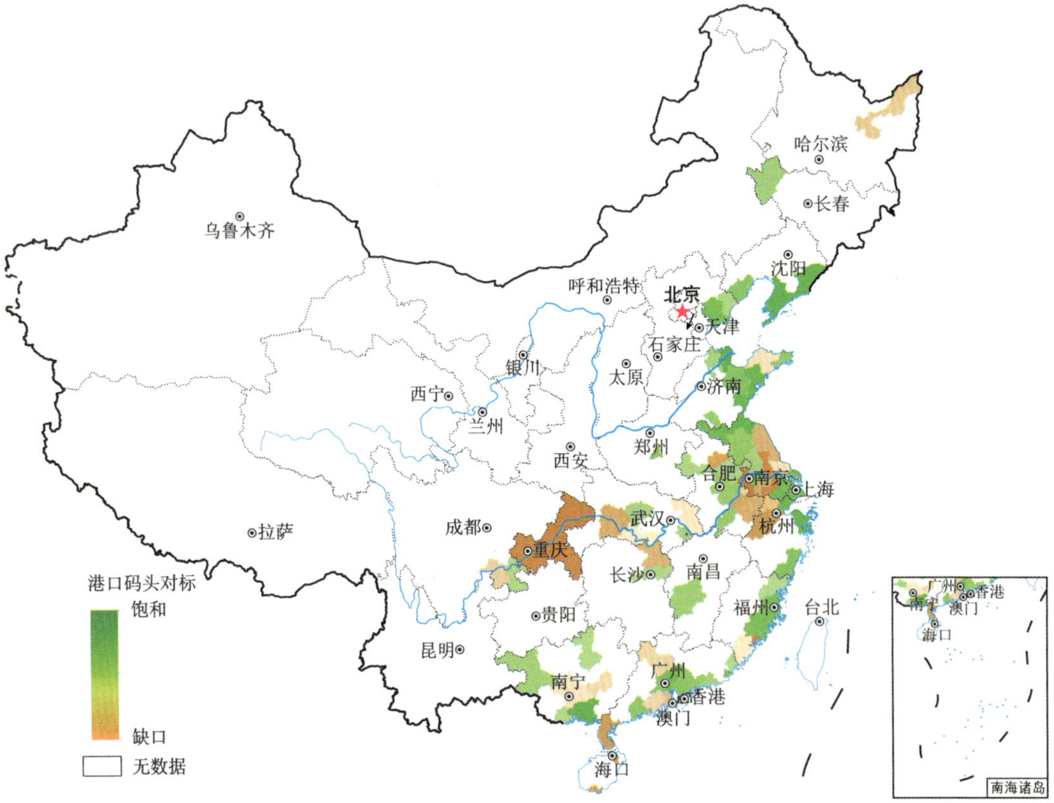

图 5-13　各城市港口码头用地对标成果图
（不含港澳台地区）

全国大部分城市的港口码头与当地的社会经济发展相配套，现有港口码头的体量能够支撑起这些城市的水运情况以及经济发展。港口码头用地饱和程度较高的有营口市、丹东市、大连市、钦州市、东营市、日照市、青岛市、连云港市等城市。这些城市港口码头密度高，港口码头交通发达，能够匹配对标城市的经济水平和运输能力。但也有一部分地区的港口码头建设存在缺口，按照对标城市经济发展和运输能力的标准，这些城市的港口码头设施不能满足当地的发展需求。对于一些缺口较大的城市，如南京市、重庆市、泰州市、无锡市、舟山市、厦门市以及海口市等少数城市，应增加港口码头用地的供应，加大港口码头的建设力度。

（二）分级港口码头用地国内对标

从不同的等级来分析（图 5-14），全国共有 10 个一级港口，这些港口全都处于沿海地区。除了上海市作为对标城市以外，广州市、苏州市、青岛市、大连市、宁波市、舟山市、日照市、唐山市、营口市 9 个一级港口城市都处于饱和状态。

全国共有 13 个二级港口，除了深圳市作为对标城市以外，秦皇岛市、福州市、连云港市、丹东市 4 个沿海港口处于饱和状态；南京市、重庆市、泰州市、无锡市、厦门市、湛江市、南通市、烟台市等 8 个二级港口城市都处于缺口状态，应该加强港口建设投入。其

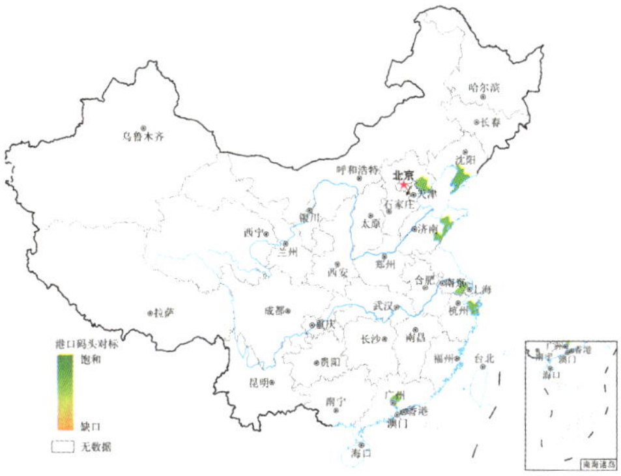

（a）一级港口城市港口码头用地对标成果

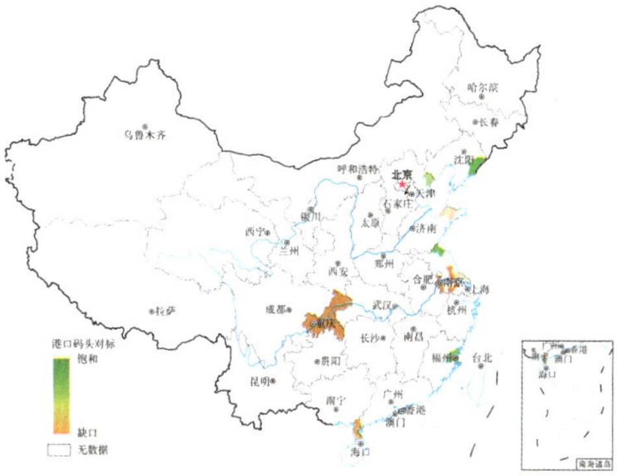

（b）二级港口城市港口码头用地对标成果

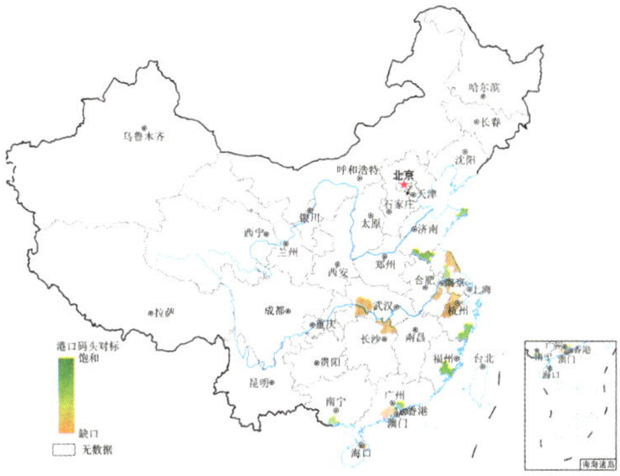

（c）三级港口城市港口码头用地对标成果

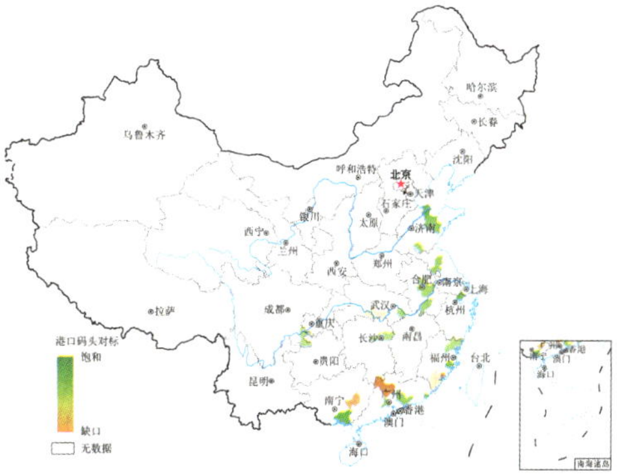

（d）四级港口城市港口码头用地对标成果

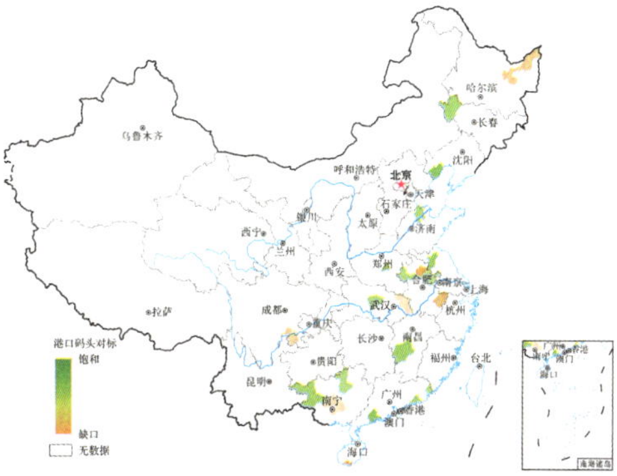

（e）五级港口城市港口码头用地对标成果

图 5-14　全国各城市分级别港口码头用地对标成果

（不含港澳台地区）

中，缺口最严重的南京市和重庆市，都为内陆城市，因此应该加强对内陆港口的建设投入。

全国共有 23 个三级港口，除了武汉市作为对标城市以外，镇江市、东莞市、温州市、泉州市、徐州市等 9 个港口城市处于饱和状态；海口市、杭州市、铜陵市、宜昌市、芜湖市、岳阳市、盐城市、常州市、中山市、湖州市、马鞍山市、珠海市、江门市 13 个港口城市都处于缺口状态，应该加强港口建设投入。

全国共有 23 个四级港口，除了台州市作为对标城市以外，莆田市、嘉兴市、北海市、东营市、钦州市等 17 个港口城市处于饱和状态；清远市、贵港市、漳州市、荆州市、安庆市 5 个港口城市都处于缺口状态，应该加强港口建设投入。

全国共有 23 个五级港口，除了济宁市作为对标城市以外，白城市、吉安市、宿迁市、阳江市、葫芦岛市等 15 个港口城市处于饱和状态；三亚市、蚌埠市、宣城市、佳木斯市、宜宾市、南宁市、黄冈市 7 个港口城市都处于缺口状态，应该加强港口建设投入。

四、全国各城市机场用地国内对标

各级机场用地。国内对选取北京、青岛、泉州、榆林和乌海市分别作为 4F，4E，4D，4C，3C 等级机场用地的对标城市建立模型。全国研究区域共有 91 个城市处于饱和状态，23 个城市存在缺口（图 5-15）。

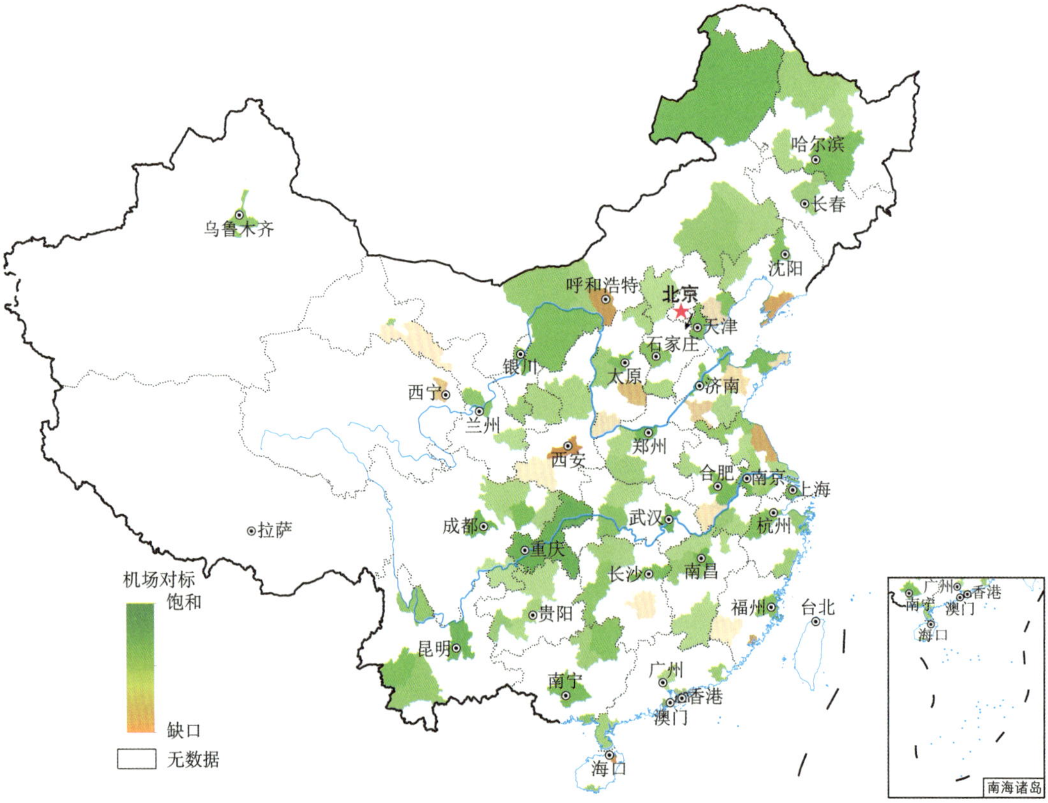

图 5-15 全国各城市机场用地对标成果
（不含港澳台地区）

全国大部分城市的机场与当地的社会经济发展相配套，还有少部分地区的机场建设存在缺口，这些城市的机场设施不能满足当地的社会经济发展与人们出行需求。机场用地饱和程度较高的有重庆、昆明、上海和武汉市等省会、直辖市。这些城市机场密度高，机场交通发达，完全能够支撑起这些地区的航运情况以及经济发展。其中，重庆作为 4F 级城市中饱和程度最大的城市，拥有通航机场 3 个（重庆江北、万州五桥、黔江武陵山），在建机场两个（重庆巫山、武隆仙女）。如果以对标城市作为判断缺口的标准，部分城市还存在较大的缺口，例如西安、海口、呼和浩特和大连市等，说明这些城市的机场用地面积还无法达到对标城市的水准，使得当地的机场用地出现相对缺口。如果不供机场用地会制约到其自身的发展，因此这种城市应加大机场的扩建力度。

从不同的机场等级来看，全国共有 15 个 4F 机场（图 5-16）。除了北京市作为对标城市以外，广州市、深圳市、桂林市、杭州市、长沙市、天津市、南京市、成都市、郑州市、武汉市、上海市、昆明市、重庆市 13 个 4F 机场城市都处于饱和状态，仅有西安市 1 个城市处于缺口状态。可见，西安市机场用地与其同等级别的城市存在差距，需要加大机场扩建力度。

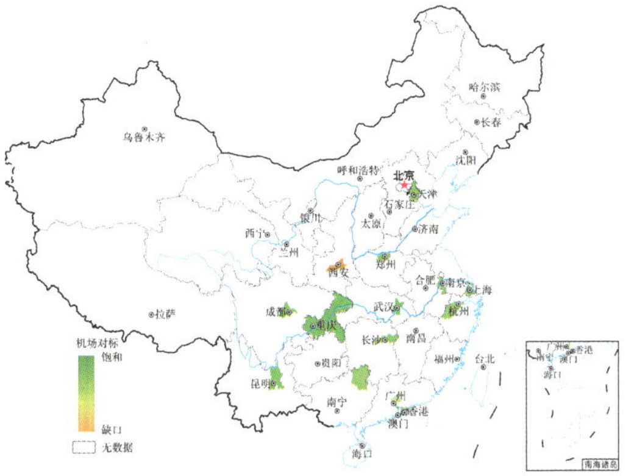

（a） 4F 机场城市机场用地对标成果

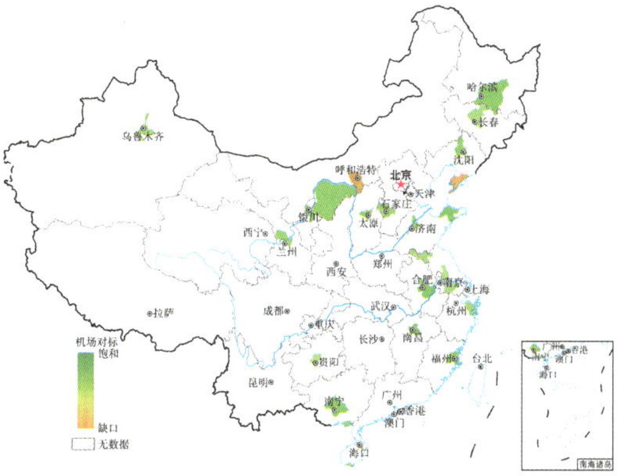

（b） 4E 机场城市机场用地对标成果

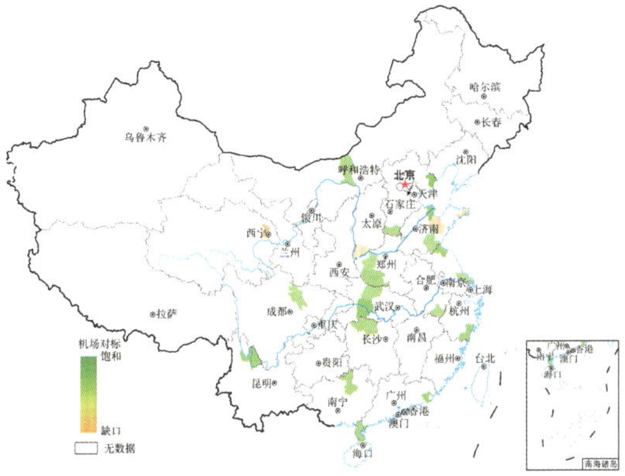

（c） 4D 机场城市机场用地对标成果

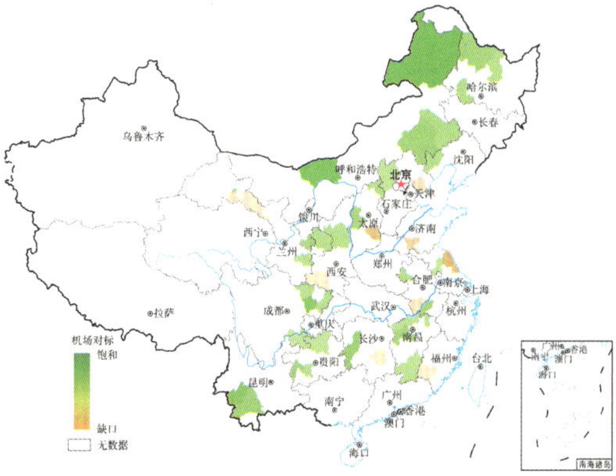

（d） 4C 机场城市机场用地对标成果

图 5-16　全国各城市分级别机场用地对标成果

（不含港澳台地区）

全国共有 29 个 4E 机场，除了青岛市作为对标城市以外，银川市、哈尔滨市、珠海市、南宁市、烟台市、合肥市、南昌市等 24 个沿海机场处于饱和状态；海口市、呼和浩特市、大连市、厦门市等四个机场城市都处于缺口状态，应该加强机场建设投入。

全国共有 25 个 4D 机场，除了泉州市作为对标城市以外，湛江市、包头市、南阳市、柳州市、温州市、揭阳市、连云港市、丽江市、宜昌市、东营市、秦皇岛市等 20 个机场城市处于饱和状态；西宁市、潍坊市、威海市、运城市四个机场城市都处于缺口状态，应该加强机场建设投入。

全国共有 45 个 4C 及以下等级的机场，除了榆林市作为对标城市以外，宜春市、嘉峪关市、普洱市、巴彦淖尔市、怀化市、临沧市、南充市、呼伦贝尔市等 33 个机场城市处于饱和状态；盐城市、长治市、济宁市、唐山市、安庆市、龙岩市、衡阳市、汉中市、张掖市九个机场城市都处于缺口状态，应该加强机场建设投入。

五、全国各城市交通运输用地国内对标

我国交通用地存在缺口的城市要少于饱和的城市，缺口城市有 119 个，饱和城市有 174 个。我国超过 1/3 的城市交通运输用地与当地的社会经济发展不相匹配（图 5-17）。这

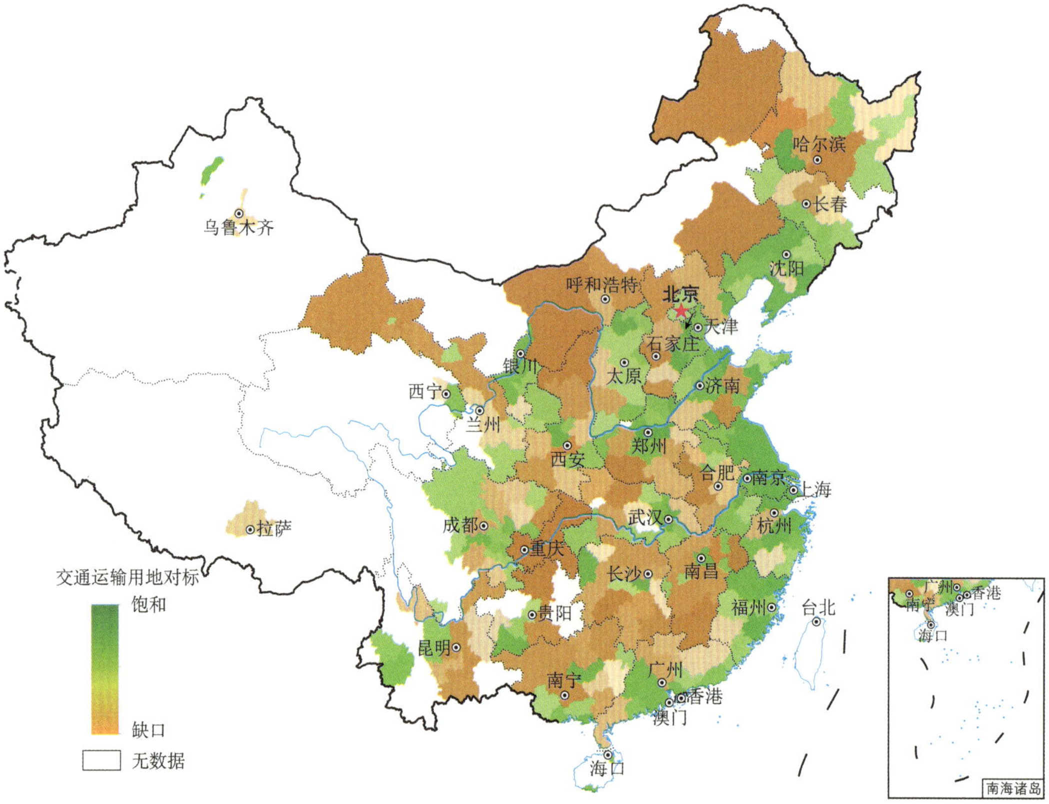

图 5-17　全国各城市交通运输用地对标成果图
（不含港澳台地区）

些城市的交通基础设施不能满足当地当前的发展需求。饱和城市多集中于东部沿海地区，这主要是因为东部沿海地区经济发展水平较高，地势平坦，交通基础设施建设较早，已经形成较为完备的交通运输网络，当前的交通体系可以满足当地的经济发展和生活出行。值得注意的是，江苏省各市的交通运输用地饱和程度普遍较高（苏州、无锡、常州、盐城等市），这与江苏省自身地理位置、经济发展水平有较大联系。相比之下，我国存在缺口的城市主要集中分布在中西部地区。这两大区域相比东部地区经济薄弱、人口聚集程度较低，是我国未来重点开发和建设的区域，因而普遍存在缺口。缺口较高的城市有重庆市、呼伦贝尔市、赤峰市、遵义市、鄂尔多斯市、赣州市、哈尔滨市等。这些城市普遍处于经济建设的快速发展期，且行政区面积普遍较大，导致以对标城市同等水平的交通密度作为标准时，其缺口程度较大。

从各省拥有的缺口城市个数来看，湖南省有 11 个，广西壮族自治区和内蒙古自治区各有 8 个，甘肃省、广东省、河北省、黑龙江省、陕西省和四川省各有 7 个，安徽省、河南省、江西省和云南省各有 6 个，湖北省有 5 个，山东省有 4 个，贵州省和吉林省各有 3 个，山西省和浙江省各有 2 个，福建省、辽宁省、宁夏回族自治区、青海省、西藏自治区、新疆维吾尔自治区各有 1 个。

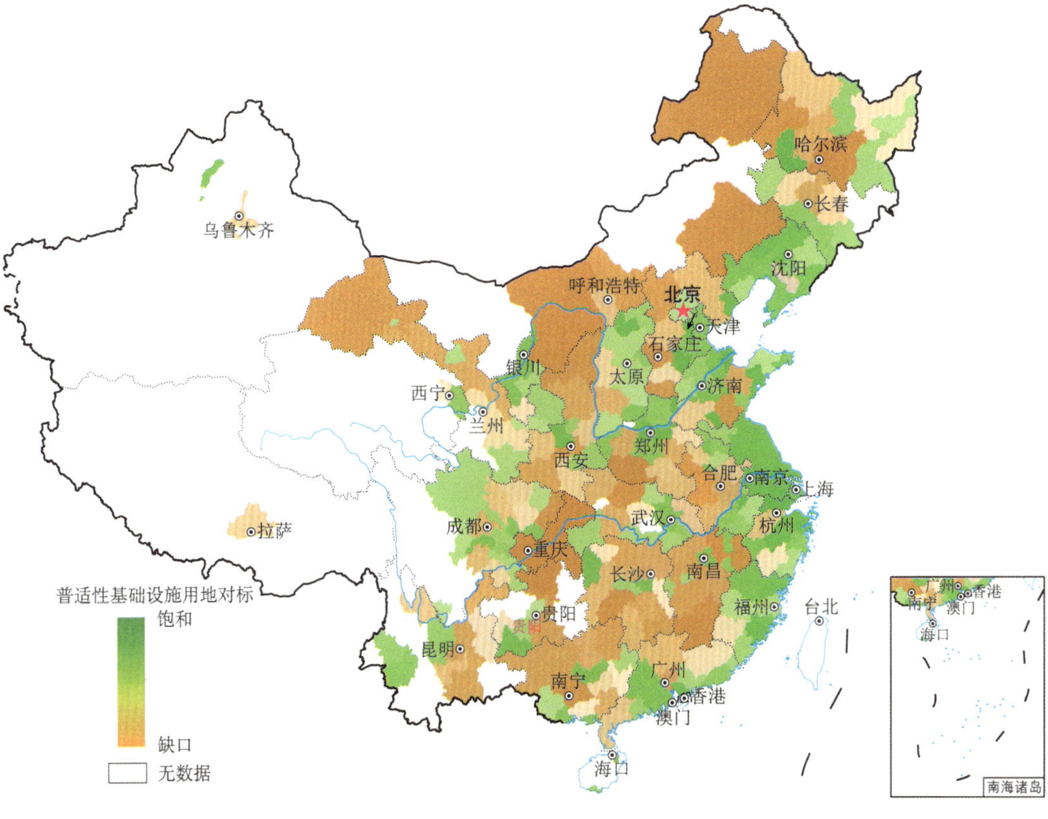

图 5-18　全国各城市普适性交通用地对标成果图
（不含港澳台地区）

六、全国各城市普适性交通运输用地国内对标

我国普适性交通用地存在饱和的城市要多于缺口的城市，饱和城市有 173 个，缺口城市有 120 个。全国 1/3 以上城市的普适性交通运输用地与当地的社会经济发展不相匹配。从空间分布来看，普适性交通运输用地对标成果的空间分布与总的交通运输用地对标成果的空间分布基本一致，东部沿海地区城市普遍为饱和城市，中西部城市普遍为缺口城市。这一方面反映出我国普适性交通运输方式占我国交通运输的主体地位，其影响着我国交通运输用地的供需水平；另一方面，也间接反映出无论是普适性交通运输用地，还是总的交通运输用地，地理区位、人口聚集程度、经济发展水平都是影响我国交通运输用地缺口程度的重要因素（图 5–18）。

第六章　典型区域交通运输用地供需水平与协调性分析

第一节　长江经济带交通运输用地时空演变与问题初步识别

一、长江经济带基本情况

长江经济带覆盖上海、江苏、浙江、安徽、江西、湖北、湖南、重庆、四川、云南、贵州等 11 个省市，面积约 205 万平方公里，占全国的 21%，人口和经济总量均超过全国的 40%，生态地位重要、综合实力较强、发展潜力巨大。

在 2016 年 9 月印发的《长江经济带发展规划纲要》中，确立了长江经济带“一轴、两翼、三极、多点”的发展新格局。在这个新格局当中，“一轴”是以长江黄金水道为依托，发挥上海、武汉、重庆的核心作用，构建沿江绿色发展轴；“两翼”分别指沪瑞和沪蓉南北两大运输通道，通过促进交通的互联互通，增强南北两侧腹地重要节点城市人口和产业集聚能力；“三极”指的是下游长三角地区、中游城市群以及上游成渝经济区三个城市群，并凭借这 3 个城市群充分发挥中心城市的辐射作用，打造长江经济带的三大增长极；“多点”是指发挥三大城市群以外地级城市的支撑作用，加强与中心城市的经济联系与互动，带动地区经济发展。

在三极当中，下游长三角城市群位于长江入海之前的冲积平原，是“一带一路”与长江经济带的重要交汇地带，在国家现代化建设大局和全方位开放格局中具有举足轻重的战略地位。其城市群包括上海，江苏省的南京、无锡等 26 市，国土面积 21.17 万平方公里。

长江中游城市群是以武汉、长沙、南昌三大城市为中心的超特大城市群组合，涵盖武汉城市圈、环长株潭城市群、环鄱阳湖城市群为主体形成的特大型城市群，占地面积约 31.70 万平方公里，为世界城市群面积之最，是长三角的 3 倍，珠三角的 5 倍。

成渝经济区自然禀赋优良，产业基础较好，城镇分布密集，交通体系完整，人力资源丰富，是我国重要的人口、城镇、产业集聚区，是引领西部地区加快发展、提升内陆开放水平、增强国家综合实力的重要支撑，在我国经济社会发展中具有重要的战略地位。成渝经济区涵盖重庆市，四川成都市、德阳市等市县，区域面积 20.60 万平方公里。

长江经济带交通运输用地分为铁路用地、公路用地、机场用地及港口码头用地四类。本节将从四类用地的用地面积、供地面积、用地增量面积以及供地增量面积，对长江经济带的交通运输用地进行现状分析及时空演变分析（与 2009 年作对比）。

在时间上，2015 年长江经济带所涉及的 11 个省市之中，共有交通运输用地面积为 1981.70 万亩，供地面积为 61411.37 公顷（92.12 万亩）。2009 年长江经济带的交通用地面积为 1511.30 万亩，供地面积为 22643.88 公顷（33.97 万亩）。从 2009 年到 2015 年，长江经济带交通用地面积与供地面积整体上呈增长态势。其中，用地面积增加了 470.40 万亩，供地面积增加了 58.15 万亩。在空间上，长江经济带所涉及的 11 个省市的交通用地、供地面积也各有不同，却又存在一定的空间规律。

二、交通运输用地时空演变分析

（一）交通运输用地分析

从长江经济带各城市交通运输用地现状图（2015 年）中可以看出，交通运输用地面积较大的城市主要集中在省会城市、直辖市和长江下游地区城市（图 6-1）。长江三角洲城市群、长江中游城市群和成渝城市群的核心城市普遍交通运输用地面积较大，且交通运输用地面积呈现放射状，从核心城市向周边城市逐渐减少。长江经济带交通运输用地面积排名前十位的城市分别是重庆市、苏州市、上海市、杭州市、盐城市、宁波市、成都市、南京市、赣州市和南通市。其中，重庆市作为长江上游地区唯一汇集水、陆、空交通资源的超大型城市、西南地区综合交通枢纽，该市交通运输用地面积在长江经济带城市中最大，约

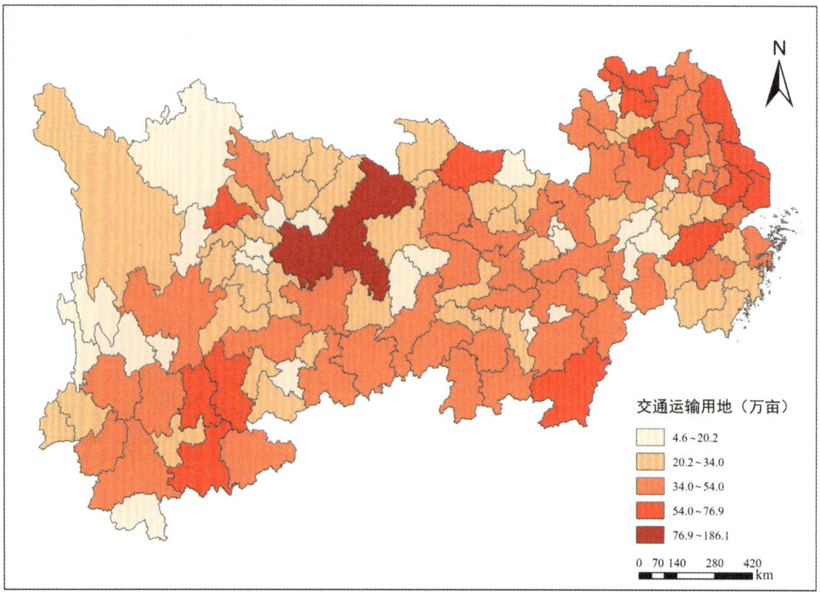

图 6-1　长江经济带各城市交通运输用地现状图

是第二名苏州市的两倍。长江经济带交通运输用地面积排名后十位的城市分别为怒江傈僳族自治州、铜陵市、鄂州市、西双版纳市、萍乡市、鹰潭市、雅安市、迪庆藏族自治州、新余市和张家界市。这些城市普遍集中在长江中上游地区，且均为四、五线城市。其中，交通运输用地面积最小的怒江傈僳族自治州仅是重庆市的1/61。该州只有一条高速公路（省道228线），没有铁路、港口码头和机场。

长江经济带交通运输用地增量（2009—2015年）的空间分布与总量的空间分布存在明显的差异（图6–2）。增量较高的城市主要集中在长江中上游地区，这主要是由于近年来长江中上游地区的发展速度加快，交通基础设施建设力度也在加大；长江下游地区城市由于经济发展普遍较好，交通基础设施较为完备，近年来的增长量反而没有中上游地区城市高。交通用地增量大小排名前十位的城市是重庆市、赣州市、遵义市、成都市、合肥市、毕节市、宜春市、贵阳市、武汉市和长沙市。值得注意的是重庆市，该市在总量和增量上均位于长江经济带城市首位。这主要是因为该市是我国四大直辖市之一，在长江上游地区的经济发展水平最高、人口聚集度最高，是长江上游地区重要的综合交通枢纽。“十二五”期间，也是重庆市交通运输发展速度最快、群众实惠最多的五年，因而导致重庆市在总量和增量上都位列首位。交通用地增量大小排名后十位的城市分别是西双版纳傣族自治州、怒江傈僳族自治州、张家界市、凉山彝族自治州、荆门市、攀枝花市、雅安市、阿坝藏族羌族自治州、普洱市、舟山市。其中，长江下游沿海城市中的舟山市以水运闻名，该市其他交通运输用地体量较小且增量较小。

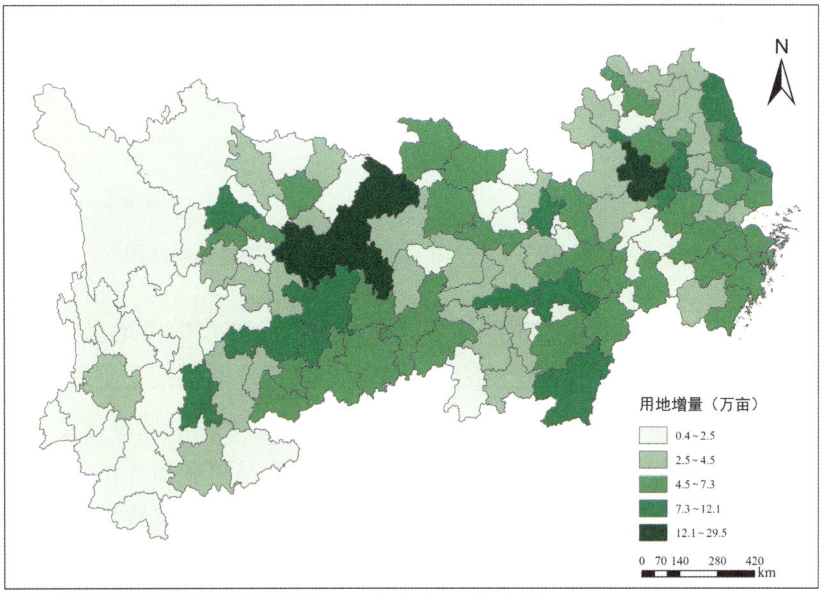

图6–2　长江经济带各城市交通运输用地总量增量图

（二）交通基础设施供地分析

长江经济带交通运输用地供地量高的城市，主要集中在长江中上游地区以及经济发展较好的城市，这与交通运输用地增量的空间分布较为相似（图 6-3）。交通运输用地供地量排名前十位的城市，包括昆明市、重庆市、南通市、南京市、温州市、郴州市、金华市、合肥市、普洱市和南充市。昆明市作为我国西南部最重要的交通枢纽之一、东亚大陆与中南半岛、南亚次大陆各国进行经济贸易往来及政治联系的陆路枢纽，近年来交通基础设施建设成效明显，全市“环线”+“射线”的骨干路网已基本建成。因此，该市 2015 年的交通运输用地供地量位居长江经济带城市首位。交通运输用地供地量排名后十位的城市，包括西双版纳傣族自治州、淮北市、丽江市、甘孜藏族自治州、凉山彝族自治州、德宏傣族景颇族自治州、黔西南布依族苗族自治州、铜陵市、新余市和亳州市。这些城市多集中在长江上游地区，经济发展相对落后；供地量最少的西双版纳市是供地量最多的昆明市的 1/809，供地差距极其巨大。

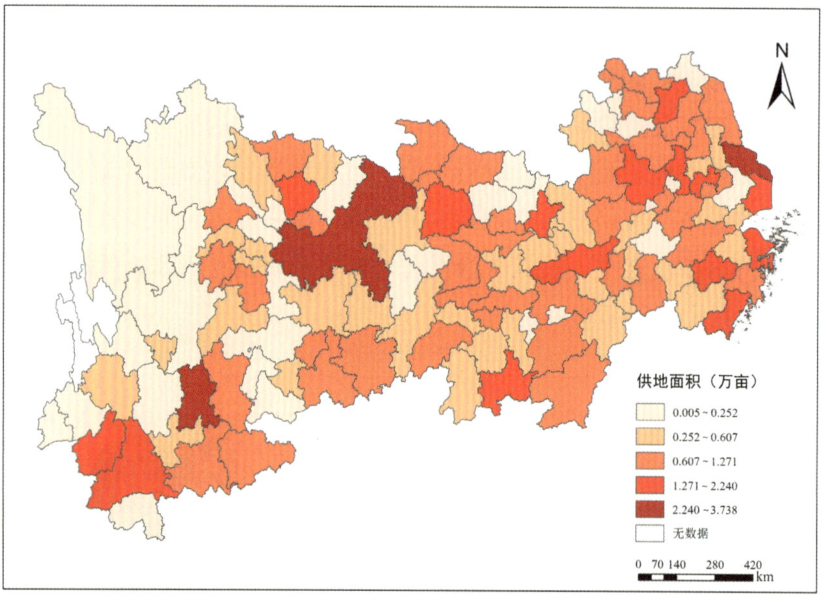

图 6-3 长江经济带各城市交通运输用地供地总量现状图

从长江经济带各城市交通用地供地增量来看，大部分城市的供地量都呈增加的状态。可见，我国近年来对交通基础设施建设的力度在逐渐增强，而供地量呈现显著负增长的城市主要集中在江西省和浙江省（图 6-4）。供地增量排名前十位的城市是昆明市、南通市、郴州市、温州市、金华市、重庆市、临沧市、巢湖市、宜昌市和宿迁市。在前十位的城市中，明显可以发现，除昆明和重庆属于省会级别城市，其他城市经济发展水平普遍位于长江经济带城市的中上水平，并且正在经历经济发展的快速上升阶段。为满足快速发展的经济，其供地的增量较高。供地增量排名后十位的城市是杭州市、上饶市、无锡市、嘉兴市、丽水市、赣州市、亳州市、抚州市、上海市和吉安市。其中，供地量负增长最为显著的杭州市相比于同地区其他城市，其发展较早、交通基础设施建设较为成熟，交通运输用地能够较好地满足该市生产和生活的需求，因此供地量下降明显。

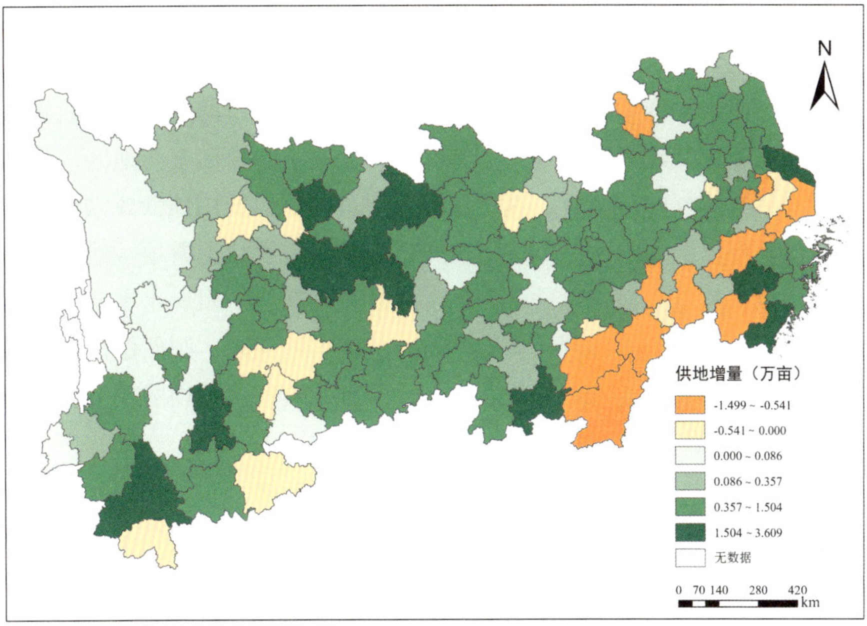

图 6-4　长江经济带各城市交通运输用地供地总量增量图

（三）交通运输用地—供地对比分析

通过上述对交通运输用地现状及供地的分析，可以发现，长江经济带各省市的用地和供地存在明显差异。本书以长江经济带各市用地和供地的均值为判定各市用地和供地水平高低的标准，对长江经济带各市的用地和供地情况进行聚类，得到供地高用地高、供地高用地低、供地低用地高和供地低用地低 4 种聚类类型（图 6–5）。

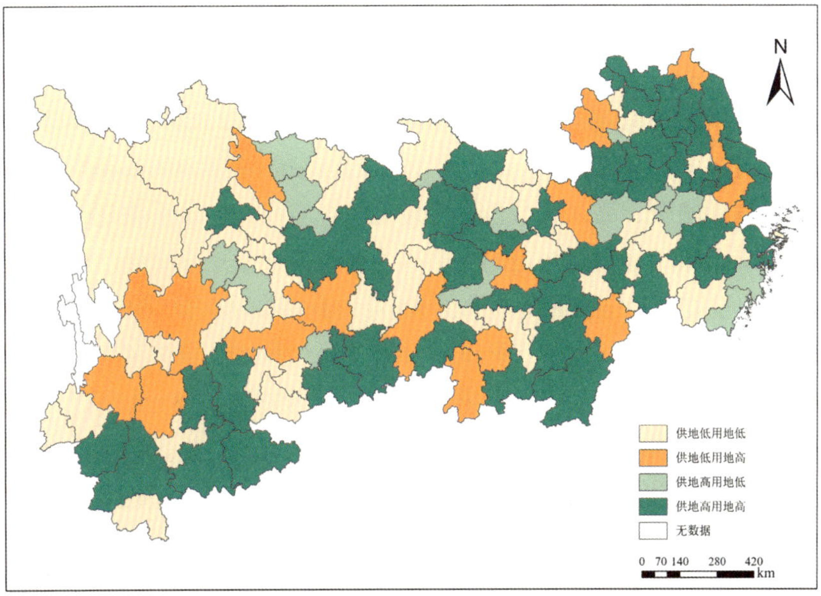

图 6–5　长江经济带各城市交通运输用地供地 — 现状对比图

长江下游地区城市多为供地高用地高或供地低用地高两种状态，尤其是供地和用地双高的城市占多数。这主要是因为长江下游城市经济发展较好和基础设施建设速度较快，交通网络较为成熟。而供地低用地高的城市，说明这些下游城市的交通基础设施已经较好地满足了自身发展需求，交通运输用地趋于饱和。相比之下，长江上游地区，除了省会级城市或者经济发展相对较好的城市外，其他城市普遍呈现供地低用地低或供地高用地低，这与长江下游地区呈现出鲜明的两极分化。这一方面是因为长江上游地区地理条件限制了交通基础设施的建设；另一方面，也是因为上游地区无论从经济发展水平、人口聚集程度还是国家投入力度，都与下游地区有显著的差距。长江中游地区，则更像是一个由上游到下游演变的过渡带，各种用地聚类类型均有分布，既有像武汉市这样的双高城市，又有荆门市这样的双低城市。

三、分类型交通运输用地时空演变分析

（一）公路用地时空演变分析

整个长江经济带中，各个区域的交通基础设施发展不是很平衡。就拿公路来说，整个经济带中，公路用地面积最大的城市是重庆市，拥有“二环十射”高速公路网。重庆市的公路用地面积，不仅在长江经济带中最高，在全国范围内也是首屈一指。除重庆市外，公路用地面积较大的城市主要集中在江苏、浙江、上海等长江下游地区，以及长江经济带其他地区的省会城市，尤其是长江三角洲城市群，拥有较为完备的公路网络，城市群内城市达到高度互联互通。长江中上游的大部分地区，公路网布局并不完善，尤其是上游的一些省份边缘城市，无论是覆盖广度还是通达深度，与下游地区相比都有一定的差距，因而公路用地面积较小的城市大都分布于此。如云南省，虽然总体已经形成“四出境、七出省”公路大通道格局，但由于该省受经济发展水平较为落后和自然地理条件的双重限制，公路建设面临较大的资金缺口。资金短缺成为制约该省公路发展的最大瓶颈。

近年来，由于中上游城市着眼构建内畅外联的路网体系，加快推进高速公路建设，例如重庆、赣州、遵义、成都等城市，近几年在交通运输的各个领域改革发展均取得显著进展，加快推进畅通、安全、高效、绿色的现代化综合交通运输体系构建，大力投资高速公路的建设等，因而公路用地增量较高的地区也主要集中在重庆、贵州、江西等长江中上游地区。重庆市作为公路用地增长最为显著的城市，“十二五”期间，在“二环八射”高速公路路网基础上，该市先后启动实施了“新千公里”和“第四个千公里”高速公路建设，奉溪高速、奉巫高速、成渝复线、沪渝南线主城至石柱等高速公路建成通车，“4 小时重庆”全面实现。长江下游地区的沿海省份，公路交通网络相对较为发达，公路用地逐渐趋于饱和，因此下游多数城市在增量上反而没有中上游城市显著（图 6–6，图 6–7）。

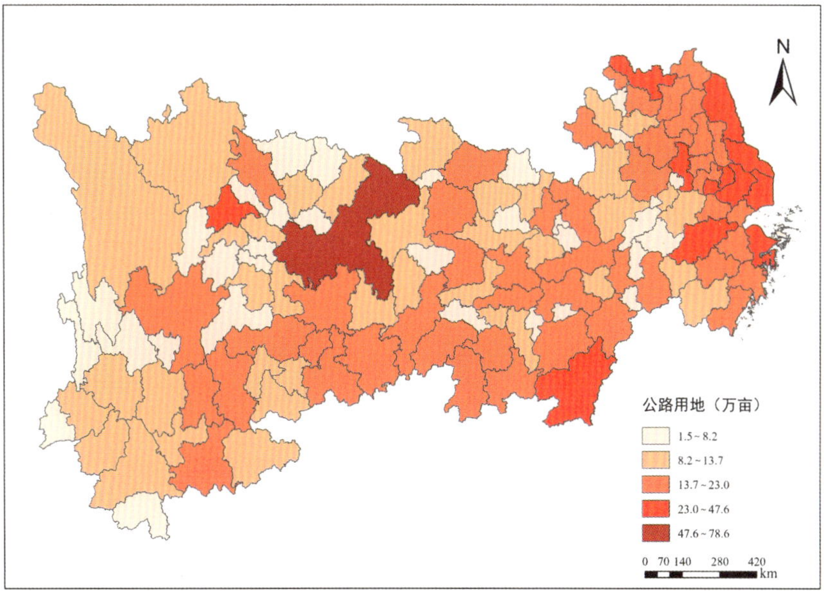

图 6-6　长江经济带各城市公路用地现状分布图

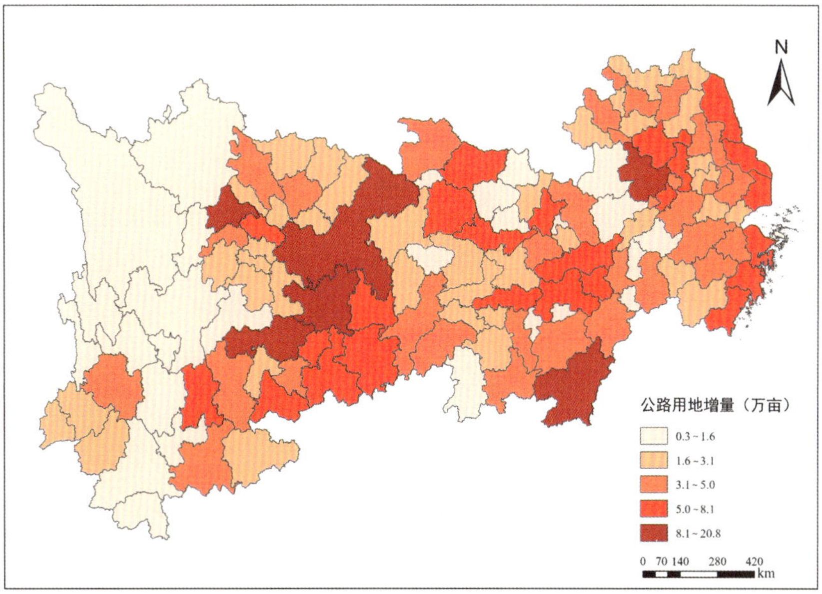

图 6-7　长江经济带各城市公路用地增量分布图

（二）铁路用地时空演变分析

长江经济带横贯我国腹心地带，经济腹地广阔，不仅把东、中、西三大地带连接起来，而且还与京沪、京九、京广、皖赣、焦柳等南北铁路干线交汇，承东启西，接南济北，是重要的铁路枢纽地带。铁路用地与公路用地的分布情况在有些方面比较类似，铁路用地面积较大的几乎都是各省会城市，且面积较大的城市均为我国铁路重点节点城市。铁路面积较小的城市则集中在上游地区，这些城市普遍经济发展水平较低，且地形地势多以高原、山区、盆地等为主，导致修建铁路难度较大。与公路用地分布的不同点在于，铁路用地面积较大的城市主要集中在重庆、湖北、湖南、江西等中游地区，而不是下游地区。值得注意的是，重庆市依然是铁路用地面积最高的城市，这主要是因为重庆市是西南地区的综合铁路枢纽，形成了“一枢纽八干线”铁路网络格局（图 6–8）。

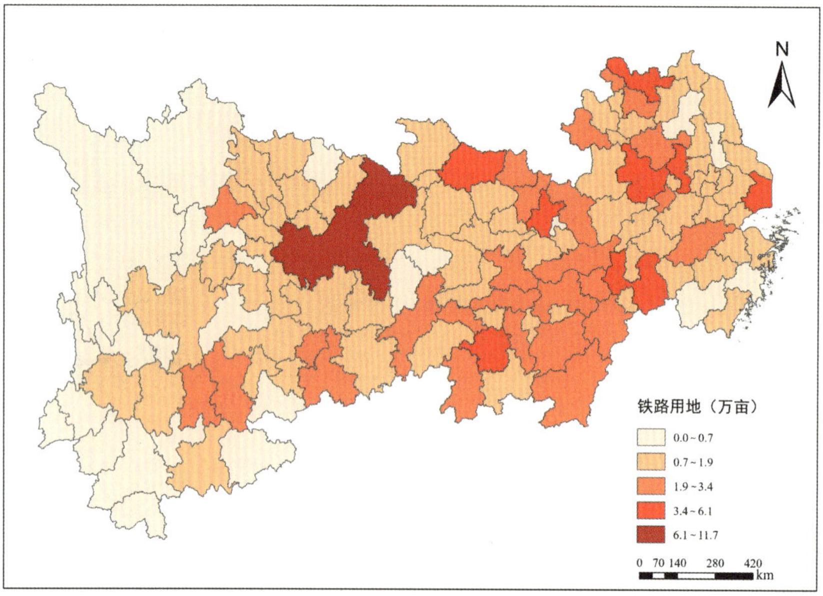

图 6–8　长江经济带各城市铁路用地现状分布图

从增量上来看，铁路用地增量较高的地区与公路增量较高的地区较为一致，主要集中在长江中上游地区，例如重庆、贵阳、上饶等城市；同样是位于上游地区的四川、云南的大部分城市，由于受到经济发展、自然地理条件等多方面限制，铁路用地面积增量较少。铁路用地增量最为突出的重庆市在“十二五”以来，铁路交通快速发展。该市高速铁路实现零突破，首条高速铁路成渝高速铁路于 2015 年年底建成通车；普速铁路网络日趋完善，对外通道逐步打通，既有的遂渝、渝利、兰渝（重庆至广元段）等铁路打通了重庆西向、东向、北向等对外大通道，在建的渝黔、黔张常等铁路投用后，将进一步增强重庆对外通道运输能力；铁路枢纽建设不断提速，枢纽运行更加高效，形成了以团结村集装箱中心站为核心，磨心坡、北碚、珞璜、唐家沱、鱼嘴等站为支撑的“1+8”货运枢纽体系。由此可见，近年来重庆市对铁路用地建设力度非常之大，其铁路面积增量在长江经济带城市中最大也顺理成章（图 6–9）。

（三）港口码头用地时空演变分析

长江经济带不仅是重要的沿海经济带，还是规模巨大的内河经济带。我国的第一大河流——长江穿过整个经济带，为整个经济带提供了独特的地理优势。长江自古以来就有黄金水道之称，支流众多，水量丰沛，港航资源得天独厚；港口码头主要沿海、沿江、沿河分布；在整个长江经济带中，丰富的深水港口、疏港的内河航道与东部沿海地区的海港，呈现近似顺时针旋转 90° 的“T”字形。港口码头用地面积较大的城市主要为长江主干线上的省会级城市和直辖市，以及东部沿海城市。值得注意的是，云南省的文山壮族苗族自治州港口码头用地面积相较于长江上游的其他城市（除省会和直辖市）要高。这主要是因为文山州的富宁港是被国家交通部列为近期建设的 16 个港口之一，是云南东向珠三角地区开放的唯一一个水运港口。它作为右江通道、珠江第一港，是云南省的第一大港，既是云南向东通江达海、直抵粤港的重要枢纽港，又是连接中国与东盟各国以及中西部之间最直接的重要纽带港口（图 6-10）。

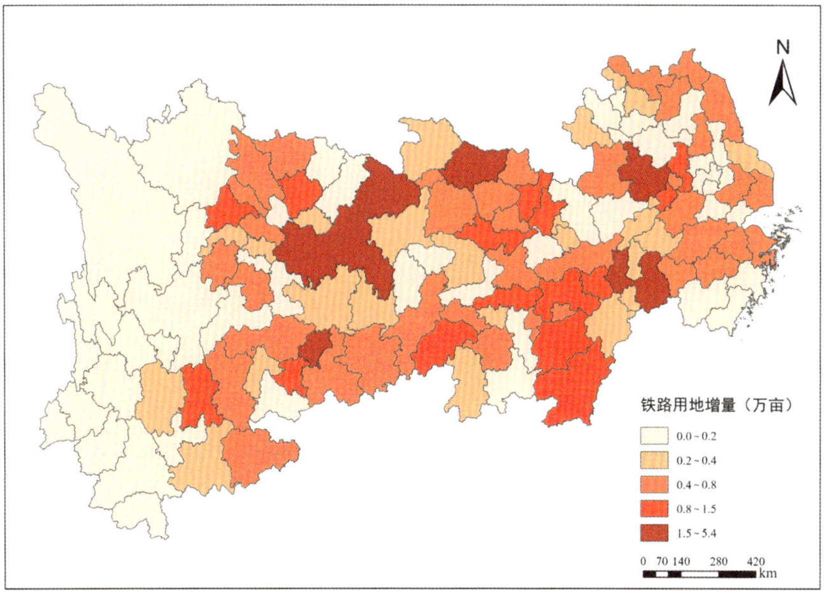

图 6-9　长江经济带各城市铁路用地增量分布图

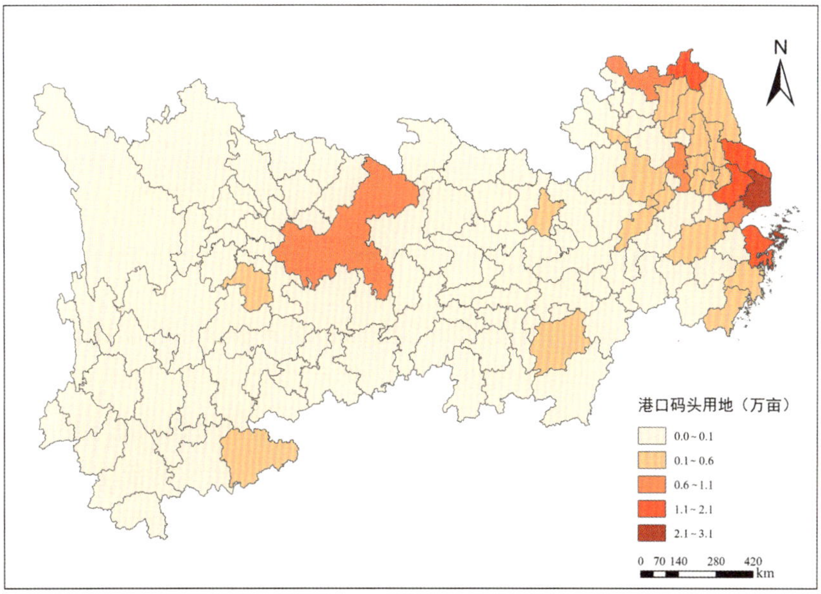

图 6-10　长江经济带各城市港口码头用地现状分布图

就增量而言，由于港口码头用地的供给受到其自身地理位置、基础条件的影响较大，因而大多数城市的港口码头用地在 2009—2015 年间保持不变，个别有明显增长的城市同港口码头用地面积较大的城市基本一致，同样也呈现出“T”字形。例如，港口码头用地面积增量较为明显的重庆市，为进一步提升长江黄金水道服务能力，在“十二五”期间将沿长江干线规划建设主城寸滩、果园、东港、黄谦、涪陵龙头山、万州新田、永川朱沱、忠县新生和江津仁沱等九大枢纽型港口项目；宁波—舟山港作为中国货物吞吐量最大的港口，港口规模在近年来也在不断地扩张，港口码头用地面积增量显著；徐州港在“十二五”以来大力推进港区顺堤河作业区、双楼作业区、沛县港区丰乐作业区、邳州港区戴圩作业区、新沂港区港头作业区等规模化作业区建设，开工建设了双楼作业区保税物流码头，建成了顺堤河作业区煤炭码头一期工程、万寨作业区国家煤炭储备基地工程、丰乐作业区、戴圩作业区一期工程、窑湾作业区及港头作业区一期工程等项目，同时改造升级了老双楼作业区及孟家沟作业区，从而导致徐州市港口码头用地增量突出（图 6-11）。

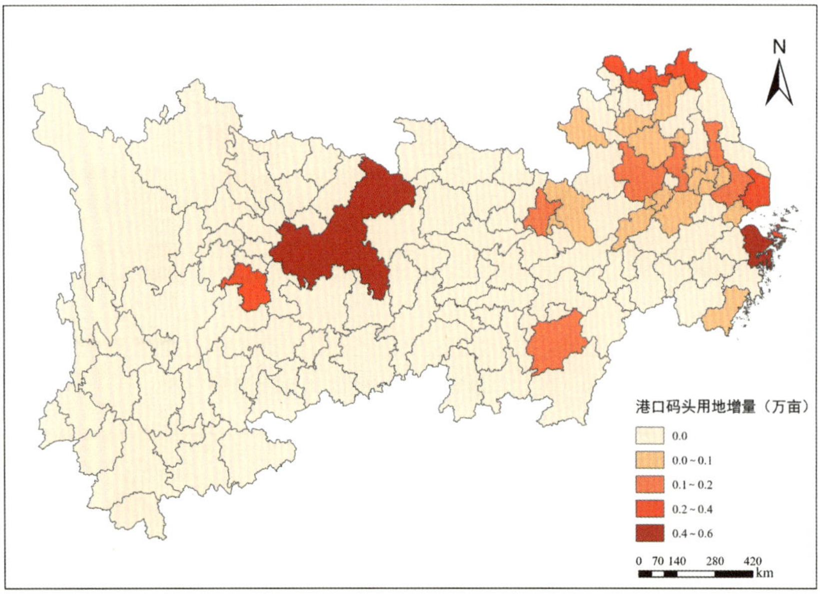

图 6-11　长江经济带各城市港口码头用地增量分布图

（四）机场用地时空演变分析

机场用地面积较大的城市主要是各省的省会城市和直辖市，且主要分布在长江的下游和上游地区。主要有两个地方。上海作为国际化的大都市，拥有上海虹桥国际机场和上海浦东国际机场两座国际机场。其中，上海浦东国际机场是我国（包括港、澳、台）三大国际机场之一，与北京首都国际机场、香港国际机场并称中国三大国际航空港。重庆市综合交通运输迅速发展，西南地区综合交通枢纽建设取得阶段性进展，民用航空建设取得重大进展，已形成“一大两小”的机场布局。重庆市目前通航机场有 3 个（重庆江北，万州五桥，黔江武陵山），且仍有两个在建机场（重庆巫山，武隆仙女）。川西地区地处横断山区，地理位置偏远，公路铁路等线路交通设施建设较为困难。但由于旅游资源丰富，故而修建多个机场（图 6-12）。

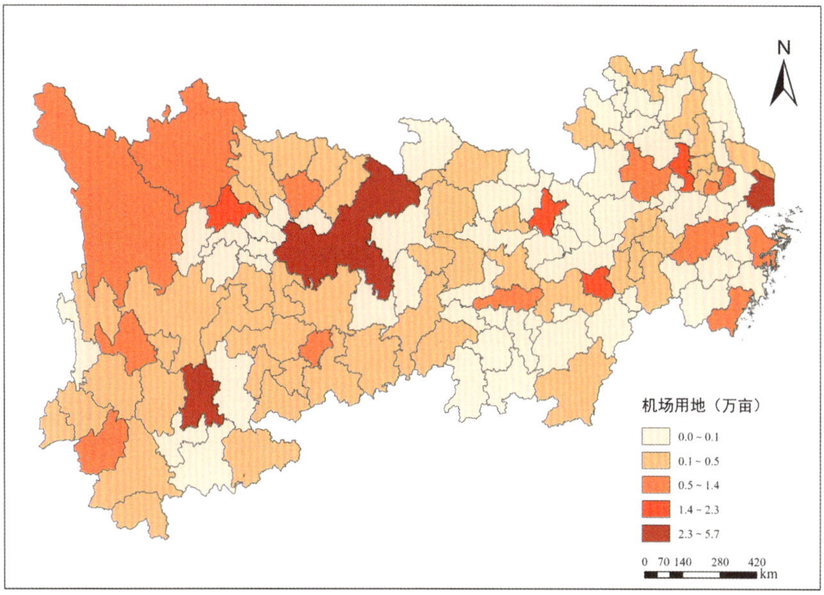

图 6-12　长江经济带各城市机场用地现状分布图

就增量而言，不仅仅是长江经济带，全国范围内多数城市的机场用地在 2009—2015 年间都没有太多变化，只有少数的像重庆、上海、南京等直辖市和省会城市机场用地的增量相对较大。可见，机场用地的扩张一般与城市的经济发展水平、人口聚集程度、城市政治地位有很大的关系（图 6-13）。例如，上海市的虹桥国家机场于 2010 年启用 2 号航站楼

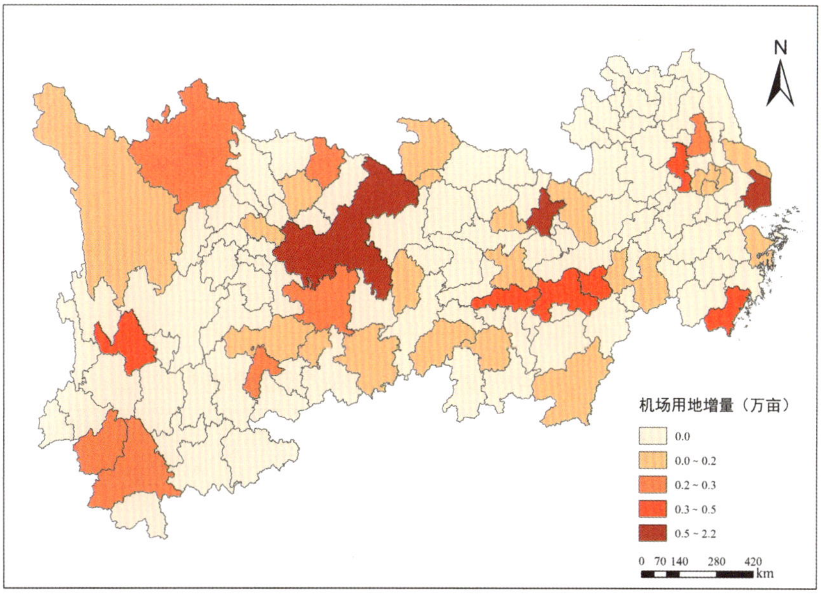

图 6-13　长江经济带各城市机场用地增量分布图

及第二跑道，2014 年底启动 1 号航站楼改造及东交通中心工程；重庆市的江北国际机场于 2005 年 10 月完成二期扩建工程，2010 年 12 月完成三期扩建工程；重庆市的万州五桥机场 2003 年 5 月 29 日建成通航，2013 年万州机场改扩建项目正式启动；重庆市的黔江武陵山机场于 2009 年建成，2010 年 5 月试航。

第二节　长江经济带交通运输用地的供需协调性分析

一、长江经济带交通运输用地需求分析

（一）长江经济带各城市交通主导性判定

本书参考《长江经济带世界级产业集群战略研究》，将长江经济带产业划分为 17 个主导产业和 10 大世界级产业集群，见表 6–1。

表 6–1　长江经济带主导产业

世界级产业集群	主导产业
电子信息产业集群	仪器仪表制造，计算机通信设备制造
高端装备产业集群	交通运输设备、专用设备、通用设备
汽车产业集群	汽车制造
家电产业集群	电气机械和器材
纺织服装产业集群	化学纤维、纺织服装、纺织
绿色能源产业集群	水的生产和供应
港航物流产业集群	交通仓储邮电、批发零售
信息服务产业集群	（互联网）金融
旅游休闲产业集群	旅游、住宿餐饮
现代农业与特色农业产业集群	种植业、林业、渔业、畜牧业

将长江经济带 11 个省会、直辖市 2012—2016 年的各解释变量和控制标量及被解释变量导入第五章第三节所构建的模型之中，得到不同交通运输方式对 17 个产业的影响程度（表 6–2）。

表 6–2　不同类别交通基础设施对产业发展的影响

变量名称	C	公路	铁路	水运	城镇化水平	人力资源禀赋	工业发展状况	产业结构
仪器仪表制造业	9858 (***)	−0.005916 (***)	−0.2193 (***)	0.1129 (***)	−5.493	0.0104 (**)	0.06282 (***)	−106.1 (***)
计算机通信设备制造	34020 (*)	−0.01439 (.)	−1.206 (**)	0.8769 (***)	82.83	0.07871 (**)	−0.04772	−447.3 (*)

续表

变量名称	C	公路	铁路	水运	城镇化水平	人力资源禀赋	工业发展状况	产业结构
交通运输设备	921.1	−0.00255	−0.2429 (**)	0.1697 (***)	6.135	0.000523	−0.00587	−6.38
专用设备	8355 (*)	−0.009092 (***)	0.2028 (*)	0.2641 (***)	13.71	0.01917 (**)	0.000326	−111 (*)
纺织服装	7300	−0.009091 (**)	0.03942	−0.05302 (*)	−22.87 (*)	−0.00375	0.2443 (***)	−60.06 (.)
纺织	−2800	−0.00186	−0.2726 (.)	−0.2744 (***)	−60.95 (**)	−0.02119 (*)	0.5774 (***)	73.45
水	−810.7 (***)	0.00031 (***)	0.00222	−0.00461 (***)	−2.137 (***)	0.00068 (**)	0.008353 (***)	9.425 (***)
农林牧渔	6581	0.01664 (***)	0.4673 (***)	−0.08039 (.)	56.02 (**)	−0.00139	0.1681 (***)	−127.6 (*)
金融	−846.4	0.004331 (**)	−0.3816 (***)	−0.01274	5.805	0.04234 (***)	0.1632 (***)	−14.53
旅游	8355 (*)	−0.009092 (***)	0.2028 (*)	0.2641 (***)	13.71	0.01917 (**)	0.000326	−111 (*)
汽车制造	7142	0.0117 (*)	−0.2616	−0.09249	195 (***)	−0.01279	0.217 (*)	−190.6
电气机械	42390 (***)	−0.03454 (***)	−0.202	0.1213	−60.71	0.0335 (*)	0.6425 (***)	−427.5 (***)
通用设备	6117 (*)	−0.005631 (***)	−0.2877 (***)	0.0244	−18.43	0.0243 (***)	0.3328 (***)	−68.4
化学纤维	−4806.78	−0.00099	−0.291835 (***)	−0.09712 (.)	−63.4626 (***)	−0.00014	0.22906 (***)	92.98316 (.)
交通邮政仓储	−2134.5	−0.002538 (***)	0.052779	0.069718 (***)	−21.0952 (*)	0.014881 (***)	0.024077 (.)	33.08457
住宿餐饮	482.8284	0.00319 (***)	−0.11355 (***)	−0.02817 (.)	−0.6248	0.003327	0.062744 (***)	−7.71477
批发零售	−4058.5	−0.00319	−0.430585 (*)	0.004093	−66.4601 (*)	0.038392 (***)	0.240881 (***)	81.92705

注：C 代表常数值；·，*，**，*** 分别表示在 0.1 水平上显著（$p < 0.1$），在 0.05 水平上显著（$p < 0.05$），在 0.01 水平上显著（$p < 0.01$），在 0.001 水平上显著（$p < 0.001$）。

通过上述计量经济模型得到的结果，根据各交通运输类型对主导产业的回归系数和显著性水平，并结合长江经济带主导产业的现实状况，得到了长江经济带各主导产业的主导交通方式，见表 6–3。

表 6-3　长江经济带 17 大主导产业交通依赖性

行业	主导性
交通运输、仓储和邮政	公路
交通运输设备	水运
电气机械和器材	公路
汽车制造	公路
旅游业	公路
通用设备	铁路
专用设备	水运
化学产品	铁路
仪器仪表	铁路
计算机和其他电子设备	水运
纺织服装鞋帽皮革羽绒及其制品	水运
纺织品	水运
住宿和餐饮	铁路
批发和零售	铁路
水的生产和供应	公路
金融	公路
农林牧渔产品和服务	铁路

以国家交通战略规划为本底，结合长江经济带各市交通用地现状以及各市主导产业对应主导交通的综合分析，确定了包括单一交通主导城市和复合交通主导城市两大类。其中，单一交通主导包含公路、铁路、水运 3 种；复合交通主导包含综合、公路—水运、公路—铁路、铁路—水运 4 种。详见附录 6。

(二) 长江经济带各城市交通依赖性判定

基于第五章第三节中确定的投入产出模型，计算得到本书中筛选出的 17 个主导产业的完全消耗系数，将系数大小进行排序，将交通运输、仓储和邮政视为对交通运输用地完全依赖，其他 16 个产业按照四分位数法分为 4 种依赖程度，分别为高依赖、中高依赖、中低依赖和低依赖（表 6-4）。虽然在投入产出表中没有汽车制造业和旅游业，但依照相关文献，本书认为，汽车制造和旅游产业对交通运输用地具有高依赖性（图 6-14）。

表 6-4　长江经济带 17 大主导产业交通依赖性

行业部门	完全消耗系数	依赖程度
交通运输、仓储和邮政	0.208630111	完全依赖
交通运输设备	0.115074042	高依赖

续表

行业部门	完全消耗系数	依赖程度
电气机械和器材	0.11056471	高依赖
汽车制造业	—	高依赖
旅游业	—	高依赖
通用设备	0.110277881	中高依赖
专用设备	0.109753988	中高依赖
化学产品	0.104156998	中高依赖
仪器仪表	0.10401557	中高依赖
计算机和其他电子设备	0.096698043	中低依赖
纺织服装鞋帽皮革羽绒及其制品	0.090532791	中低依赖
纺织品	0.081739529	中低依赖
住宿和餐饮	0.065348984	中低依赖
批发和零售	0.063040643	低依赖
水的生产和供应	0.054972076	低依赖
金融	0.053704902	低依赖
农林牧渔产品和服务	0.043860336	低依赖

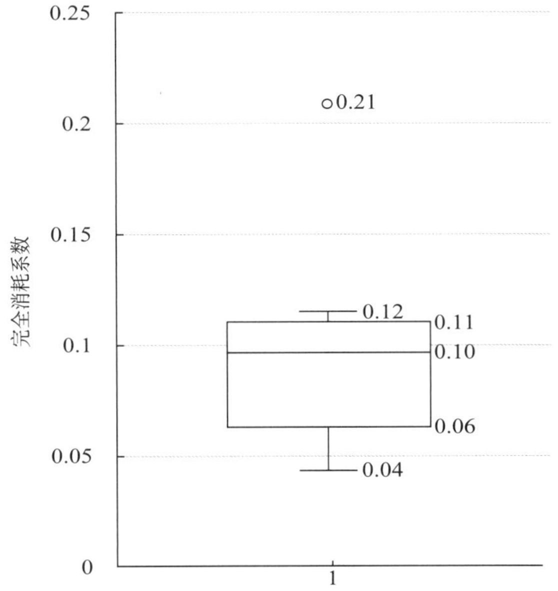

图 6-14　主导产业完全消耗系数箱线图

由于长江经济带各市的主导产业不止一个，各主导产业对交通的依赖程度也存在差异。本书首先将长江经济带各市主导产业与依赖程度相对应，得到各市各产业对应的交通依赖程度。将交通依赖程度赋予分值，完全依赖 5 分，高依赖 4 分，中高依赖 3 分，中低依赖

2 分，低依赖 1 分。然后，将各市对应的各主导产业的依赖程度分值进行平均，求得该市对应的交通综合依赖程度。

（三）长江经济带各城市交通主导性和依赖性

1. 单一交通主导性依赖性城市分析

从主导性来看，单一交通主导型城市有 78 个，约占长江经济带地级市总数的 2/3，这与全国情况类似。由此可见，不论是从全国尺度还是区域尺度，我国目前的城市交通方式还多以某种单一交通类型为主导。从空间分布上看，单一交通主导型城市主要是未被长江主干线穿过的城市，且长江中游和上游的单一交通主导型城市要明显多于长江下游地区。这体现了城市主导交通方式的单一与否，主要受经济发展水平、自然地理区位的影响。在单一交通主导型城市中，公路主导型城市有 69 个，占单一交通主导型城市总量的 88.50%，这反映出公路交通在长江经济带交通运输中的重要地位。以水运为主导交通的城市最少，这主要是因为水运交通受自然地理因素的限制性较强，且相较于公路和铁路普适性低，部分产业不适用于水运运输（对时效性要求较高的产业）。如安徽省的马鞍山市，其水路运输能力突出，是长江十大港口之一、国家一类口岸，大陆首批对台直航港口之一，且该市的主导产业也适合走水路运输。因此，该市的主导交通方式被定位水运主导。从依赖性来看，长江经济带一半以上的城市对交通的依赖程度为中高依赖，这表明该区域城市的发展离不开交通的有力支持。从依赖性的空间分布来看，对交通高依赖的城市主要集中在长江中上游地区，这些城市的主导产业多为对交通依赖程度较高的产业。交通依赖性低的城市主要集中在长江经济带上游地区，这些城市普遍经济发展水平较低，多以农牧业为主导产业，对交通的要求没有那么高（图 6–15）。

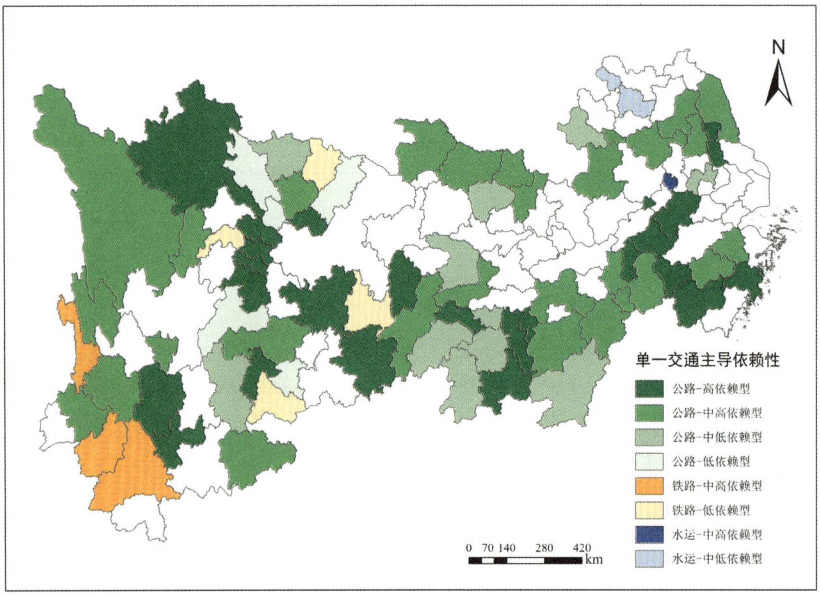

图 6–15　长江经济带单一交通主导性依赖性分布图

2. 复合交通主导性依赖性城市分析

从主导性来看，复合交通主导型城市有 48 个，约占长江经济带地级市总数的 1/3。相较于单一交通主导型城市而言，复合交通主导型城市的空间分布更具空间集聚性，主要沿海、沿江、沿河分布。就复合交通主导型城市的内部对比而言，公路—水运复合主导型城市有 28 个，占全部复合型城市总量的 58.30%。这与全国以公路—铁路复合主导型城市为主要类型存在差异，主要原因在于长江经济带城市拥有自然地理区位的优势，坐拥我国黄金水道，因此公路—水运复合型城市反而是长江经济带中的主要的复合类型。综合型交通主导城市为直辖市、省会城市。这些城市普遍位于我国主要水系的干线上或者为临海、近海城市，经济发展好，政治定位高。如湖北省的省会城市武汉市，该市有“九省通衢”之称，是中国内陆最大的水陆空交通枢纽、长江中游航运中心，其高铁网辐射大半个中国，是华中地区唯一可直航全球五大洲的城市。因此，将武汉市定位为综合型交通主导型城市。从依赖性来看，复合型城市的依赖性多为中高依赖性，占比高达 70.80%。可见，复合交通主导型城市对交通的依赖性普遍较高，这也间接反映出交通运输业在我国经济发展中的重要地位（图 6–16）。

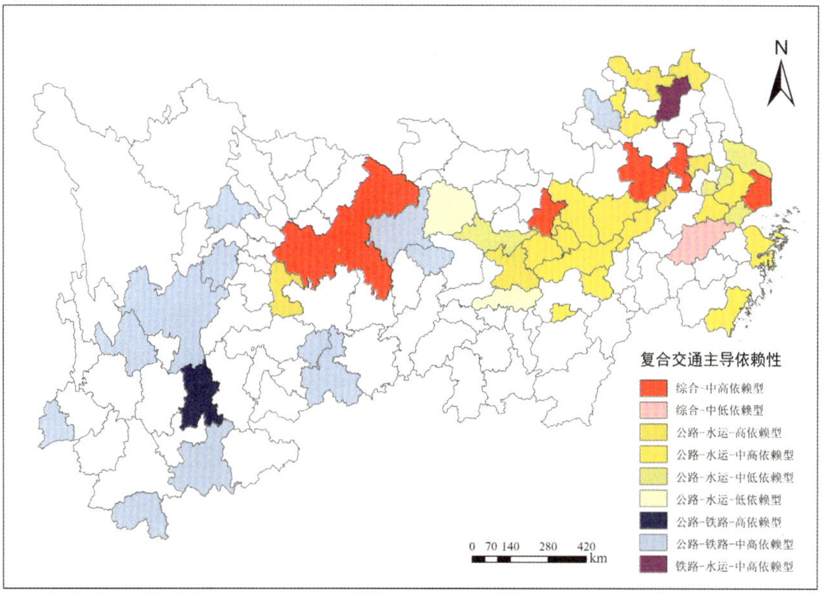

图 6–16　长江经济带复合交通主导性依赖性分布图

3. 交通主导性依赖性城市分析

综合来看，长江经济带目前多数城市的交通主导方式还是以公路为主，复合型城市以公路—水运型为主，且大多复合型城市经济发达且拥有天然地理区位的优势；我国多数城市对交通运输业的依赖性为中高依赖，这反映出交通运输在我国经济增长、产业发展的进程中扮演主要角色（图 6–17）。

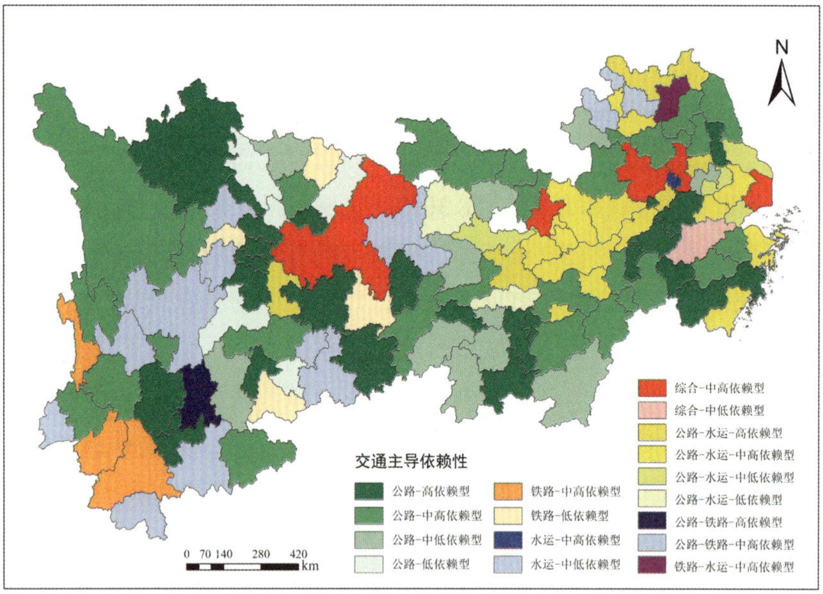

图 6-17　长江经济带产业交通主导性依赖性分布图

二、长江经济带交通运输用地的供给协调性分析

（一）长江经济带各城市经济 – 交通协调度

经济交通耦合协调度，指的是区域经济发展与交通运输用地之间的适应情况。此处将经济交通耦合协调度划分为四个等级，分别是较差、中等、良好和优质。其中，良好和优质的经济交通耦合协调度是我们期望达到的。

如图 6-18 所示，长江经济带经济与交通运输用地的协调性普遍呈现中等水平。上海

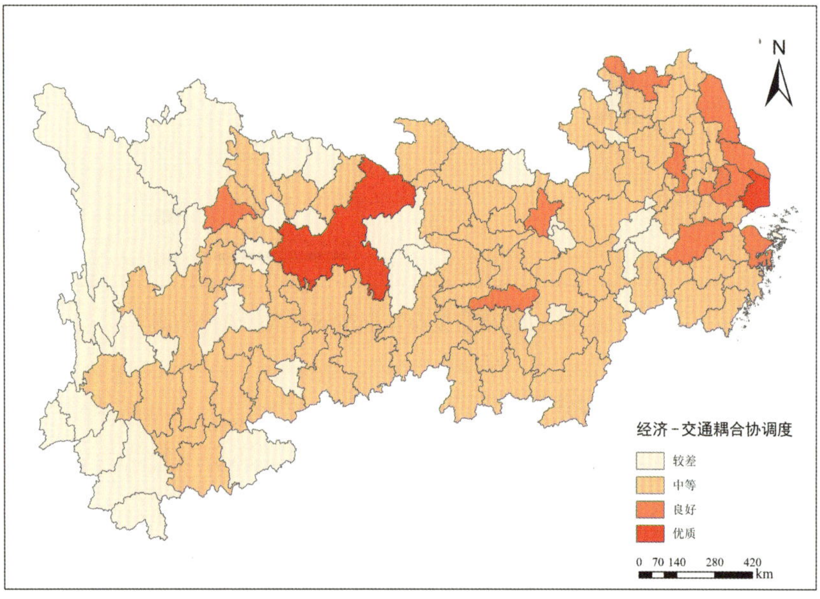

图 6-18　长江经济带经济 – 交通耦合协调度图

市、重庆市的协调性处于优质状态，苏州市、杭州市、成都市、武汉市、南京市、宁波市、无锡市、长沙市、南通市、徐州市和盐城市协调性较好，而各省份经济发展水平较低的城市和一些偏远的少数民族自治州，如恩施土家族苗族自治州、文山壮族苗族自治州、湘西土家族苗族自治州、阿坝藏族羌族自治州、甘孜藏族自治州、德宏傣族景颇族自治州、西双版纳傣族自治州、迪庆藏族自治州和怒江傈僳族自治州的协调性则较差。这表明，经济交通耦合协调性与区域经济发展水平密切相关，经济发展水平高的区域，对于交通运输用地规划和利用较为合理。考虑长江经济带内经济交通耦合协调性处于良好和优质的城市并不占多数，有必要进一步加强该区域交通运输用地规划和利用的合理性。通过合理的交通运输用地调整和经济发展规划的制定，使得长江经济带城市经济交通耦合协调性能整体呈现良好或优质水平。

（二）长江经济带各城市人口 – 交通协调度

人口交通耦合协调度，指的是区域人口状况与交通运输用地之间的适应情况。城市人口与交通基础设施相适应，表明城市交通发展健康，能满足当前人口状况下的出行要求。此处将人口交通耦合协调度划分为四个等级，分别是较差、中等、良好和优质。其中，良好和优质的人口交通耦合协调度是我们期望达到的。

如图 6–19 所示，长江经济带城市人口 – 交通耦合协调性大部分处于中等状态。上海市和重庆市的协调性处于优质状态，苏州市、成都市、杭州市、武汉市、赣州市、南京市、宁波市、徐州市、盐城市、南通市、长沙市、无锡市、合肥市、昆明市、温州市等 15 个城市处于良好状态，景德镇市、萍乡市、雅安市、丽江市、舟山市、张家界市、攀枝花市、新余市、铜陵市、鹰潭市、鄂州市以及德宏傣族景颇族自治州、西双版纳傣族自治州、迪

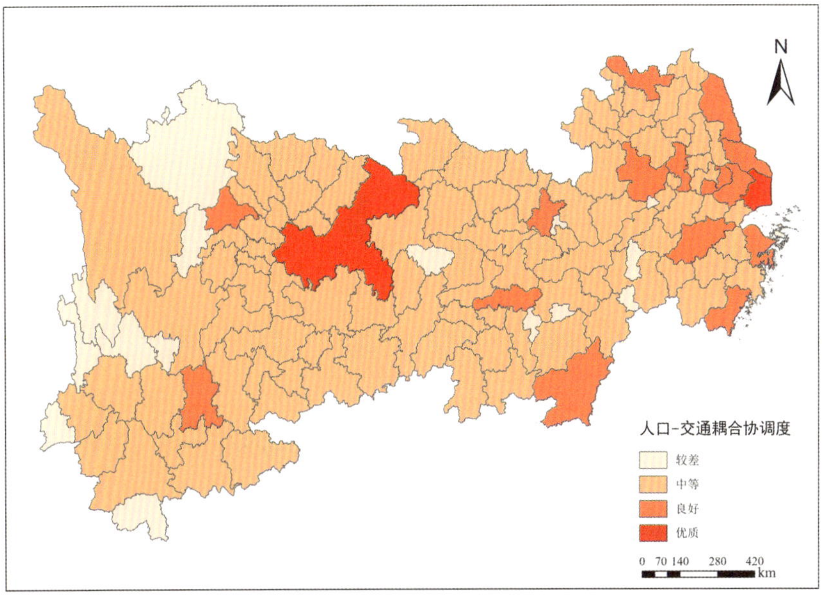

图 6–19　长江经济带人口 – 交通耦合协调度图

庆藏族自治州、阿坝藏族羌族自治州、怒江傈僳族自治州等少数民族自治州处于较差状态。其余 94 个城市、州皆呈现中等状态。由此可见，长江经济带城市人口 – 交通耦合协调性与城市人口聚集程度大致呈正相关。当前，长江经济带的人口 – 交通耦合协调性整体未达到期望状态。因此，交通运输用地的供应需要得到不同程度的调整。

（三）长江经济带各城市生态 – 交通协调度

1. 长江经济带生态功能区分布分析

生态功能区主要是指，在涵养水源、保持水土、调蓄洪水、防风固沙、维系生物多样性等方面具有重要作用的区域，一般是生态功能保护区的代称。建立生态功能保护区，保护区域重要生态功能，对于防止和减轻自然灾害，协调流域及区域生态安全与社会发展，保障国家和地方生态安全具有重要意义。

如图 6–20 所示，结合自然地理状况，长江经济带生态功能区共有水土保持生态功能保护区、水涵养生态功能保护区、洪水调蓄生态功能保护区、海洋生态功能保护区、物种资源生态保护区 5 种。其中，物种资源生态保护区主要分布在长江上游的滇川地区；水土保持生态功能保护区和水涵养生态功能保护区散布于长江中上游地区；洪水调蓄生态功能保护区主要分布于洞庭湖和鄱阳湖两大湖泊处；而海洋生态功能保护区主要分布于长江入海口的舟山群岛附近。

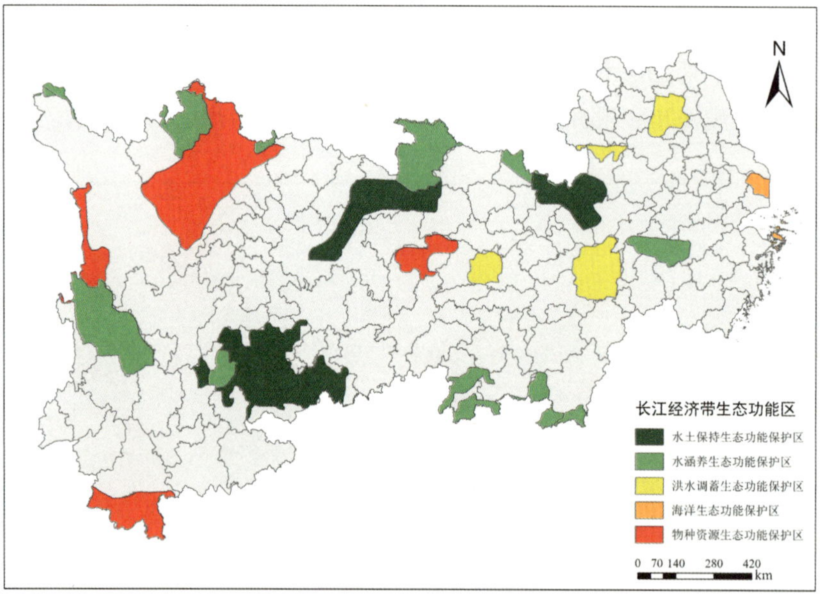

图 6–20　长江经济带生态功能区分布图

2. 长江经济带生态功能区生态干扰度分析

生态干扰度表示人类对区域的干扰作用，干扰强度越小，越利于生物的生存。因此，其针对受体的生态意义越大。一般以区域内廊道（公路、铁路、堤坝、沟渠）与区域面积的比值来衡量生态干扰度。经过分析，长江经济带内生态功能区的生态干扰度绝对值均比较低。因此，我们以长江经济带生态功能区生态干扰度的均值为阈值，对生态功能区进行分类，即采取了一个相对干扰度来分析长江经济带内的生态功能区。

如图 6–21 所示，长江经济带共有生态功能区 26 个。其中，12 个的相对生态干扰度高于区域整体生态功能区干扰度均值，14 个低于均值。长江上游生态功能区相比较长江中下游，受到交通运输用地的干扰程度更小。滇西北生态功能保护区、云南东川生态功能保护区、西双版纳生态功能保护区、武陵山山地生态功能保护区、藏东南山地生态功能保护区和长江源生态功能保护区等位于长江经济带的上游省份，这些省份经济发展水平较低、人口相对稀少、城市化水平低。因此，对生态功能区的干扰程度相对较低。而三峡库区生态功能保护区、珠江源（云南部分）生态功能保护区、南水北调中线工程水源区生态功能保护区、鄱阳湖生态功能保护区、南水北调东段工程水源区生态功能保护区等保护区，与我国三峡工程、南水北调工程息息相关，其相对干扰度较高。长江下游的舟山群岛生态功能保护区和长江口生态功能保护区的相对干扰度较高，与该区域经济发展联系紧密，提醒我们在发展区域经济的同时，需要顾虑其生态安全的平衡。由此，应该严格管控长江中下游生态功能区交通用地的配置，但考虑到生态功能区的生态涵养功能，也应该严格防控交通用地的配置。

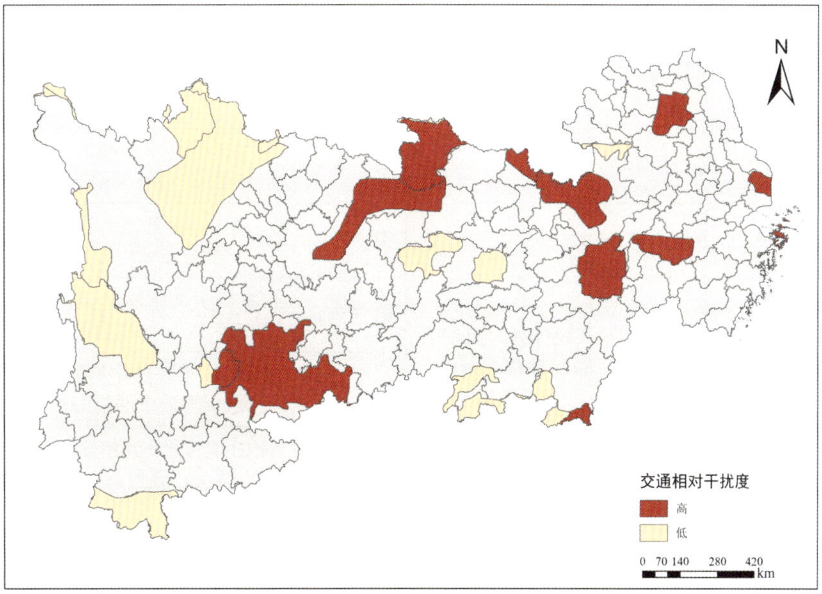

图 6–21　长江经济带生态功能区交通相对干扰度均值分割图

三、长江经济带交通运输用地的用地缺口分析

（一）长江经济带交通运输用地对标城市的选取

长江经济带交通运输用地对标城市的选取原则与全国交通运输用地对标城市的选取原

则基本一致。普适性交通运输用地的对标城市选取了长江经济带经济发展最好、立体交通网络完善、近年来交通用地变化幅度较小的上海市作为对标城市，而限制性交通运输用地对标城市的选取依然采取分类分级的思路。不同的一点在于，由于长江经济带城市同处于一个水系，本书在对长江经济带港口码头用地进行分级时，没有再以港口吞吐量为分级标准，而是采用各城市的发展水平将拥有港口码头用地的城市划分为五大城市等级（一线城市、二线城市、三线城市、四线城市和五线城市），在此划分依据下进行各级别对标城市的选取。各交通运输方式的对标城市及其特征描述，见表 6-5。

表 6-5　长江经济带对标城市及其特征描述

对标城市			经　济	交通面积平稳性	产　业	其　他
公路 / 铁路	上海		长江经济带第一位	趋于饱和	第三产业	直辖市；国际经济、金融、贸易、航运、科技创新中心和综合交通枢纽
水运	一级	上海	等级内第一	同等级内面积平稳性相对较好，趋于稳定	第三产业	直辖市；国际经济、金融、贸易、航运、科技创新中心和综合交通枢纽
	二级	南通	等级内第二		第三产业	上海大都市圈北翼门户城市、中国首批对外开放的 14 个沿海城市之一、长三角北翼经济中心、现代化港口城市、被誉为“北上海”
	三级	泰州	等级内第三		第三产业	泰州是承南启北的水陆要津，为苏中门户，自古有“水陆要津，咽喉据郡”之称
	四级	安庆	等级内第二		第二产业	安徽省以及华东地区的综合交通枢纽城市之一，皖、鄂、赣三省交界地区交通枢纽城市
	五级	荆门	等级内第一		第二产业	鄂中区域性中心城市，素有“荆楚门户”之称
航空	4F	上海	等级内第一	同等级内面积平稳性相对较好，趋于稳定	第三产业	直辖市；国际经济、金融、贸易、航运、科技创新中心和综合交通枢纽
	4E	无锡	等级内第一		第三产业	国家历史文化名城、中国民族工业和乡镇工业的摇篮
	4D	温州	等级内第二		第三产业	全国 45 个公路主枢纽城市之一、温州港是全国最大的沿海集装箱码头之一
	4C	赣州	等级内第二		第三产业	全国性综合交通枢纽、“一带一路”重要节点城市、赣粤闽湘四省通衢的区域性现代化中心城市

(二)长江经济带交通运输用地对标模型的建立

长江经济带交通运输用地对标模型的建模思路与全国交通运输用地对标模型的建模思路相一致。由于普适性交通用地基本上各个城市都有该交通类型，且数据较为完备，因此采用多元回归的方法进行建模。而限制性交通用地，由于受到经济发展水平、自然地理条件等多因素制约，一些城市没有相关用地类型，且数据获取难度较大，因此采取分类分级的思路进行建模。

1. 普适性交通运输用地对标模型的建立

本书通过对影响交通运输用地指标的泛选到精选，最终确定 GDP (X_1)、货运量 (X_2)、人口 (X_3) 为影响交通运输用地量的重要指标，并认为 GDP、货运量和人口与交通运输用地之间存在多元线性关系，并给予此假设，建立模型如下：

$$\ln Y_i = \beta_0 + \beta_1 \ln X_1 + \beta_2 \ln X_2 + \beta_3 \ln X_3 + \varepsilon_i$$

式中：Y_i 表示第 i 类交通运输用地的理论需求值；β_0–β_3 分别代表各个变量的回归系数；ε_i 代表系统误差。

将对标城市上海 2009—2015 的 GDP、公路 / 铁路货运量和人口数据构建成为面板数据带入模型中，得到公路和铁路的对标模型，对标步骤和结果如下：

（1）公路用地对标建模代码

```
> dat2<-read.table(" 长江公路建模 .txt", header = TRUE)
> model2<-lm(Y~X1+X2+X3,dat2)
> summary(model2)
Call:
lm(formula = Y ~ X1+X2+X3, data = dat2)
Residuals:
    1         2         3         4         5         6         7         8
0.000684  0.015068  -0.019362  -0.021203  0.019225  0.006843  0.005283  -0.006538
Coefficients:
             Estimate    Std. Error    t value    Pr(>|t|)
(Intercept)  -9.61148    1.81225       -5.304     0.00607 **
X1           0.43912     0.08533       5.146      0.00676 **
X2           0.47883     0.27568       1.737      0.15740
X3           -0.42648    0.29118       -1.465     0.21686
---
Signif. codes:  0 '***' 0.001 '**' 0.01 '*' 0.05 '.' 0.1 ' ' 1
Residual standard error: 0.01962 on 4 degrees of freedom
Multiple R-squared:  0.9559,     Adjusted R-squared:  0.9228
F-statistic: 28.87 on 3 and 4 DF,  p-value: 0.003599
```

公路用地对标模型：

$\ln Y_1 = -9.61148 + 0.43912\ln X_1 + 0.47883\ln X_2 - 0.42648\ln X_3$

（2）铁路用地对标建模代码

```
> dat3<-read.table(" 长江铁路建模 .txt",header = TRUE)
```

```
> model3<-lm(Y~X1+X2+X3,dat3)
> summary(model3)
Call:
lm(formula = Y ~ X1+X2+X3, data = dat3)
Residuals:
        1          2          3          4          5          6          7
0.0005967 -0.0033908  0.0056077 -0.0075603  0.0055082  0.0057537 -0.0065153
Coefficients:
             Estimate   Std. Error   t value   Pr(>|t|)
(Intercept)  -11.81502  0.85850      -13.762   0.00083 ***
X1           0.43975    0.14902      2.951     0.05998 .
X2           0.14961    0.06784      2.205     0.11460
X3           0.12915    0.16031      0.806     0.47941
---
Signif. codes:  0 '***' 0.001 '**' 0.01 '*' 0.05 '.' 0.1 ' ' 1
Residual standard error: 0.008294 on 3 degrees of freedom
Multiple R-squared:  0.9894,     Adjusted R-squared:  0.9788
F-statistic: 93.49 on 3 and 3 DF,  p-value: 0.001842
```

铁路用地对标模型： $\ln Y_2 = -11.81502 + 0.43975\ln X_1 + 0.14961\ln X_2 + 0.12915\ln X_3$

2. 约束性交通运输用地对标模型的建立

港口码头和机场用地的对标模型采取分类分级的思路，将港口码头用地按照城市发展水平的高低分为五级。而机场的分级则是根据《民用机场飞行区技术标准》将机场划定为4F，4E，4D，4C。在分级的基础上，根据各等级的对标城市的对应交通类型的单位用地的运输效率为标准进行对标。具体公式如下：

$$Y_{in}=T_{in}\times\frac{S_{di}}{T_{di}}$$

式中：Y_{in} 表示等 i 等级（i=1,2,3,4,5）的第 n 个城市的限制性交通运输用地理论需求面积；T_{in} 表示第 i 等级的第 n 个城市的运输能力；S_{di} 表示第 i 等级的对标城市的限制性交通运输用地实际面积；T_{di} 表示第 i 等级的对标城市的运输能力。

运输能力的计算，是将某类交通运输用地的客运量和货运量进行标准化后加和得到的数值，公式如下：

$$T = K_{ib} + H_{ib}$$

式中：K_{ib} 表示第 i 种交通运输类型的客运量的标准化值；H_{ib} 表示第 i 种交通运输类型的货运量的标准化值。

（三）长江经济带交通运输用地对标缺口分析

1. 长江经济带各城市公路用地国内对标

如图 6-22 所示，以上海作为对标城市，公路用地缺口较高的城市主要集中在长江中上游城市，如重庆市、遵义市、阿坝藏族羌族自治州、襄阳市、赣州市、黔南布依族苗族自治州、昆明市、红河哈尼族彝族自治州、长沙市等。饱和程度较高的城市主要集中在长江下游的江浙地区，如苏州、无锡、泰州、盐城、嘉兴、常州、宿迁等市。以省为单位来分析，发现云南、贵州、四川、湖南和江西的城市普遍存在缺口。江苏省的城市公路用地普遍饱和（除徐州市以外），这与江苏省的经济发展水平、地理区位有莫大关系。该省人均国民生产总值在全国省份中排名第一，素有“山水江南、鱼米之乡”的美誉。

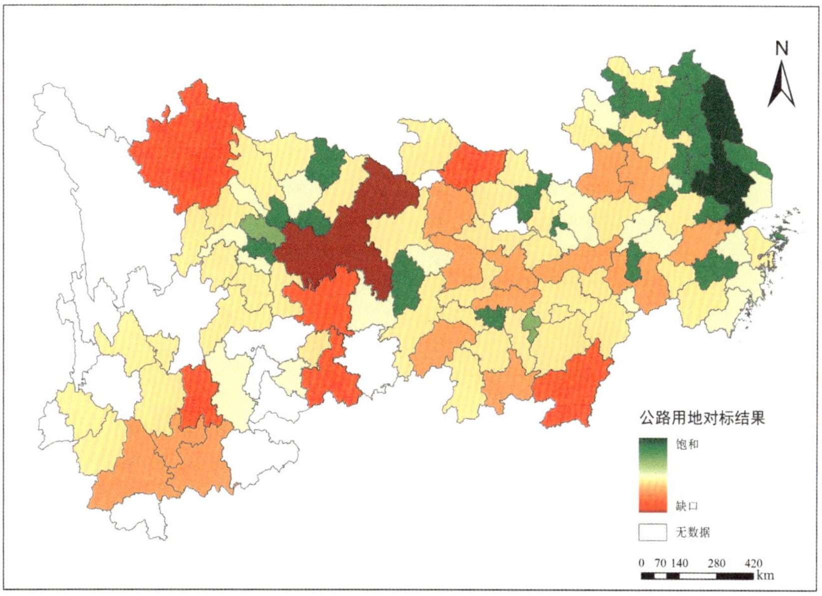

图 6-22　长江经济带公路用地对标成果图

长江经济带各城市的公路用地情况差距较大，公路用地饱和程度很大程度上和城市经济发展水平、城市地位和地理位置相关，饱和城市多为长江下游沿海地区且经济发展较好的二、三线城市。这些城市虽然没有省会级城市经济发展水平高，但拥有较为完备的公路网络体系，且可以满足当前自身发展的需求。缺口城市呈现明显的两极分化特点，既有经济发展水平高、人口聚集程度高、政治定位高的“三高”省会级城市，又有经济发展落后、人口稀少的四五线城市。究其原因，一方面，省会级城市是地方的经济重心，与外界流通较为频繁，自身发展速度较快，这往往导致经济建设与交通基础设施产生矛盾，进而出现用地缺口；另一方面，四五线城市往往远离经济发展的核心城市，经济发展能力薄弱；再者受自身自然地理条件的限制，使得此类城市公供基础设施较弱，经济限制了交通建设的同时，交通也限制了经济发展。

2. 长江经济带各城市铁路用地国内对标

如图 6-23 所示，以上海作为对标城市，铁路用地缺口较高的城市主要集中在长江中上游地区，如重庆市、遵义市、赣州市、宜昌市、昆明市、常德市等。其中，重庆市作为西南地区的核心交通枢纽，铁路用地缺口最大。这主要因为该市在长江经济带中有着重要的战略地位，经济发展较快且人口聚集度高，需要更多的铁路用地来支撑当地发展和出行。铁路用地饱和程度较高的城市主要集中在长江下游地区的安徽省，如宿州市、合肥市、淮北市、淮南市、芜湖市等。因为安徽省相较于江浙沪来说，经济发展水平相对较低，但受江浙沪铁路的辐射影响，该省多数城市的铁路现状用地可以满足当前自身的经济发展和出行需求。

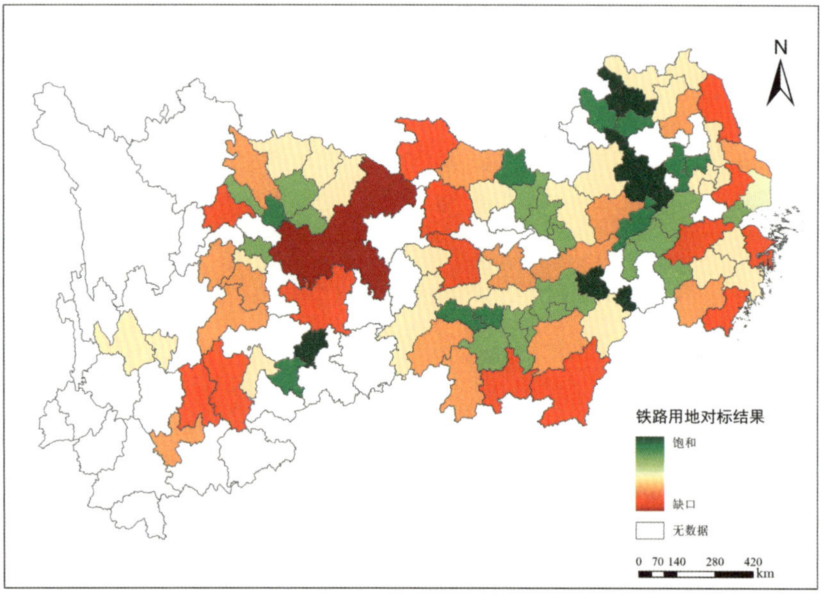

图 6-23 长江经济带铁路用地对标成果图

铁路的布局与国家规划密切相关。铁道部在《中长期铁路网规划（2008 年调整）》中，明确标注北京、上海、广州、武汉、成都、郑州、重庆、西安为中国八大铁路枢纽发展重点。因此，重庆、成都等城市还处于铁路的长期建设过程中，铁路用地仍然处于缺口状态。此外，缺口较高的城市受地域限制较大，其地理位置不在铁路布局的重要节点，铁路网络相对稀疏。

3. 长江经济带各城市港口码头用地国内对标

港口码头的分布与公路、铁路等交通基础设施相比，更易受到自然地理条件的制约，对水源、水流和水深均有要求。以上海市、南通市、泰州市、安庆市和荆门市这五个城市为对标基准城市，分析长江经济带城市港口码头用地的缺口。

如图 6–24 所示，港口码头用地存在缺口的城市主要集中在长江中上游地区。其中，铜陵市、达州市、广安市、永州市、池州市、益阳市缺口较高，安顺市、亳州市、巴中市、张家界市、台州市、广元市、资阳市、鄂州市和自贡市随后。安徽省铜陵市坐拥长江黄金水道，水运交通便捷，铜陵港是国家对外开放一类口岸，亦为万吨级海轮进江终点港，但是其单位港口码头用地的客货运量却远低于同等级对标城市的荆门市。因此，该市港口码头用地在长江经济带城市中缺口最大。港口码头用地已经饱和的城市主要分布在长江下游的沿海地区，这与这些城市自身地理位置的优势分不开。这些城市坐拥内河运输和海洋运输两个体系、港口码头用地建设较为完备，当前处于用地饱和状态。

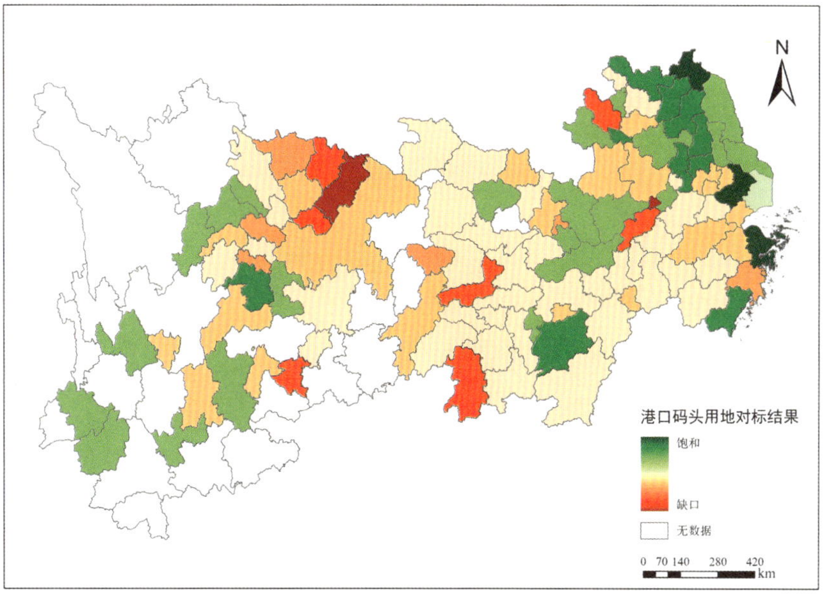

图 6–24　长江经济带港口码头用地对标成果图

4. 长江经济带各城市机场用地国内对标

通常，机场用地相较于其他类型的交通运输用地而言，服务范围更广。因此，不要求各市均有机场，基于现有机场城市，以上海市、无锡市、温州市和赣州市作为 4F，4E，4D，4C 级机场类型的对标城市，对长江经济带城市机场用地面积进行分析。如图 6–25 所示，长江经济带城市机场用地面积普遍处于饱和状态，省会级城市或直辖市的饱和程度更高，如重庆市、昆明市、武汉市、成都市、合肥市、南京市、南昌市、长沙市、南充市、临沧市、怀化市、攀枝花市、宜昌市、连云港市、普洱市、张家界市、黄山市、丽江市、杭州市等。这些城市部分属于区域行政、经济中心，承担对外交通的战略位置；部分属于重点旅游城市，客流量较大；或者两种属性皆有，机场数量较多、等级较高，设施齐全。因此，处于饱和状态。存在缺口的城市有贵阳市、吉安市、宁波市、泸州市、衡阳市和宜宾市。除宁波市属于长江下游以外，其他城市均位于长江中上游，且经济发展水平一般，

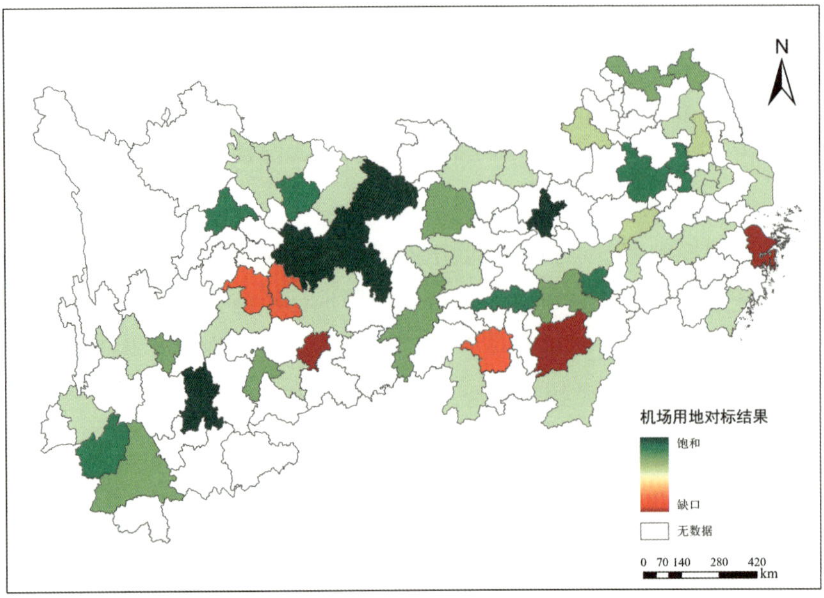

图 6–25　长江经济带机场用地对标成果图

机场建设力度有待提升。

5. 长江经济带各城市交通运输用地国内对标

如图 6–26 所示，以上海作为对标城市，衡量长江经济带城市整体交通运输用地情况，发现交通运输用地存在缺口的城市要多于饱和的城市，缺口城市 86 个，饱和城市 28 个。缺口较高的城市包括重庆市、遵义市、阿坝藏族羌族自治州、襄阳市、赣州市、黔南布依族苗族自治州、昆明市等。这些城市普遍分布在长江中上游地区（云贵川、湖南、湖北）。

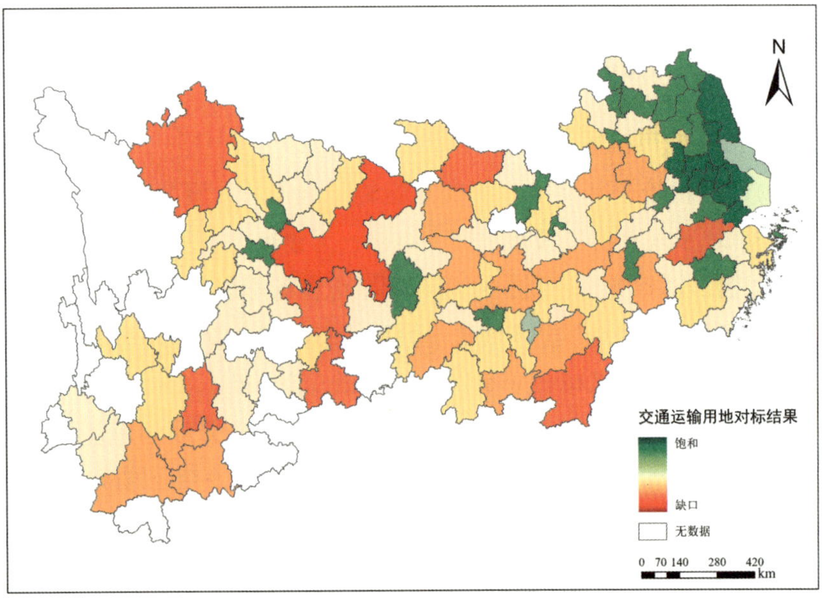

图 6–26　长江经济带交通运输用地对标成果图

重庆市作为交通运输用地缺口程度最大的城市，在近十年来交通基础设施建设力度逐渐加强，立体交通网络已初步形成。但该市的战略地位、经济地位都要求该市进一步加强交通基础设施的建设，提高交通运输效率，以满足其当前和未来快速发展的需求。除重庆市及省会城市以外的长江中上游缺口城市，应盘活存量土地、加大供地力度和用地效率，依靠交通带动自身经济发展。

交通运输用地呈现饱和状态的城市包括苏州市、无锡市、泰州市、嘉兴市、常州市、镇江市、南京市等。这些城市普遍分布在长江下游的江浙地区。江浙沪整体经济水平是长江经济带区域中发展最好的地区。此处人口密集，人口流动性强，立体交通网络发达，因而该地区多数城市呈现饱和状态。综合对比缺口和饱和城市，可以发现，交通基础设施建设与区域经济发展水平和自然地理位置有着莫大的联系。长江中上游城市相对下游城市而言，经济发展水平略低，除云贵地区部分城市由其战略交通规划决定其成为交通网络的节点外，比起下游城市，交通基础设施完备度较低，存在缺口城市较多。

6. 长江经济带各城市普适性交通运输用地国内对标

普适性交通运输用地存在缺口的城市要多于饱和城市，缺口城市 81 个，饱和城市 33 个。从空间分布来看，长江经济带各城市普适性交通运输用地对标成果的空间分布与总的交通运输用地对标成果的空间分布基本一致。这一方面反映出普适性交通运输方式在长江经济带交通运输中占主体地位，主导着长江经济带交通运输用地的供需水平；另一方面，也间接反映出无论是普适性交通运输用地还是总的交通运输用地，地理区位、人口聚集程度、经济发展水平都是影响交通运输用地缺口程度的重要因素（图 6-27）。

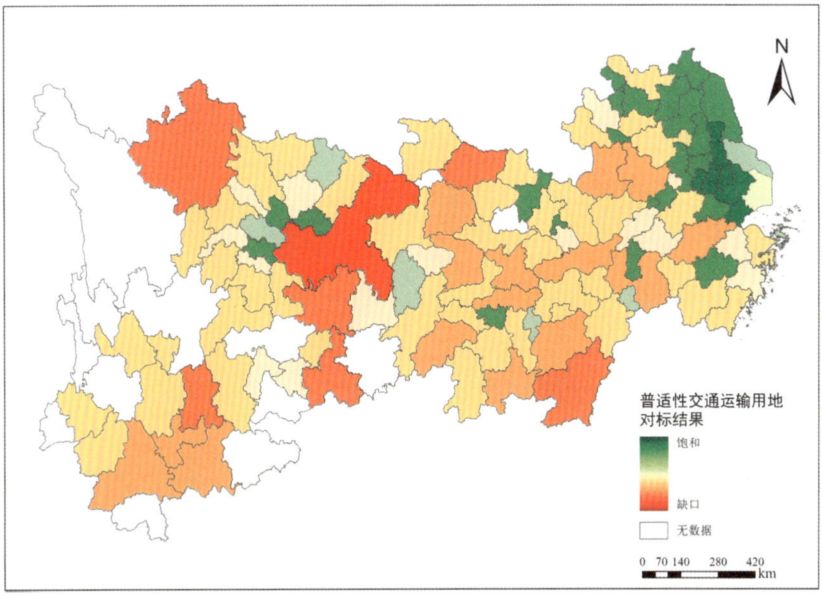

图 6-27　长江经济带普适性交通运输用地对标成果图

第七章　结论与建议

第一节　主要结论

本书通过研究全国和分地区的交通用地需求，得出以下结论。

一、交通基础设施用地总量仍将增长

采用设施密度水平进行测算，我国交通基础设施发展已经开始面临空间制约。根据人均设施拥有水平进行测算，当前我国交通基础设施发展面向服务需求仍存在较大差距。基础设施用地占比，对比美国、日本、德国等还存在差距。

按照 GDP 在 2018—2020 年以 6% 增长，2021—2030 以 4% 增长，2031—2035 年以 3% 增长，预测未来 GDP，拟合高度达 99.30%；预计 2025 年交通用地达 490 万公顷（不含农村道路用地），预估农村道路用地占比为 51%，总的交通用地约为 1000 万公顷左右；结合相关系数法、增长率法推算，总交通用地规模为 1000 万公顷至 1030 万公顷之间，是 2016 年数据的 1.15 倍。结合分方式预测加总，2025 年交通用地规模约为 1018 万公顷。

预计 2025 年铁路用地 83 万公顷，占比 8.20%；机场用地 12.40 万公顷，占比 1.20%；公路用地 393 万公顷，占比 38.60%；农村道路用地约 522 万公顷，占比 51%；管道运输用地 1.80 万公顷，港口码头用地 5.40 万公顷，占比 0.18%。

分地区来看，东部 2025 年交通用地总量约为 283 万公顷，占比 28%；中部 227 万公顷，占比 22%；西部 371 万公顷，占比 37%；东北 135 万公顷，占比 13%。

预测“十四五”时期，新增交通用地 69 万公顷。其中，新增铁路用地约 13 万公顷，新增机场用地约 3.50 万公顷，新增公路用地 47 万公顷，新增农村道路用地 4 万公顷，新增管道运输用地 0.67 万公顷，新增港口码头用地 0.44 万公顷。

二、交通运输用地供应优先城市主要分布在中西部地区

我国共有缺口城市 119 个。本书在确定缺口城市供地优先级的基础上，根据主导性和主要缺口用地确定其所属缺口类型，并根据主要缺口类型判定其供地类型。具体来看，处于供地第一优先级的城市最多，第二和第三优先级持平，第四优先级最少（图 7–1）。

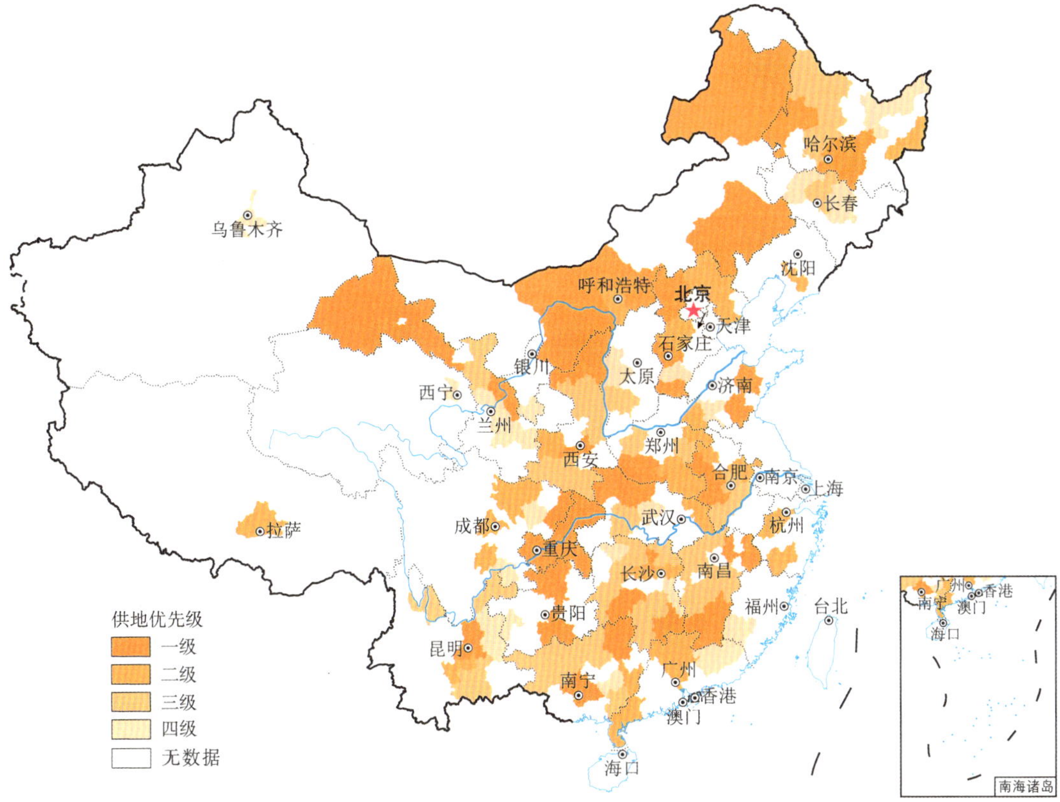

图 7-1 全国各城市交通运输用地供地优先级

从供地优先级的分布来看，第一优先级城市有 35 个。从等级分布来看，一线城市有两个，二线城市有 4 个，三线城市有 10 个，四线城市有 13 个，五线城市有 6 个；从地理分区来看，华北地区有 10 个，华东地区有 6 个，华中、西北和西南地区各有 5 个，东北和华南地区各有 2 个；从省域分布来看，分别分布于安徽省、甘肃省、广西壮族自治区、贵州省、河北省、河南省、黑龙江省、湖北省、湖南省、江西省、内蒙古自治区、山东省、陕西省、四川省、云南省和重庆市（表 7-1）。

表 7-1 第一优先级缺口城市分布表

分 类	分 布
城市级别	一线城市（2/6），二线城市（4/8），三线城市（10/31），四线城市（13/43），五线城市（6/31）
地理分区	东北（2/11），华北（10/17），华东（6/19），华南（2/15），华中（5/22），西北（5/17），西南（5/18）
省域分布	安徽省（2/6），甘肃省（3/7），广西壮族自治区（2/8），贵州省（2/3），河北省（3/7），河南省（1/6），黑龙江省（2/7），湖北省（2/5），湖南省（2/11），江西省（2/6），内蒙古自治区（7/8），山东省（2/4），陕西省（2/7），四川省（1/7），云南省（1/6），重庆市（1/1）

第二优先级城市有 30 个。从等级分布来看，二线城市有 2 个，三线城市有 7 个，四线城市有 11 个，五线城市有 10 个；从地理分区来看，华南地区有 4 个，华中地区有 8 个，

西南地区有 3 个，华东地区有 6 个，西北地区有 5 个，华北地区有 1 个，东北地区有 3 个；从省域分布来看，分别分布于安徽省、甘肃省、广西壮族自治区、河南省、黑龙江省、湖北省、湖南省、吉林省、江西省、山西省、陕西省和云南省（表 7–2）。

表 7–2　第二优先级缺口城市分布表

分　类	分　布
城市级别	二线城市（2/8），三线城市（7/31），四线城市（11/43），五线城市（10/31）
地理分区	东北（3/11），华北（1/17），华东（6/19），华南（4/15），华中（8/22），西北（5/17），西南（3/18）
省域分布	安徽省（2/6），甘肃省（1/7），广西壮族自治区（4/8），河南省（2/6），黑龙江省省（2/7），湖北省（1/5），湖南省（5/11），吉林省（1/3），江西省（4/6），山西省（1/2），陕西省（4/7），云南省（3/6）

第三优先级城市有 30 个。从等级分布来看，一线城市有 4 个，三线城市有 8 个，四线城市有 13 个，五线城市有 5 个；从地理分区来看，华东地区有 5 个，华南地区有 6 个，华中地区有 6 个，西北地区有 1 个，东北地区有 2 个，西南地区有 6 个，华北地区有 4 个；从省域分布来看，分别分布于安徽省、广东省、广西壮族自治区、河北省、河南省、黑龙江省、湖北省、湖南省、辽宁省、内蒙古自治区、山东省、陕西省、四川省、西藏自治区、云南省和浙江省（表 7–3）。

表 7–3　第三优先级缺口城市分布表

分　类	分　布
城市级别	一线城市（4/6），三线城市（8/31），四线城市（13/43），五线城市（5/31）
地理分区	东北（2/11），华北（4/17），华东（5/19），华南（6/15），华中（6/22），西北（1/17），西南（6/18）
省域分布	安徽省（2/6），广东省（5/7），广西壮族自治区（1/8），河北省（3/7），河南省（3/6），黑龙江省省（1/7），湖北省（1/5），湖南省（2/11），辽宁省（1/1），内蒙古自治区（1/8），山东省（1/4），陕西省（1/7），四川省（4/7），西藏自治区（1/1），云南省（1/6），浙江省（2/2）

第四优先级城市有 24 个。从等级分布来看，二线城市有 2 个，三线城市有 6 个，四线城市有 6 个，五线城市有 10 个；从地理分区来看，东北地区有 4 个，华北和华东地区各有 2 个，华南和华中地区各有 3 个，西北地区有 6 个，西南地区有 4 个；从省域分布来看，分别分布于福建省、甘肃省、广东省、广西壮族自治区、贵州省、河北省、黑龙江省、湖北省、湖南省、吉林省、宁夏回族自治区、青海省、山东省、山西省、四川省、新疆维吾尔自治区和云南省（表 7–4）。

表 7–4　第四优先级缺口城市分布表

分　类	分　布
城市级别	二线城市（2/8），三线城市（6/31），四线城市（6/43），五线城市（10/31）
地理分区	东北（4/11），华北（2/17），华东（2/19），华南（3/15），华中（3/22），西北（6/17），西南（4/18）

续表

分类	分布
省域分布	福建省（1/1），甘肃省（3/7），广东省（2/7），广西壮族自治区（1/8），贵州省（1/3），河北省（1/7），黑龙江省（2/7），湖北省（1/5），湖南省（2/11），吉林省（2/3），宁夏回族自治区（1/1），青海省（1/1），山东省（1/4），山西省（1/2），四川省（2/7），新疆维吾尔自治区（1/1），云南省（1/6）

三、补充平衡型和结构调整型城市较多，绝对缺口型城市相对较少

全国的缺口城市中，补充平衡型和结构调整型最多，各有 47 个，而绝对缺口型相对较少。这反映出我国各城市产业所依赖的交通方式日益多样化，城市交通的结构日益多元化。

从缺口类型来看，绝对缺口型城市有 25 个。从城市级别来看，三线城市有 7 个，四线城市有 11 个，五线城市有 7 个；从地理分区来看，主要集中于我国的华北和华中地区；从省域分布来看，主要分布在安徽省、甘肃省、广东省、广西壮族自治区、贵州省、河北省、河南省、湖南省、江西省、内蒙古自治区、山西省和陕西省（图 7–2）。

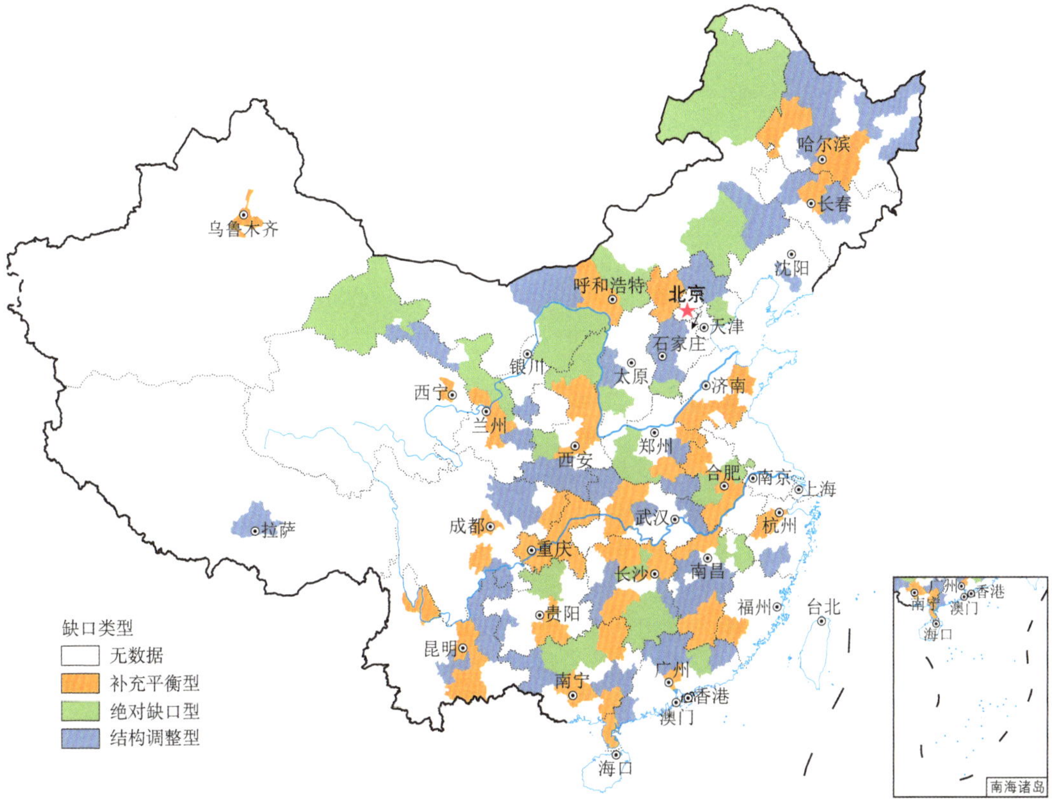

图 7–2　全国各缺口城市交通运输用地缺口类型图

结构调整型城市有 47 个。从城市级别来看，二线城市有 1 个，三线城市有 8 个，四线城市有 19 个，五线城市有 19 个；从地理分区来看，相对均匀地分布在东北、华北、华南、华中和西南地区；从省域分布来看，主要分布在甘肃省、广东省、广西壮族自治区、贵州

省、河北省、河南省、黑龙江省、湖北省、湖南省、吉林省、江西省、辽宁省、内蒙古自治区、宁夏回族自治区、山西省、陕西省、四川省、西藏自治区、云南省和浙江省。

补充平衡型城市有 47 个。从城市级别来看，一线城市有 6 个，二线城市有 7 个，三线城市有 16 个，四线城市有 13 个，五线城市有 5 个；从地理分区来看，主要集中于华东、华中和西南地区；从省域分布来看，主要分布在安徽省、福建省、甘肃省、广东省、广西壮族自治区、贵州省、河北省、河南省、黑龙江省、湖北省、湖南省、吉林省、江西省、内蒙古自治区、青海省、山东省、陕西省、四川省、新疆维吾尔自治区、云南省、浙江省和重庆市（表 7–5）。

表 7–5　分类型缺口城市分布表

缺口类型	城市级别	地理分区	省域分布
绝对缺口型	三线（7/31），四线（11/43），五线（7/31）	华北（7/17），华东（3/19），华南（3/15），华中（6/22），西北（5/17），西南（1/18）	安徽省（2/6），甘肃省（3/7），广东省（1/7），广西（2/8），贵州省（1/3），河北省（2/7），河南省（2/6），湖南省（4/11），江西省（1/6），内蒙古自治区（4/8），山西省（1/2），陕西省（2/7）
结构调整型	二线（1/8），三线（8/31），四线（19/43），五线（19/31）	东北（8/11），华北（7/17），华东（4/19），华南（7/15），华中（7/22），西北（5/17），西南（9/18）	甘肃省（2/7），广东省（4/7），广西（3/8），贵州省（1/3），河北省（4/7），河南省（2/6），黑龙江省（5/7），湖北省（3/5），湖南省（2/11），吉林省（2/3），江西省（3/6），辽宁省（1/1），内蒙古自治区（2/8），宁夏回族自治区（1/1），山西省（1/2），陕西省（2/7），四川省（4/7），西藏自治区（1/1），云南省（3/6），浙江省（1/2）
补充平衡型	一线（6/6），二线（7/8），三线（16/31），四线（13/43），五线（5/31）	东北（3/11），华北（3/17），华东（12/19），华南（5/15），华中（9/22），西北（7/17），西南（8/18）	安徽省（4/6），福建省（1/1），甘肃省（2/7），广东省（2/7），广西（3/8），贵州省（1/3），河北省（1/7），河南省（2/6），黑龙江省（2/7），湖北省（2/5），湖南省（5/11），吉林省（1/3），江西省（2/6），内蒙古自治区（2/8），青海省（1/1），山东省（4/4），陕西省（3/7），四川省（3/7），新疆维吾尔自治区（1/1），云南省（3/6），浙江省（1/6），重庆市（1/1）

四、需要优先供应铁路用地的城市较多

从供地类型来看，全国范围内主要供应的还是普适性交通运输用地，尤其是铁路用地。这说明，我国交通基础设施仍然处于建设发展中，且铁路作为重要的交通运输方式，不论是在旅客还是货物运输中都具有十分明显的综合优势。在公路建设日益饱和的背景下，完善铁路网的建设成为当前的趋势，这也与我国“十三五规划”中交通线路的构建基本吻合。

从供地类型来看，优先供应公路的城市有 45 个。从城市等级来看，一线城市有 4 个，二线城市有 6 个，三线城市有 15 个，四线城市有 17 个，五线城市有 3 个；从地理分区来看，东北地区有 3 个，华北地区有 10 个，华东地区有 8 个，华南地区有 4 个，华中地区有 7 个，西北地区有 6 个，西南地区有 7 个；从省域分布来看，主要分布在安徽省、甘肃省、广东省、广西壮族自治区、贵州省、河北省、河南省、黑龙江省、湖北省、湖南省、吉

林省、江西省、内蒙古自治区、山东省、山西省、陕西省、四川省、云南省和重庆市（图 7-3）。

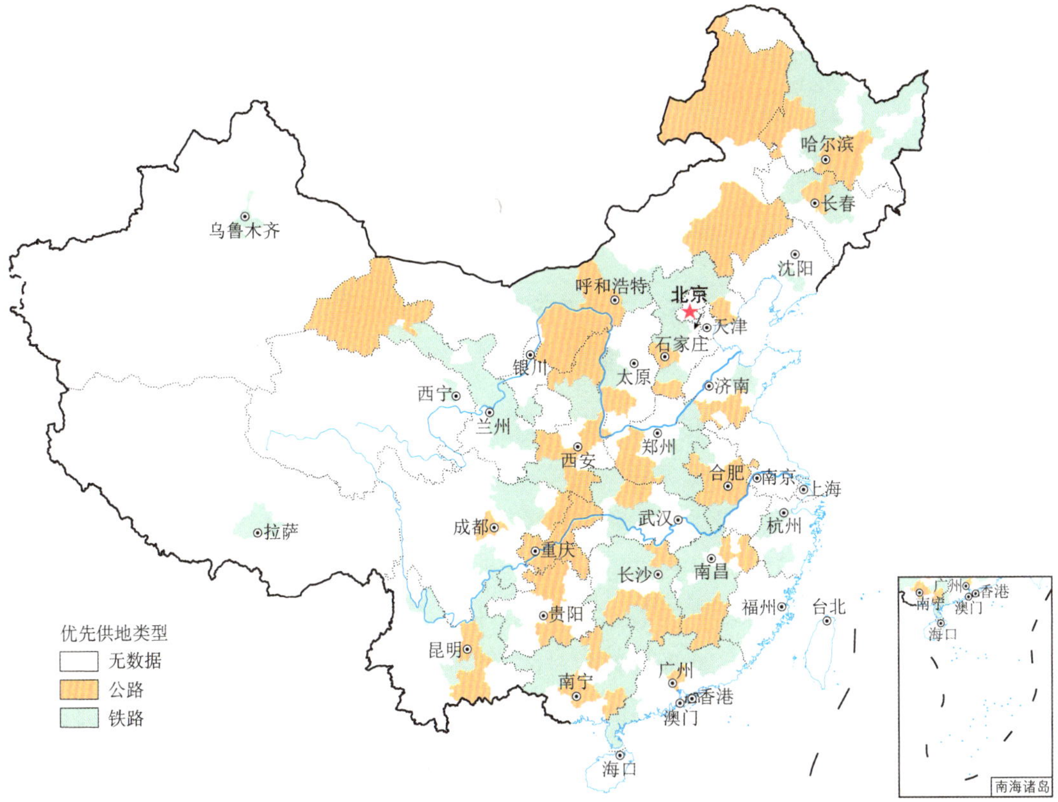

图 7-3　全国各缺口城市交通运输用地供地类型图

优先供应铁路的城市有 74 个。从城市等级来看，一线城市有 2 个，二线城市有 2 个，三线城市有 16 个，四线城市有 26 个，五线城市有 28 个；从地理分区来看，东北地区有 8 个，华北地区有 7 个，华东地区有 11 个，华南地区有 11 个，华中地区有 15 个，西北地区有 11 个，西南地区有 11 个；从省域分布来看，主要分布在安徽省、福建省、甘肃省、广东省、广西壮族自治区、贵州省、河北省、河南省、黑龙江省、湖北省、湖南省、吉林省、江西省、辽宁省、内蒙古自治区、宁夏回族自治区、青海省、山东省、山西省、陕西省、四川省、西藏自治区、新疆维吾尔自治区、云南省和浙江省（表 7-6）。

表 7-6　缺口城市供地类型表

供地类型	城市级别	地理分区	省域分布
公路	一线（4/6），二线（6/8），三线（15/31），四线（17/43），五线（3/31）	东北（3/11），华北（10/17），华东（8/19），华南（4/15），华中（7/22），西北（6/17），西南（7/18）	安徽省（4/6），甘肃省（1/7），广东省（1/7），广西壮族自治区（3/8），贵州省（2/3），河北省（3/7），河南省（2/6），黑龙江省（2/7），湖北省（1/5），湖南省（4/11），吉林省（1/3），江西省（2/6），内蒙古自治区（6/8），山东省（2/4），山西省（1/2），陕西省（5/7），四川省（2/7），云南省（2/6），重庆市（1/1）

续表

供地类型	城市级别	地理分区	省域分布
铁路	一线（2/6），二线（2/8），三线（16/31），四线（26/43），五线（28/31）	东北（8/11），华北（7/17），华东（11/19），华南（11/15），华中（15/22），西北（11/17），西南（11/18）	安徽省（2/6），福建省（1/1），甘肃省（6/7），广东省（6/7），广西壮族自治区（5/8），贵州省（1/3），河北省（4/7），河南省（4/6），黑龙江（5/7），湖北省（4/5），湖南省（7/11），吉林省（2/3），江西省（4/6），辽宁省（1/1），内蒙古自治区（2/8），宁夏回族自治区（1/1），青海省（1/1），山东省（2/4），山西省（1/2），陕西省（2/7），四川省（5/7），西藏自治区（1/1），新疆维吾尔自治区（1/1），云南省（4/6），浙江省（2/2）

五、长江经济带供地第二优先级的城市最多，以绝对缺口型为主，优先供应公路用地的缺口城市最多

长江经济带共有缺口城市 86 个。具体来看，处于供地第二优先级的城市最多，第一和第四优先级基本持平，第三优先级最少。长江经济带的缺口城市以绝对缺口型为主，其次为补充平衡型，结构调整型最少。从其地理分布来看，长江上游和中游地区的缺口城市主要以绝对缺口型为主，这反映出长江经济带中上游地区的交通运输用地建设仍然有待加强。受其所处的自然地理条件和经济发展水平限制，长江上游地区交通结构单一，中游虽作为长江黄金水道的上下连接处，地理位置相对优越，但远离长江主干道的城市交通结构仍然单一，故而应当在保障绝对缺口消除的前提下，尽量优化交通运输用地的结构，促进交通运输用地的多元化发展。从供地类型来看，长江经济带应供应的交通运输用地有公路用地、港口码头用地以及铁路用地，其中优先供应公路用地的缺口城市最多（图 7–4）。

（一）供地优先级分析

从供地优先级的分布来看，第一优先级城市有 20 个。从等级分布来看，一线城市有 3 个，二线城市有 2 个，三线城市有 5 个，四线城市有 8 个，五线城市有 2 个；从地理分布来看，长江下游有 3 个，中游有 9 个，上游有 8 个；从省域分布来看，分别分布于安徽省、贵州省、湖北省、湖南省、江西省、四川省、云南省、浙江省和重庆市（表 7–7）。

表 7–7 第一优先级缺口城市分布表

分　类	分　布
城市级别	一线城市（3/6），二线城市（2/8），三线城市（5/16），四线城市（8/30），五线城市（2/26）
地理分区	上游（8/34），中游（9/32），下游（3/20）
省域分布	安徽省（2/12），贵州省（2/6），湖北省（1/11），湖南省（5/12），江西省（3/9），四川省（1/17），云南省（4/10），浙江省（1/7），重庆市（1/1）

第二优先级城市有 29 个。从等级分布来看，一线城市有 2 个，二线城市有 2 个，三线城市有 5 个，四线城市有 14 个，五线城市有 6 个；从地理分布来看，长江下游有 7 个，中游有 13 个，上游有 9 个；从省域分布来看，分别分布于安徽省、贵州省、湖北省、湖南省、

江苏省、江西省、四川省、云南省和浙江省（表 7-8）。

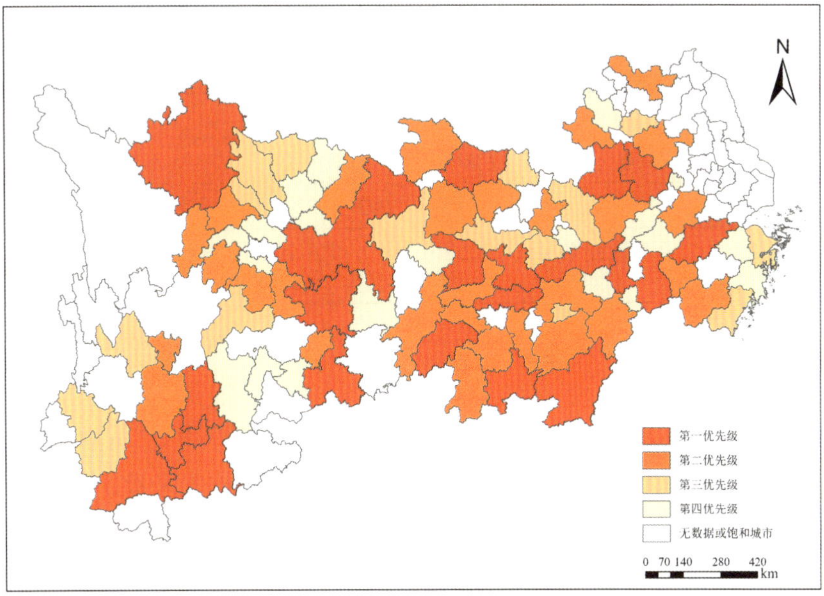

图 7-4　长江经济带各缺口城市交通运输用地供地优先级分布图

表 7-8　第二优先级缺口城市分布表

分　类	分　布
城市级别	一线城市（2/6），二线城市（2/8），三线城市（5/16），四线城市（14/30），五线城市（6/26）
地理分区	上游（9/34），中游（13/32），下游（7/20）
省域分布	安徽省（4/12），贵州省（1/6），湖北省（4/11），湖南省（6/12），江苏省（1/1），江西省（3/9），四川省（7/17），云南省（1/10），浙江省（2/7）

第三优先级城市有 16 个。从等级分布来看，一线城市和二线城市各 1 个，三线和四线城市各有 4 个，五线城市有 6 个；从地理分布来看，长江上游有 7 个，下游 3 个，中游有 6 个；从省域分布来看，分别分布于安徽省、湖北省、江西省、四川省、云南省和浙江省（表 7-9）。

表 7-9　第三优先级缺口城市分布表

分　类	分　布
城市级别	一线城市（1/6），二线城市（1/8），三线城市（4/16），四线城市（4/30），五线城市（6/26）
地理分区	上游（7/34），中游（6/32），下游（3/20）
省域分布	安徽省（1/12），湖北省（5/11），江西省（1/9），四川省（3/17），云南省（4/10），浙江省（2/7）

第四优先级城市有 21 个。从等级分布来看，二线城市有 3 个，三线城市有 2 个，四线城市有 4 个，五线城市有 12 个；从地理分布来看，长江上游有 10 个，下游 7 个，中游有

4个；从省域分布来看，分别分布于安徽省、贵州省、湖北省、湖南省、江西省、四川省、云南省和浙江省（表7-10）。

表7-10　第四优先级缺口城市分布表

分类	分布
城市级别	二线城市（3/8），三线城市（2/16），四线城市（4/30），五线城市（12/26）
地理分区	上游（10/34），中游（4/32），下游（7/20）
省域分布	安徽省（5/12），贵州省（3/6），湖北省（1/11），湖南省（1/12），江西省（2/9），四川省（6/17），云南省（1/10），浙江省（2/7）

（二）缺口类型分析

从缺口类型来看，绝对缺口型城市有41个。从城市级别来看，二线城市有1个，三线城市有9个，四线城市有19个，五线城市有12个；从地理位置来看，主要分布于长江上游和中游地区；从省域分布来看，主要分布在安徽省、贵州省、湖北省、湖南省、江西省、四川省、云南省和浙江省（图7-5）。

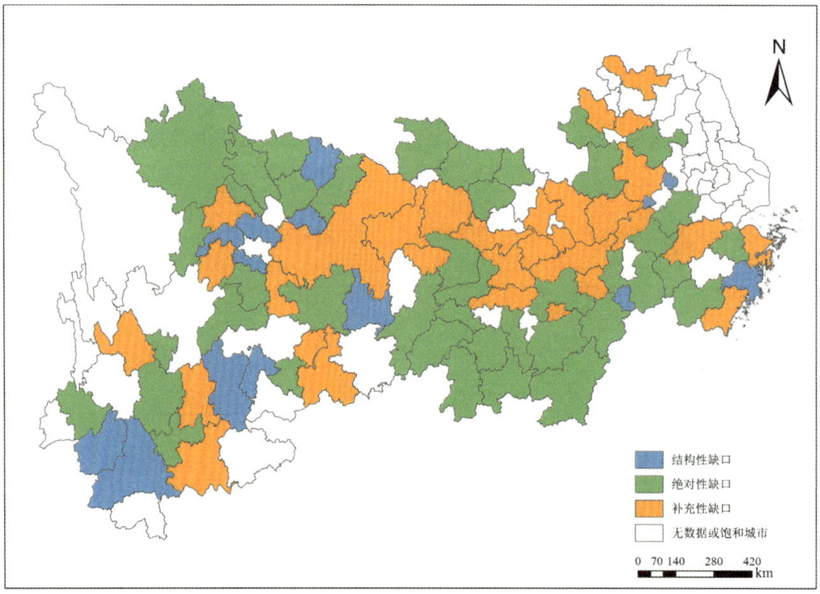

图7-5　长江经济带各缺口城市交通运输用地缺口类型图

结构调整型城市有14个。从城市级别来看，二线城市、三线城市各有1个，四线城市2个，五线城市有10个；从地理位置来看，主要分布在上游地区；从省域分布来看，主要分布在安徽省、贵州省、江西省、四川省、云南省和浙江省。

补充平衡型城市有31个。从城市级别来看，一线、二线和三线城市各有6个，四线城市有9个，五线城市有4个；从地理位置来看，主要分布于长江中游地区；从省域分布来看，主要分布在安徽省、贵州省、湖北省、湖南省、江苏省、江西省、四川省、云南省、浙江省和重庆市（表 7-11）。

表 7-11　分类型缺口城市分布表

缺口类型	城市级别	地理分区	省域分布
绝对缺口型	二线（1/8），三线（9/16），四线（19/30），五线（12/26）	上游（15/34），中游（18/32），下游（8/20）	安徽省（5/12），贵州省（2/6），湖北省（4/11），湖南省（9/12），江西省（5/9），四川省（9/17），云南省（4/10），浙江省（3/7）
结构调整型	二线（1/8），三线（1/16），四线（2/30），五线（10/26）	上游（10/34），中游（1/32），下游（3/20）	安徽省（2/12），贵州省（2/6），江西省（1/9），四川省（5/17），云南省（3/10），浙江省（1/7）
补充平衡型	一线（6/6），二线（6/8），三线（6/16），四线（9/30），五线（4/26）	上游（9/21），中游（13/23），下游（9/17）	安徽省（5/12），贵州省（2/6），湖北省（7/11），湖南省（3/12），江苏省（1/1），江西省（3/9），四川省（3/17），云南省（3/10），浙江省（3/7），重庆市（1/1）

（三）供地类型分析

从供地类型来看，优先供应公路的城市有 77 个。从城市等级来看，一线缺口城市和三线缺口城市均供应公路，二线城市有 7 个，四线城市有 29 个，五线城市有 19 个；从地理分区来看，上游有 28 个，中游有 31 个，下游有 18 个；从省域分布来看，主要分布在安徽省、贵州省、湖北省、湖南省、江苏省、江西省、四川省、云南省、浙江省和重庆市（图 7-6，表 7-12）。

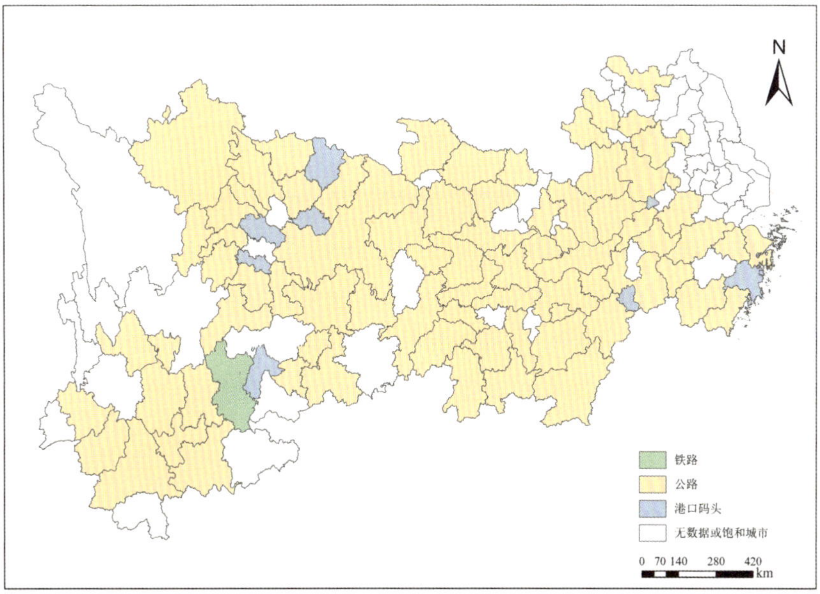

图 7-6　长江经济带各缺口城市交通运输用地供地类型图

优先供应铁路的城市有一个，是云南省的曲靖市，属于四线城市，分布在长江上游地区。

优先供应港口码头用地的城市有 8 个。从城市等级来看，二线城市有 1 个，五线城市有 7 个；从地理分区来看，长江上游有 5 个，中游有 1 个，下游有 2 个；从省域分布来看，主要分布在安徽省、贵州省、江西省、四川省、浙江省。

表 7–12　缺口城市供地类型表

供地类型	城市级别	地理分区	省域分布
公路	一线（6/6），二线（7/8），三线（16/16），四线（29/30），五线（19/26）	上游（28/34），中游（31/32），下游（18/20）	安徽省（11/12），贵州省（5/6），湖北省（11/11），湖南省（12/12），江苏省（1/1），江西省（8/9），四川省（13/17），云南省（9/10），浙江省（6/7），重庆市（1/1）
铁路	四线（1/30）	上游（1/34）	云南省（1/10）
港口码头	二线（1/8），五线（7/26）	上游（5/34），中游（1/32），下游（2/20）	安徽省（1/12），贵州省（1/6），江西省（1/9），四川省（4/17），浙江省（1/7）

第二节　建　　议

一、总量控制

控制交通用地的总体规模，加强集约利用，杜绝浪费。提高交通用地效率，以资源节约、环境友好、运行高效为原则，统筹各类交通设施布局，支持交通用地指标流转，设置交通规划用地管控上限，促进交通用地集约节约利用。统筹利用总量和新增建设用地，严控增量、盘活总量、优化结构、提高效率，实行建设用地总量和强度双控，提高土地节约集约利用水平，以更少的土地投入支撑经济社会可持续发展。

二、需注意不同地区间的供地差异

交通用地比例呈现东高西低分布态势，特别以环渤海、长三角地区交通用地比例最高，东部的珠三角、中西部地区交通用地比例较低；对于承载人口多、交通用地少的地区，增加交通用地供给；对于 GDP 增长较快、交通用地增加较少地区，适当增加交通用地供给；对于人口规模少、GDP 增长较慢，但交通用地总量和增量均较多的地区，可适当减少交通用地供给。适度加大东部、中部供应力度，保障西部战略发展和基本通达需求，结合发展转型与结构调整配置东北供给。

重点关注核心开发地区。中心城市、城市群、都市圈将成为焦点。国家中心城市是国家级城市群的核心，是区域竞争力的综合体现，也是国家战略性产业布局的重点考虑因素。国家重大交通通道和枢纽体系应以国家中心城市为锚固点。

三、需注意不同交通方式间的供地差异

未来运输结构将朝提高运输效率、降低成本、环境友好方向转变。以“公转铁、公转水”为导向，公路基础设施投资和用地需求要给予控制；港口建设要充分合理利用岸线资源，清退小散乱，实现规模化、集约化要求；铁路处在增长期，规划2025年路网密度接近美国和日本目前水平；未来机场建设仍有较大空间，三大城市群将形成世界级机场群，要保障供应。

重点关注“交通+综合开发”。围绕交通基础设施综合开发保障力度需要加强。大力推动通道经济、枢纽经济，临港经济、临站经济，要建立整备开发制度，加强供地力度。

四、重点关注交通与生态环境保护

交通建设与生态保护应共同促进，加大生态环境保护力度，加强集约、节约利用土地，注意线性用地特点，用地管控不能搞一刀切。

附　录

附录 1　国外指标的泛选

国　家	指标名称	指标结构（能否量化）	来　源	备　注
意大利	客运量	定量	文献：Land transport infrastructure and productivity: A comparison between Italy and Spain	
	货运量	定量		
	GDP	定量		
	基础设施投资额	定量		
	公路密度	定量		
	铁路密度	定量		
	投入交通运输部分公款	定量	文献：Public subsidies and transfers to Italian transport sector elements for policies directions	Public money flowing into or from the transport sector is among the most powerful drivers of its evolution.
	人口	定量	文献：世界交通概览之四（续）——意大利共和国的公共交通概况	人口数量、塞车时间、养车费用
	交通拥堵现象	定性		
	汽车数量	定量		
	产业结构	定量		
	运输成本	定量		
	交通基础设施公共补贴	定量		
	交通部门相关税收	定量		
	交通部门净收入	定量		
	交通部门总支出	定量		
	相关政策	定性	文献：Industrial policy in Italy:history, results and future challenges	意大利的交通运输部门是政府主导

续表

国家	指标名称	指标结构（能否量化）	来源	备注
比利时	通勤时间	定量	文献：Measuring access to public transport in European cities	乘车间隔、车辆维护费用
	运输成本	定量		
	人口分布	定量		
	城市中心范围	定性		
	地理位置	定性	文献：公司交通政策的最佳实践——以比利时为例	通勤交通一般以私人汽车为主，其交通量通常超过道路通行能力，从而造成城市交通拥堵，交通拥堵又会影响城市的经济竞争力
	政治位置（国际联系）	定性		
	员工流动性	定量		
	建设成本	定量	文献：Development of rail freight in Europe: What regulation can and cannot do Belgium case study	交通运输增加值、出行方式
	投资额	定量		
	运输效率	定性		
	GDP 占比	定量		
	交通结构	定量		
	乘客数量	定量	文献：Social conditions in urban public transport companies in Europe	人口数量
	汽车数量	定量		
	投资回报率	定量		
荷兰	人口增长（分布）	定量	报告：Public transport in the Netherlands	
	城市发展	定性		
	汽车数量	定量		
	国际（区域）联系	定性		
	新建住房位置	定性		
	乘客数量	定量		
	土地利用规划（空间规划）	定性		
	停车费	定量		
	学区	定性		

续表

国家	指标名称	指标结构（能否量化）	来源	备注
荷兰	运输成本	定量	报告：荷兰的综合交通运输林漫亚	在荷兰，港口基础设施、机场、公路、铁路、航道都是政府无偿投入建设的，国家每年又拿出大量的资金用于其管理与维护
	宏观经济杠杆	定性		
	区位	定性	文献：Summary:The dutch multi–year programme for infrastructure, spatial planning and transport (MIRT)	
	收入	定量		
	汽车保有量	定量		
	工作强度	定性	文献：The ABC location policy in the Netherlands	
	员工流动性	定性		
	访客强度	定量		
	货物运输量	定量		
	投资额	定量	文献：Analyzing urban planning in the Netherlands for dissemination of know–how and experiences land use planning in Safer Transportation Network Planning	
	道路税	定量		
	通勤距离	定量		
	城市人口密度	定量		
法国	GDP 增长率（年百分比）	定量	报告：Transport outlook 2009 – globalisation, crisis and transport	The evolution of the gross domestic product (GDP) and how the GDP interacts with investments in transportation infrastructure and with transportation demand. It attempts to discern the potential impacts of the financial and economic crisis. I
	人均 GDP（现价美元）	定量		
	人口增长（年度百分比）	定量		
	GDP（现价美元）	定量		
	国土面积（平方公里）	定量	报告：Integration and regulatory structures in public transport case study – Paris–Ile De France	
	人口，总数	定量		
	人口密度（每公里土地面积人数）	定量		

续表

国家	指标名称	指标结构（能否量化）	来源	备注
法国	航空运输，货运量（百万吨 / 公里）	定量	文献：Energy, transport and environment indicators（2017 edition） Methodologies used in surveys of road freight transport in Member States, EFTA and Candidate countries（2017 edition）	The transport indicators cover infrastructure, transport equipment, freight and passenger transport, transport safety and transport–related emissions for the different modes of transport.
	航空运输（乘客）	定量		
	航空运输量，注册承运人全球出港量	定量		
	内陆水道泊船数量	定量		
	货柜码头吞吐量（TEU：20 英尺当量单位）	定量		
	地面运输管道长度	定量		
	货运相对于 GDP 的量	定量		
	贸易额 [占国民生产总值（GDP）比例]	定量		
	铁路（总公里数）	定量		
	铁路车辆容量（座位数）	定量		
	道路总支出（欧元）	定量		
	道路基建维护（欧元）	定量		
	车辆库存	定量	文献：Urban transport in France: moving to a more sustainable policy	
	税收 [占国民生产总值（GDP）比例]	定量		
	运输税	定量		
	拥堵	定性		
	道路容量	定量		
	内陆交通基础设施投资总额（欧元）	定量		
	内陆运输基础设施资本总值（欧元）	定量		

续表

国家	指标名称	指标结构（能否量化）	来源	备注
法国	铁路货运量（百万吨 / 公里）	定量	文献：Transportation planning and infrastructure delivery in major cities and megacities	
	铁路客运量（百万乘客 / 公里）	定量		
	公路货物运输（百万吨公里）	定量		
	城市规模	定性		
	公路网密度（公里 / 万平方公里）	定量		
	高速公路网密度（公里 / 万平方公里）	定量		
	交通安全风险	定性	网址：Transport the website: www.toutsurlenvironnement.fr	
	温室气体排放量	定量		
奥地利	GDP 增长率（年百分比）	定量	网址：https://www.bmvit.gv.at/en/verkehr/railway/index.html	全国机动车辆达 570 万辆，平均 10 个
	GDP（现价美元）	定量		
	国土面积（平方公里）	定量		
	车辆库存	定量		
	拥有汽车的人数	定量		
	航空运输，货运量（百万吨 / 公里）	定量	网址：https://www.bmvit.gv.at/en/verkehr/aviation/index.html	Aviation authorities attach great importance to compliance with national and international safety regulations.
	航空运输（乘客）	定量		
	航空运输量，注册承运人全球出港量	定量		
	内陆水道泊船数量	定量	网址：https://www.bmvit.gv.at/en/verkehr/waterways/index.html	

续表

国家	指标名称	指标结构（能否量化）	来源	备注
奥地利	货柜码头吞吐量（TEU：20 英尺当量单位）	定量	网址：https://www.bmvit.gv.at/en/verkehr/transportation/statistic/index.html	More than two kilogramme of freight are transported for every Euro of Austria ' s gross domestic product (GDP).
	货运相对于 GDP 的量	定量		
	人均 GDP（现价美元）	定量		
	人口，总数	定量		
	人口密度（每公里土地面积人数）	定量		
	人口增长（年度百分比）	定量	网址：https://www.bmvit.gv.at/en/verkehr/railway/index.html	
	公路货物运输（百万吨 / 公里）	定量		
	铁路（总公里数）	定量		
	铁路车辆容量（座位数）	定量		
	铁路货运量（百万吨 / 公里）	定量		
	铁路客运量（百万乘客 / 公里）	定量		
	内陆交通基础设施投资总额（欧元）	定量	网址：https://www.bmvit.gv.at/en/verkehr/railway/index.html	
	内陆运输基础设施资本总值（欧元）	定量		
	道路总支出（欧元）	定量	网址：https://www.bmvit.gv.at/en/verkehr/roads/safety/publications/index.html	
	道路基建维护（欧元）	定量		
	拥堵	定性		
	地面运输管道长度	定量		
	公路网密度（公里 / 万平方公里）	定量		
	高速公路网密度（公里 / 万平方公里）	定量		

续表

国家	指标名称	指标结构（能否量化）	来源	备注
奥地利	交通基础设施融资	定量	网址：https://www.bmvit.gv.at/en/service/publications/transport/downloads/roadsafety_report2016.pdf	
	高速公路网密度（公里 / 万平方公里）	定量	网址：https://www.bmvit.gv.at/en/verkehr/transportation/combinedtransport/index.html	
	温室气体排放量	定量		
	运输税	定量		
	道路容量			
瑞士	相关政策	定性	网址：https://www.bazl.admin.ch/bazl/de/home/politik/luftfahrtpolitik/sachplan–infrastruktur–der–luftfahrt––sil–.html	瑞士人乘坐火车频繁，被誉为“铁路冠军”，人均每年乘坐火车 50 余次；瑞士现有 3011 公里联邦铁路公司（SBB，100% 由瑞士联邦所有）铁路和 2137 公里私营铁路（尽管被称为私营铁路，但实际上大部分股份仍属于联邦或州）
	基础设施投资额	定量	网址：http://ch.mofcom.gov.cn/article/zwjingji/201412/20141200839128.shtml	
	轨迹长度	定量	文献：对外投资合作国别（地区）指南——瑞士 网址：http://ch.mofcom.gov.cn/article/zwjingji/201412/20141200839128.shtml	
	客流量	定量	网址：https://www.bazl.admin.ch/bazl/de/home/politik/luftfahrtpolitik/sachplan–infrastruktur–der–luftfahrt––sil–.html	
	货运量	定量	网址：https://www.bav.admin.ch/bav/de/home/themen–a–z/schienengueterverkehr–in–der–flaeche.html	
	空域		网址：https://www.bazl.admin.ch/bazl/de/home/sicherheit/infrastruktur.html	
	交通拥堵现象	定性	网址：https://www.astra.admin.ch/astra/de/home/themen/strassenfinanzierung.html	
	操作（建设）和维修成本	定量	网址：https://www.astra.admin.ch/astra/de/home/themen/strassenfinanzierung.html	
	可持续发展（用环境、生态等评估）		网址：https://www.bazl.admin.ch/bazl/de/home/politik/luftfahrtpolitik/nachhaltige–entwicklung.html	

续表

国家	指标名称	指标结构（能否量化）	来源	备注
瑞士	资金来源（融资）	定量	网址：https://www.bav.admin.ch/bav/de/home/das-bav/aufgaben-des-amtes/finanzierung.html	
	人口	定量		
	GDP	定量		
	卡车数量	定量	网址：https://www.bav.admin.ch/bav/de/home/verkehrstraeger/strassengueterverkehr.html	
德国	交通成本	定量	报告：联邦交通基础设施计划 2030	运营和运输成本节省，运输时间优势和更高的可靠性，可节省 820 亿欧元
	汽车时间	定量		每年可节省 3.77 亿小时的汽车时间
	铁路客运量	定量		节省 1500 万小时的铁路客运量
	交通拥堵现象	定量		通过在高速公路上扩建约 1700 公里，预防 1.50 亿公里的车辆拥堵
	卡车数量	定量		铁路的扩建预计将避免大约 10 亿乘客公里和 5.29 亿公里的卡车
	交通安全	定量		道路安全效益
	环境安全	定量		加强环境友好型的运输铁路和水路，以及相关的道路交通转移，可以减少对公路运输的环境影响
	人口	定量	文献：德国的交通安全政策	
	GDP	定量		
卢森堡	GDP（百万美元）	定量	网址：https://en.wikipedia.org/wiki/Luxembourg#Transport	
	国土面积（平方公里）	定量		
	车辆库存（每 1000 居民乘车量）	定量		
	航空运输，货运量（吨）	定量	网址：Logistics performance index,World Bank,2010	5th freight airport in Europe

续表

国家	指标名称	指标结构（能否量化）	来源	备注
卢森堡	航空运输（乘客）	定量	网址：https://transports.public.lu/fr/contexte/situation-actuelle/chiffres-cles.html	2017 年有 360 万名航空旅客
	航空运输量，注册承运人全球出港量	定量		
	货柜码头吞吐量（TEU：20 英尺当量单位）	定量		
	货运相对于 GDP 的量（2005=100）	定量		
	贸易额（占国民生产总值（GDP）比例）	定量		
	人均 GDP（现价美元）	定量	文献：Luxembourg SUMO Traffic (LuST) Scenario: 24 hours of mobility for vehicular networking research	traffic flow optimizations and traffic demands
	人口，总数	定量		
	人口密度（每公里土地面积人数）	定量		
	人口增长（年度百分比）	定量		
	税收 [占国民生产总值（GDP）比例]	定量	网址：https://mfin.gouvernement.lu/fr.html	税制改革
	公路货物运输（百万吨 / 公里）	定量	网址：https://ec.europa.eu/transport/modes/road_en	公路运输政策目标是促进有效的公路货运和客运服务
	铁路（总公里数）	定量	网址：Logistics performance index,World Bank,2010	world’s highest railway density
	铁路车辆容量（座位数，千位）	定量	网址：https://ec.europa.eu/transport/modes/rail_en	开放铁路运输市场以进行竞争
	铁路货运量（百万吨 / 公里）	定量		
	铁路客运量（百万乘客 / 公里）	定量		

续表

国家	指标名称	指标结构（能否量化）	来源	备注
卢森堡	内陆交通基础设施投资总额（欧元）	定量	网址：https://mmtp.gouvernement.lu/fr/le-ministere.html	不久的将来需要大量的基础设施需求
	内陆运输基础设施资本总值（欧元）	定量		
	道路总支出（欧元）	定量		
	道路基建维护（欧元）	定量		
	贷款利率	定量		

附录 2　全国各城市主导产业

省（市、区）	城　市	主导产业	来　源
北京市	北京市	旅游业、金融、文化创意、物流、批发零售、餐饮业、文化产业、房地产、生物医药、新能源、汽车、软件与信息	https://zhidao.baidu.com/question/378577454.html
天津市	天津市	航空航天、石油化工、装备制造、电子信息、生物医药、新能源、新材料、国防工业	http://fanwen.shuyueliang.com/fanwen/65276.html
河北省	石家庄市	装备制造业、纺织服装业、食品工业、钢铁工业、建材工业、医药工业、石化工业、高新技术产业	http://www.sohu.com/a/233326354_100113341
河北省	唐山市	钢铁、装备制造、能源、化工、建材	http://www.tangshan.gov.cn/zhuzhan/tsgl/20180522/594968.html
河北省	秦皇岛市	建材工业、金属压延工业、机电工业、食品饮料工业、旅游业	https://zhidao.baidu.com/question/558771128.html
河北省	邯郸市	煤炭、冶金、电力、纺织、建材、陶瓷工业	http://www.cctv.com/special/1088/-1/13.html
河北省	邢台市	装备制造、新能源、煤炭化工、建材、钢铁、纺织服装和食品医药	http://www.zgsxzs.com/a/20131223/568824.html
河北省	保定市	汽车、机电、轻纺、食品、建筑建材和信息产品制造业	http://www.cctv.com/special/1088/-1/3.html
河北省	张家口市	高端装备制造业、节能环保产业、电子信息产业、生物医药产业、新能源装备制造业	http://www.hebei.gov.cn/hebei/11937442/10756595/10756620/13731492/index.html
河北省	承德市	钒钛产业、清洁能源、现代旅游、装备制造、新型材料、特色农业	http://www.hbjjrb.com/yaowen/yw/201108/296208.html
河北省	沧州市	石油化工、管道装备及冶金、机械制造、纺织服装和食品加工	http://www.tj.cangzhou.gov.cn/tjxx/476779.shtml
河北省	廊坊市	电子信息产业、清洁能源产业、生物医药产业、装备制造业、食品加工业、木材加工及家具制造、黑色金属冶炼及压延加工产业、康体休闲	http://www.lfcmw.com/content/2014-02/26/content_366603.htm
河北省	衡水市	交通工程设施及装备制造业、物料输储设施及装备制造业、电力通讯设施及装备制造业、节能环保及新能源产业、功能材料及制品制造业、食品及生物制品制造业	http://xxgk.hengshui.gov.cn/eportal/ui?pageId=792845&articleKey=2087243&columnId=792560
山西省	太原市	煤化工、重型机械制造、钢铁及金属冶炼、镁工业、铁路装备、军工企业	https://baijiahao.baidu.com/s?id=1598894963665358517&wfr=spider&for=pc
山西省	大同市	机械、建材、煤炭、冶金、电力行业、医药行业	https://tieba.baidu.com/p/1045683484?red_tag=1443152088&traceid=

续表

省（市、区）	城　市	主导产业	来　源
山西省	阳泉市	煤炭	https://wenku.baidu.com/view/a093654655270722192ef7ed.html
山西省	长治市	煤炭、农产品加工	http://www.changzhi.gov.cn/gzsj/fxjd/201708/t20170825_393795.shtml
山西省	晋城市	煤炭、煤机制造、化工、电子精密机械、旅游业	https://zhidao.baidu.com/question/386894887.html
山西省	朔州市	煤炭、火电、高端陶瓷、新能源新材料、现代煤化工、生物医药、文化旅游、草牧业和农产品加工、商贸物流	https://baijiahao.baidu.com/s?id=1596240478046652953&wfr=spider&for=pc
山西省	晋中市	煤炭、焦化、冶金、机械、化工、非金属、食品、电力、医药	http://tcj.sxjz.gov.cn/tzzn/content_173923
山西省	运城市	果、畜、菜、粮、棉五大主导产业	http://www.114huoche8.com/zhengfu_YunCheng
山西省	忻州市	煤炭、电力、新型材料、新型煤化工、装备制造、绿色农牧产品加工、旅游文化服务、现代物流	https://wenku.baidu.com/view/a23f913cc5da50e2524d7f89.html
山西省	临汾市	煤炭工业、冶金、电力、新型材料、焦化产业、装备制造、煤化工产业、食品产业	http://www.lfxww.com/lfsq/67708.html
山西省	吕梁市	煤炭、钢铁、农业	https://wenku.baidu.com/view/7bf47121366baf1ffc4ffe4733687e21af45ff03.html
内蒙古自治区	呼和浩特市	乳业、草业、大数据和光伏材料产业	http://www.xinhuanet.com/fortune/2017-02/24/c_129494854.htm
内蒙古自治区	包头市	钢铁行业、铝业、装备制造业、稀土行业、电力行业	http://www.baotou.gov.cn/info/1143/133762.htm
内蒙古自治区	乌海市	能源、建材、化工、冶金	http://www.doc88.com/p-9806703866410.html
内蒙古自治区	赤峰市	玉米、蔬菜、生猪	https://www.zg3n.com.cn/article-2080-1.html
内蒙古自治区	通辽市	现代畜牧业、梅花生物产业、新能源汽车、肉牛产业、药业加工、金煤化工、沙产业、旅游业	http://inews.nmgnews.com.cn/system/2018/07/19/012535415.shtml
内蒙古自治区	鄂尔多斯市	煤炭业、纺织业、石油加工及炼焦化、化学原料及化学制品业、非金属矿物制品业、电力蒸汽热水的生产和供应业、黑色金属冶炼、燃气生产和供应业	http://www.docin.com/p-1718465380.html
内蒙古自治区	呼伦贝尔市	采矿业、建筑业和房地产业	http://www.sohu.com/a/113344872_260039

续表

省（市、区）	城　市	主导产业	来　源
内蒙古自治区	巴彦淖尔市	农副产品加工业、矿产品采选冶炼业、化学原料及制品业、电力生产和供应业	http://www.northnews.cn/2017/1017/2659387.shtml
内蒙古自治区	乌兰察布市	电力行业、冶金行业、化工行业、建材行业、农副产品加工业、装备制造业	http://inews.nmgnews.com.cn/system/2018/02/22/012455277.shtml
内蒙古自治区	兴安盟	米菜油糖、猪禽牛羊	https://www.libaiwu.com/30700.htm
内蒙古自治区	锡林郭勒盟	绿色食品、现代能源、新型化工、有色冶金、文化旅游	http://inews.nmgnews.com.cn/system/2015/03/18/011647787.shtml
内蒙古自治区	阿拉善盟	采矿业、制造业、建筑业	http://tax.hexun.com/2013-06-27/155555872.html
辽宁省	沈阳市	装备制造、电子信息、生物医药、汽车及其零部件、现代农业	https://wenku.baidu.com/view/da9f9046905f804d2b160b4e767f5acfa1c7839d.html
辽宁省	大连市	装备制造业、石化工业、船舶工业	https://www.xzbu.com/1/view-11215520.htm
辽宁省	鞍山市	交通运输仓储邮政业、信息传输软件信息技术服务业、科学研究技术服务业及卫生社会工作	http://ln.zhaoshang.net/2018-03-16/645769.html
辽宁省	抚顺市	有机化工、精细化工、合成新材料和橡塑蜡深加工	http://www.fszwgk.gov.cn/3g_insbig.asp?t=2&s=25&i=28293
辽宁省	本溪市	钢铁深加工、生物制药、旅游	https://tieba.baidu.com/p/4618207307?red_tag=0772022549
辽宁省	丹东市	装备制造业、农副产品加工业、矿产资源开采及深加工业	https://wenku.baidu.com/view/779640d5e009581b6ad9eb14.html
辽宁省	锦州市	石油化工、铁合金、农副产品深加工、新材料、大数据、生物制药、光伏、汽车及零部件	https://baijiahao.baidu.com/s?id=1609567457270778455&wfr=spider&for=pc
辽宁省	营口市	冶金行业、石化行业、装备制造行业、镁质材料行业、纺织行业、新型建材行业、轻工行业	https://zhidao.baidu.com/question/560078449.html
辽宁省	阜新市	农产品加工、装备制造、能源工业	http://liaoning.nen.com.cn/system/2013/09/23/010849381.shtml
辽宁省	辽阳市	装备制造业、原材料工业、农产品加工业	https://news.mysteel.com/18/1107/14/E2E6EEF0D85F7C97.html
辽宁省	盘锦市	石油生产及附属产业	https://wenku.baidu.com/view/a3af6b93cc22bcd126ff0c64?sfr_fb=0
辽宁省	铁岭市	先进装备制造业、原材料业、农产品加工业、能源工业	http://www.ahmhxc.com/shisanwu/12310_4.html
辽宁省	朝阳市	新能源电器产业、装备制造产业、农产品食品加工产业	http://liaoning.nen.com.cn/system/2014/09/22/012873448.shtml

续表

省（市、区）	城 市	主导产业	来 源
辽宁省	葫芦岛市	石油化工、有色金属、机械造船、能源电力	http://news.enorth.com.cn/system/2011/05/11/006526589.shtml
吉林省	长春市	汽车制造、农产品加工	http://news.163.com/10/0304/09/60U26NG6000146BC.html
吉林省	吉林市	化工产业、汽车产业、冶金产业、农产品加工业	http://www.jlxy.gov.cn/news.aspx?id=96101
吉林省	四平市	农产品加工业、机械加工制造业	http://www.jlbank.com.cn/publish/portal0/tab619/
吉林省	辽源市	装备制造业、农产品加工业、高精铝加工业、纺织袜业、医药制造业	http://www.jlxy.gov.cn/news.aspx?id=103061
吉林省	通化市	农畜产品加工、煤电转化、医药化工、建材	https://max.book118.com/html/2018/0802/8111132135001116.shtm
吉林省	白山市	能源、矿产冶金、旅游	http://jl.people.com.cn/n/2014/0317/c351120-20790558.html
吉林省	松原市	石油开采、油气化工、农产品加工	http://www.jl.chinanews.com/jlyw/2017-05-02/18815.html
吉林省	白城市	农产品加工、能源	http://blog.sina.com.cn/s/blog_86577e590102w2zy.html
吉林省	延边朝鲜自治州	食品（卷烟）、能源矿产、林产、旅游、医药	http://www.investyanbian.gov.cn/kr/zjyb1/ybgk/
黑龙江省	哈尔滨市	汽车、医药、食品、电子信息产品制造业	http://news.sohu.com/38/19/news214501938.shtml
黑龙江	齐齐哈尔市	食品工业、装备工业和能源工业	http://news.163.com/10/0628/11/6A8UORUT000146BD.html
黑龙江省	鸡西市	煤炭、冶金、机械、发电、建材、食品、医药	https://jixi.dbw.cn/csgk/
黑龙江省	鹤岗市	煤电化工、高端石墨、绿色食品	http://news.163.com/12/0421/10/7VJV1BD000014AED.html
黑龙江省	双鸭山市	煤炭、电力、钢铁、粮加工、煤化工、建材、新能源	http://www.shuangyashan.gov.cn/NewCMS/index/html/viewnews.jsp?newsid=13398242
黑龙江省	大庆市	石油石化产业、汽车制造、铝业和新材料、食品加工业、装备制造、生物医药、新能源	http://www.xinhuanet.com/local/2016-01/31/c_128687654.htm
黑龙江省	伊春市	森林食品、林都北药、森林生态旅游、木材加工、绿色矿业	http://www.yc.gov.cn/xxgk/zfwj/szfbwj/2016/11/77628.html
黑龙江省	佳木斯市	食品和农副产品加工、装备制造	http://epaper.hljnews.cn/hljrb/20180601/357647.html
黑龙江省	七台河市	煤炭能源、食品、家具、建材、机械、新材料	http://www.ceweekly.cn/2013/1118/69106.shtml

续表

省（市、区）	城　市	主导产业	来　源
黑龙江省	牡丹江市	林木工业、造纸工业、食品工业、能源工业、石化工业、新材料工业、医药工业、石油机械工业	http://www.hlj.gov.cn/sq/system/2017/04/13/010821400.shtml
黑龙江省	黑河市	农林基础产业、矿产支柱产业、文化旅游特色产业、外贸物流现代服务业、新能源	http://hlj.people.com.cn/n/2014/0729/c220024-21806491.html
黑龙江省	绥化市	食品行业、医药、化工、纺织、机械电子行业	https://wenku.baidu.com/view/9b9e5dedd4d8d15abf234e0c.html
上海市	上海市	信息产业、金融业、商贸流通业、汽车制造业、成套设备制造业、房地产业	上海战略性新兴主导产业研究——基于六大主导产业的分析
江苏省	南京市	电子信息产业、化学工业、汽车产业、钢铁产业	http://www.njec.gov.cn/zwgk/szdgz/4zzcy/gt/
江苏省	无锡市	机械、纺织、石化、冶金、电子	http://www.wuxi.gov.cn/doc/2016/08/19/1127827.shtml
江苏省	徐州市	装备制造业、食品加工业、能源产业、商贸物流旅游业	http://www.360doc.com/content/15/0419/11/11735161_464322540.shtml
江苏省	常州市	机械装备业、化工行业、冶金行业、纺织服装业、电子行业	http://www.docin.com/p-1628741098.html
江苏省	苏州市	通信设备和计算机及其他电子设备制造业、黑色金属冶炼及压延加工业、电气机械及器材制造业、纺织业、化学原料及化学制品制造业、通用设备制造业	https://wenku.baidu.com/view/2992b02ebb4cf7ec4bfed089.html
江苏省	南通市	船舶海工、新能源及装备、电子信息、石油化工、纺织服装、轻工食品	http://www.nantong.gov.cn/ntsrmzf/bdgl/content/6785be83-114c-4715-aa6a-47af9653b2b3.html
江苏省	连云港市	新医药、新能源、新材料、石化、冶金	http://www.lyg.gov.cn/zglygzfmhwz/cyjj/cyjj.html
江苏省	淮安市	电子信息产业、食品产业、化新材料、特钢及装备制造	http://tjj.huaian.gov.cn/tjfx/content/5e38cfb85e30a91b015e3caffcb23ff1.html
江苏省	盐城市	汽车、机械、纺织、化工	http://tjj.yancheng.gov.cn/xxfx/tjfx/201802/t20180212_707118.html
江苏省	扬州市	汽车、机械、建筑、旅游、软件信息	http://www.yznews.com.cn/yzrb/html/2015-02/18/content_665221.htm
江苏省	镇江市	高端装备制造、新材料	http://www.zjjjcw.gov.cn/onenews.aspx?id=3628
江苏省	泰州市	生物医药与高性能医疗器械、高技术船舶与海工装备、节能与新能源	http://xxgk.jiangyan.gov.cn/xxgk/jcms_files/jcms1/web5/site/art/2016/8/16/art_527_24875.html

续表

省（市、区）	城　市	主导产业	来　源
江苏省	宿迁市	食品饮料业、家居制造业、纺织业、智能家电、绿色建材、功能材料、智能电网	http://www.suqian.gov.cn/cnsq/dcfxwj/201609/9bfe34c641e740d78e56117c9cc0a42e.shtml
浙江省	杭州市	文化创意、金融服务、先进装备制造业、电子商务、信息软件、旅游休闲产业、物联网、生物医药、节能环保和新能源产业	http://www.zjdpc.gov.cn/art/2014/7/22/art_233_664230.html
浙江省	宁波市	石油加工、电器机械、化学工业、电子通信、电力热力、通用设备	宁波市“十三五”及中长期主导产业发展研究
浙江省	温州市	电气、鞋业、服装、汽摩配、泵阀	《五大支柱产业发展规划、行动计划和扶持政策》
浙江省	嘉兴市	纺织、服装、化纤、皮革、电子信息、装备制造产业	http://www.jiaxing.gov.cn/szljjj/zcwj_8865/qtwj_8867/201605/t20160530_608257.html
浙江省	湖州市	信息经济产业、高端装备制造业、健康产业、旅游产业	http://tjj.huzhou.gov.cn/xxfx/tjxx/201801/t20180119_120707.shtml
浙江省	绍兴市	信息经济、先进装备制造、生命健康、文化旅游、高端纺织、绿色化工材料、金属制造、现代住建	绍兴市国民经济和社会发展“十三五规划”纲要
浙江省	金华市	先进装备制造业、新能源汽车产业、健康生物医药产业、五金制造业、小商品制造业、电子信息产业	http://www.miit.gov.cn/n973401/n4961636/n4961660/n4961982/index.html
浙江省	衢州市	高档特种纸产业、金属制品、先进装备制造、新能源、新材料	http://qzjjq.gov.cn/detail.aspx?NewsId=20153&kind_Id=51
浙江省	舟山市	航运业、造船业、水产加工	http://www.zstj.net/ShowArticle.aspx?ArticleID=7103
浙江省	台州市	汽车及零部件、通用航空、模具与塑料、医药医化、智能马桶、缝制设备、泵与电机	http://www.taizhou.com.cn/news/2018-07/11/content_6037890.htm
浙江省	丽水市	高端装备制造业、新材料产业、生态能源及生物医药产业	http://www.lishui.gov.cn/zwgk/zwxxgk/002645662/4/sfbwj/201707/t20170720_2165310.html
安徽省	合肥市	光伏及新能源、汽车及零部件、装备制造业、平板显示及电子信息产业、家电产业、食品及农副食品加工业	合肥“十三五”主导产业集聚发展与布局研究
安徽省	芜湖市	汽车及零部件、材料、电子电器和电线电缆	http://news.zgswcn.com/2016/0930/736560.shtml
安徽省	蚌埠市	电子信息、精细化工、装备制造及零部件、商贸物流、科技教育和医疗服务、生物医药、新材料、新能源、节能环保、金融服务、文化旅游	《蚌埠市城市总体规划 (2012—2030 年)》

续表

省（市、区）	城　市	主导产业	来　源
安徽省	淮南市	新型煤化工产业、现代装备制造产业、信息技术产业	http://www.bagongshan.gov.cn/UserData/DocHtml/1/2015/6/2/412928554467.html
安徽省	马鞍山市	黑色金属冶炼和压延加工业、通用设备制造业、黑色金属矿采选业、专业设备制造业	http://tjj.mas.gov.cn/4702281/6564511.html
安徽省	淮北市	食品行业、炼焦行业、机械制造行业、纺织服装行业、煤电行业、建材行业	http://tj.huaibei.gov.cn/content/detail/5913ce03a6039c3163f029d9.html
安徽省	铜陵市	有色金属冶炼和压延加工业、电气机械和器材制造业、非金属矿物制品业、化学原料和化学制品制造业、电力生产和供应业、黑色金属冶炼和压延加工业	http://www.tl.gov.cn/sjtl/tjgb/201803/t20180323_438225.html http://www.tl.gov.cn/zxzx/294/zstzzcyz/cyjc/tcy/201704/t20170406_369766.html
安徽省	安庆市	石油化工、纺织服装、机械装备	http://aqxxgk.anqing.gov.cn/show.php?id=502599
安徽省	黄山市	绿色食品、绿色软包装、汽车电子、精细化工	http://www.huangshan.gov.cn/About/show/2660924.html
安徽省	滁州市	家电、机械（汽车）、纺织、化工、农副产品、非金属矿产深加工	http://www.chuzhou.gov.cn/2653975.html
安徽省	阜阳市	电力、热力生产和供应业、化工、电气机械和器材制造业、有色金属冶炼和压延加工业、农副食品加工业、纺织服装、医药制造业	http://www.ah.gov.cn/UserData/DocHtml/1/2018/7/11/1751569482609.html
安徽省	宿州市	农副食品加工业、食品制造业、纺织业、木材加工和木竹藤棕草制品业、电力、热力生产和供应业、煤炭开采和洗选业、皮革羽毛制品和制鞋业、机械加工	http://www.ah.gov.cn/UserData/DocHtml/1/2018/7/13/8635602682686.html http://gk.ahsz.gov.cn/2655573/12149894.html
安徽省	六安市	装备制造、绿色食品、新能源、生物医药、电子信息、采矿冶金（新材料）	http://www.luaninfo.com/Item/745704.aspx http://www.luan.gov.cn/content/channel/5211d754682e091fbc77a53a/
安徽省	亳州市	煤炭开采和洗选业、农副食品加工业、酒、饮料和精制茶制造业、医药制造业、汽车制造业、战略性新兴产业	http://www.ah.gov.cn/UserData/DocHtml/1/2017/4/18/1878461573282.html
安徽省	池州市	电子信息业（半导体、云技术、智能终端）、装备制造业（智能装备、汽车、电力设备、航空、中小船舶及零部件制造）、材料和新材料产业、化工新材料产业	http://www.chizhou.gov.cn/openness/detail/58db76f4ad9430747e000045.html
安徽省	宣城市	汽车及装备制造、食品医药、文化旅游	http://www.ah.gov.cn/UserData/DocHtml/1/2014/3/17/1391904544387.html
福建省	福州市	纺织化纤、轻工食品、机械制造、冶金建材、石油化工、能源	http://www.fuzhou.gov.cn/tjxx/tjfx/201705/t20170522_558442.htm

续表

省（市、区）	城　市	主导产业	来　源
福建省	厦门市	高端制造、商贸物流、新兴金融、创意创新	http://fj.qq.com/a/20170904/147169.htm
福建省	莆田市	化工新材料、食品加工、工艺美术	http://www.putian.gov.cn/zwgk/fgwj/zcjd/201608/t20160815_477253.html
福建省	三明市	三钢、地产、基建、林产	http://bbs.0598yu.com/thread-354291-1-2.html
福建省	泉州市	纺织服装、鞋业、石油化工、机械装备、建材家居	https://baijiahao.baidu.com/s?id=1608279644300385934&wfr=spider&for=pc
福建省	漳州市	食品、机械、电子、电力	https://baijiahao.baidu.com/s?id=1595244243797643446&wfr=spider&for=pc
福建省	南平市	食品加工、机电制造、旅游业	http://www.np.gov.cn/cms/html/npszf/2016-12-16/501312380.html
福建省	龙岩市	旅游业、铜产业、环保设备产业	http://www.docin.com/p-468858830.html
福建省	宁德市	新能源、冶金新材料	http://www.mnw.cn/news/nd/1786191.html
江西省	南昌市	食品饮料业、轻纺服装业、医药医器业、汽车汽配业、电机电器业	http://www.nc.gov.cn/zgnc/jjfz/lmtt.shtml http://www.nc.gov.cn/zgnc/qxgb/201805/2bf8596dcb334fc19e1658cc8715d66a.shtml
江西省	景德镇市	陶瓷、汽车、航空产业、旅游、精细化工、生物医药产业	http://xxgk.jdz.gov.cn/jdzfrontpage/jdzxxgk/infodetail.html?infoid=0f9b94a9-249e-4203-9c45-17b495279bb4&categorynum=003001001&deptcode=&informationtype=1&datasource=nul
江西省	萍乡市	工业陶瓷、电瓷、烟花鞭炮、粉末冶金、先进装备制造	http://www.pingxiang.gov.cn/sq/wlfz/201705/t20170512_1598979.html
江西省	九江市	石油化工、现代轻纺、钢铁有色、装备制造、电力新能源、（新兴）新材料、新能源、绿色食品、生物医药、电子电器	http://www.jiujiang.gov.cn/zwzx/jrjj/201806/t20180608_1905621.htm
江西省	新余市	钢铁、新能源、光电信息、装备制造	http://www.xystjj.gov.cn/new/a/tongjigongbao/xinyushigongbao/6141.html
江西省	鹰潭市	铜产业、现代物流业、旅游业、特色农业	陈跃刚，甘筱青．选好主导产业大力发展县域经济——以鹰潭市主导产业研究为例 [J]. 金融与经济，2005(12):93-94.
江西省	赣州市	有色新材料（稀土、钨）、新能源汽车及配套、电子信息、生物医药、以家具为主的现代轻纺、农副产品	http://www.ganzhou.gov.cn/c100175/2017-12/19/content_6518652dc73242ffac80c3f791a3eaa4.shtml

续表

省（市、区）	城　市	主导产业	来　源
江西省	吉安市	电子信息、先进装备制造、生物医药大健康、新能源新材料、绿色食品	http://www.jiangxi.gov.cn/lsq/jxgk/qygk/201409/t20140926_1074177.html
江西省	宜春市	锂电新能源、生物医药、绿色食品、机械制造、建陶、硬质合金、建材、化工、纺织服装	http://www.yichun.gov.cn/zjyc/ycgk/ycjj/201608/t20160801_475595.html
江西省	抚州市	机电汽车、生物医药、电子信息、化工建材、有色金属加工、食品工业	http://tjj.jxfz.gov.cn/tjgb/201804/t20180409_3439724.html
江西省	上饶市	有色金属矿采选业、非金属矿采选业、非金属矿物制品业、电气机械和器材制造业、纺织业、有色金属冶炼和压延加工业、光伏、汽车及零部件、新型建材	http://www.zgsr.gov.cn/doc/2018/04/25/293926.shtml http://px.jxnews.com.cn/system/2016/09/27/015231726.shtml
山东省	济南市	交通配备、机械配备、电子信息	http://blog.sina.com.cn/s/blog_16f0e88a20102yeki.html
山东省	青岛市	家电电子、石化化工、纺织服装、食品饮料、机械钢铁、汽车机车、船舶海洋工程	http://www.qingdao.gov.cn/n172/n68422/n68424/n31280899/n31280901/170811152315965714.html
山东省	淄博市	电子信息、新材料、医药、智能装备	https://www.sohu.com/a/252524029_237927
山东省	枣庄市	纺织服装、医药医疗器械、环保水处理、装备制造产业	http://sd.people.com.cn/n2/2018/1026/c389156-32208009.html
山东省	东营市	石化产业、橡胶轮胎产业、有色金属产业、石油装备制造业、盐化工、汽车及零部件、新能源	http://www.dongying.gov.cn/html/2015-12/1512298565199110.html
山东省	烟台市	机械、电子、食品、黄金	http://www.docin.com/p-1495281010.html
山东省	潍坊市	动力装备产业、声光电子产业、生命健康产业、软件信息产业	山东省潍坊市高新区区域经济发展现状分析
山东省	济宁市	煤炭产业、新材料产业、装备制造产业、IT 与创意产业	http://www.jnhn.gov.cn/html/gaoxinqugaikuang/zhudaochanye/
山东省	泰安市	信息技术、智能制造、现代物流	http://www.chinadaily.com.cn/interface/zaker/1142842/2018-09-28/cd_36995134.html
山东省	威海市	机械制造、食品加工、运输设备、纺织服装	威海年鉴 2018
山东省	日照市	食品产业、文化旅游、汽车、农用装备产业	http://www.rizhao.gov.cn/ctnshow.php?category_id=184&aiticle_id=83648
山东省	莱芜市	钢铁、装备制造、纺织、能源、建材、农副产品加工	http://www.china.com.cn/news/zhuanti/kzgl/2010-07/29/content_20600903.htm

续表

省（市、区）	城　市	主导产业	来　源
山东省	临沂市	食品、冶金、化工、木业、机械、建材、医药、纺织服装	http://www.lytoday.com/zjly/lygk/2013-12/25/content_2359.htm
山东省	德州市	农副产品深加工产业、生物产业、纺织服装产业、新材料产业、新能源与节能环保产业、化工产业、电子信息产业、装备制造产业	http://www.sddzxc.gov.cn/n19021919/n19031371/c19421231/content.html
山东省	聊城市	造纸、纺织、化工、铜冶炼、铜铝压延加工	http://caijing.iqilu.com/cjzx/2016/1027/3133873.shtml
山东省	滨州市	铝产业	http://binzhou.iqilu.com/bzyaowen/2018/1020/4085036.shtml
山东省	菏泽市	高端化工、生物医药、机电设备制造、新能源、新材料、现代农副产品加工、现代商贸物流；牡丹产业	gk.heze.gov.cn/xxgk/jcms_files/jcms1/web41/site/art/2018/11/6/art_5248_39728.html
河南省	郑州市	电子信息、汽车及装备制造、生物及医药、新材料、铝及铝精深加工、现代食品制造、品牌服装、家居制造	https://henan.china.com/news/dsxy/11185140/20180731/25248236.html
河南省	开封市	文化旅游、健康养老、现代物流、现代金融、信息服务	http://news.kf.cn/2018/0705/325388.shtml
河南省	洛阳市	装备制造、有色金属加工、石油化工、硅光电、能源电力	http://news.focus.cn/luoyang/2011-11-16/1593712.html
河南省	平顶山市	能源、化工、装备制造、冶金建材、轻工食品	http://www.pds.gov.cn/contents/14/51155.html
河南省	安阳市	新能源汽车及零部件、高端装备制造、精品钢及深加工、文化旅游	安阳市人民政府官网
河南省	鹤壁市	煤电化材一体化、食品、汽车及零部件	鹤壁市人民政府官网
河南省	新乡市	装备制造、食品加工、纺织服装、现代家居	新乡市人民政府官网
河南省	焦作市	装备制造、汽车零配件、铝工业、新能源、新材料、新技术、生物化工	http://www.jzfgw.gov.cn/jzfgw/detail/20170328093310000001
河南省	濮阳市	家具制造业、装备制造业、羽绒及服饰业、石油及化工业、食品制造业	http://www.pystj.gov.cn/show.asp?id=797
河南省	许昌市	装备制造、食品加工、纺织、能源电力	http://www.ha.stats.gov.cn/sitesources/hntj/page_pc/tjfw/tjgb/sxsgb/article9fc6bac7366d4499885dfd4c0a00b5a5.html
河南省	漯河市	食品产业、装备制造业	https://www.henan.gov.cn/2017/11-14/643335.html
河南省	三门峡市	煤化工产业、有色金属精深加工、特色智能装备制造	https://www.henan.gov.cn/2017/04-11/627253.html
河南省	南阳市	先进装备制造、汽车及零部件、光电电子信息、纺织服装、生物医药、新能源	http://news.163.com/14/0919/02/A6FLAHJ300014AED_mobile.html

续表

省（市、区）	城　市	主导产业	来　源
河南省	商丘市	食品加工、制冷、超硬材料、农资肥料、商贸物流、文化旅游	改革开放 40 年商丘辉煌成就系列报道之开放招商篇
河南省	信阳市	汽车及零部件产业、电子信息产业、装备制造业、食品产业、新材料产业	2017 年信阳市国民经济和社会发展统计公报
河南省	周口市	食品、纺织服装、医药化工、装备制造、电器电缆、新型建材	2016 年周口市国民经济和社会发展统计公报
河南省	驻马店市	医药、机械、化工、电子、建材、食品、粮油加工、畜牧	https://baike.baidu.com/item/ 驻马店 /140955?fr=aladdin
湖北省	武汉市	汽车及零部件制造、电子信息制造、装备制造、食品烟草、能源及环保、钢铁及深加工	http://tjj.wuhan.gov.cn/details.aspx?id=83
湖北省	黄石市	黑色金属、有色金属、机械制造、建材、能源、食品饮料、纺织服装、化工医药	http://www.huangshi.gov.cn/hsgk/jjgk/201507/t20150728_303056.html
湖北省	十堰市	汽车及新能源汽车、装备制造、生物医药、电子信息和新材料、轻工纺织、冶金、化工、建材	http://www.shiyan.gov.cn/sysgovinfo/sjjhxxhwyh/sfgwgkml_5439/qccy/201711/t20171122_1282686.shtml
湖北省	宜昌市	生物医药、电子信息、食品饮料、先进制造	http://hb.cri.cn/20180503/2837e6d4-3cc5-fdff-3dea-3c1c1627fab8.html
湖北省	襄阳市	农产品加工、汽车及零部件、装备制造、纺织服装	http://www.xf.gov.cn/know/cyxy/201610/t20161008_752298.shtml
湖北省	鄂州市	冶金、建材、服装、装备制造、能源、医药化工	http://www.ezhou.gov.cn/dgiShow.aspx?iid=602
湖北省	荆门市	化工产业、农产品精深加工产业、装备制造产业、再生资源利用与环保、新能源新材料产业、电子信息产业、大健康产业	http://www.jingmen.gov.cn/msfw/zsyz/zdcy/
湖北省	孝感市	光电子信息产业、高端装备制造产业、汽车及零部件产业、生物医药、食品产业、现代服务业	http://www.xgswtzb.gov.cn/index.php?c=home&a=show&typeid=16&id=4316
湖北省	荆州市	食品加工行业、装备制造业、纺织服装、轻工建材产业、医药化工产业、电子信息产业	http://news.hbtv.com.cn/p/822118.html
湖北省	黄冈市	食品饮料、建筑建材、机械电子、纺织服装、医药化工	：http://roll.sohu.com/20140128/n394308780.shtml
湖北省	咸宁市	冶金建材、纺织服装、机电制造、食品饮料、电力能源、森工造纸	http://www.xianning.gov.cn/xxgk_2568/ghjh/zxgh/201705/t20170525_2674977.shtml
湖北省	随州市	汽车及零部件产业、农产品加工产业、生态文化旅游产业	http://www.szjxw.gov.cn/a/jingxinyaowen/20180328/1507.html

续表

省（市、区）	城　市	主导产业	来　源
湖北省	恩施土家族苗族自治州	旅游业、茶产业、农业	《恩施土家族苗族自治州茶产业发展研究》 《恩施土家族苗族自治州旅游经济发展探索》
湖南省	长沙市	批发零售业、金融业、租赁商务服务业、文化体育娱乐业、公共管理社会保障业	http://www.hntj.gov.cn/tjfx/sxfx/zss/201710/t20171013_4596436.html
湖南省	株洲市	交通运输设备制造业、非金属矿物制品业、化学原料及化学制品制造业、有色金属冶炼及压延加工业、医药食品加工制造业	https://wenku.baidu.com/view/cd6432bfdd88d0d233d46abf.html
湖南省	湘潭市	冶金、化工、建材、矿山装备、电力装备、食品	http://hunan.zhaoshang.net/2016-09-20/451907.html
湖南省	衡阳市	装备制造业、电子信息产业、矿冶产业、食品工业、服装加工业	https://zhidao.baidu.com/question/350688006.html
湖南省	邵阳市	石膏产业、农副业加工、轻纺鞋业、电子加工业	https://www.chinawjzx.com/1526999702211939.html
湖南省	岳阳市	石化、食品、装备制造、电力能源	http://www.yueyang.gov.cn/jxw/7249/20302/content_883833.html
湖南省	常德市	旅游业、烟草、生物科技与健康食品、现代装备制造	http://changde.house.qq.com/a/20160906/009540.htm http://www.changde.gov.cn/art/2017/9/1/art_50_1155472.html
湖南省	张家界市	旅游业、电力热力生产和供应业、农副食品加工业、非金属矿物制品业	http://www.hntj.gov.cn/tjfx/sxfx/zjj/201711/t20171127_4877116.html
湖南省	益阳市	装备制造、食品加工、电子信息、新能源	http://www.yiyang.gov.cn/yiyang/2/80/87/content_172066.html
湖南省	郴州市	医药制造业、有色金属新材料产业、装备制造业	http://www.czs.gov.cn/html/wsbs/10163/11567/11574/content_1278956.html
湖南省	永州市	先进装备制造、电子信息、新能源新材料、农产品精深加工、矿产品精深加工、生物医药、轻纺制鞋	http://www.hnydsh.gov.cn/bencandy.php?fid=56&id=1653
湖南省	怀化市	商贸物流业、生态文化旅游业、医药健康产业、绿色食品产业	http://www.0745news.cn/2016/1013/979500.shtml
湖南省	娄底市	薄板深加工、机械装备制造、生态旅游业、文化产业	http://www.ldkf.gov.cn/ldkfhtml/zsyz/tzhj/2018/01/10/3929.html http://www.hnloudi.gov.cn/zjld/ldgk/ldjj/ http://news.ldnews.cn/news/govnews/201612/502744.shtml
湖南省	湘西土家族苗族自治州	旅游业（传统旅游）、茶产业、矿业	http://baijiahao.baidu.com/s?id=1586134996144301402&wfr=spider&for=pc
广东省	广州市	汽车制造、电子通信、石油化工、皮革皮具、金银珠宝	http://www.docin.com/p-1630016366.html

续表

省（市、区）	城　市	主导产业	来　源
广东省	韶关市	先进装备制造、旅游文化、大数据、商贸物流、医药健康、现代特色农业	《促进新兴支柱产业发展若干措施》
广东省	深圳市	现代服务业、金融、IT、通信、新材料、港口物流、新能源汽车	http://www.docin.com/p-1630016366.html
广东省	珠海市	电子信息、生物医药、家电电气、电力能源、石油化工、精密机械制造	http://static.nfapp.southcn.com/content/201707/26/c571548.html
广东省	汕头市	电子信息、光机电一体化、生物制药、新材料新能源	《汕头市战略性新兴产业十三五规划》
广东省	佛山市	装备制造业	http://finance.ifeng.com/a/20181018/16533456_0.shtml
广东省	江门市	机电、纺织服装、电子信息、食品、造纸及纸制品、建材	http://news.163.com/14/1128/06/AC4983V800014AED.html
广东省	湛江市	临港石化、近海油气开发、电力、造纸、农海产品加工、饲料、纺织、电器机械	湛江市人民政府官网
广东省	茂名市	石化产业、农副产品加工、矿产资源加工、特色轻工纺织、医药与健康、金属加工及先进装备制造	http://www.mm111.net/2016/1216/314589.shtml
广东省	肇庆市	有色金属冶炼和压延加工业、非金属矿物制品业、金属制品制造业、仪器仪表制造业、汽车制造业	http://cs.zhaoqing.gov.cn/xwzx/zqyw/201808/t20180808_683072.html
广东省	惠州市	电子信息、石油化工、汽车、装备制造、清洁能源	惠州市人民政府官网
广东省	梅州市	烟草、电力、建材、电子信息、机电制造、矿业加工、水果、茶叶、油茶	http://www.meizhou.cn/2018/0324/552877.shtml
广东省	汕尾市	电力能源、电子信息、食品加工、纺织服装、宝石饰品加工、海洋水产	http://www.shanweinews.net/shownews.aspx?nid=94725
广东省	河源市	旅游业、优质粮油、特色果蔬、茶叶、畜牧水产、南药、商品林	https://wenku.baidu.com/view/b0c172dda58da0116c1749f3.html
广东省	阳江市	农林牧渔业	https://wenku.baidu.com/view/b0c172dda58da0116c1749f4.html
广东省	清远市	特色农业、生物医学、能源、陶瓷、建材、电子、电器和轻工业、旅游业、房地产业	https://wenku.baidu.com/view/b0c172dda58da0116c1749f5.html
广东省	东莞市	电子信息、电气机械、纺织服装	https://wenku.baidu.com/view/b0c172dda58da0116c1749f6.html
广东省	中山市	装备制造业、社会消费品零售、房地产、邮电业务、旅游	https://wenku.baidu.com/view/b0c172dda58da0116c1749f7.html

续表

省（市、区）	城　市	主导产业	来　源
广东省	潮州市	农业、水产业	https://wenku.baidu.com/view/b0c172dda58da0116c1749f8.html
广东省	揭阳市	五金业、玉器产业、医药高新技术产业	https://wenku.baidu.com/view/b0c172dda58da0116c1749f9.html
广东省	云浮市	石材、不锈钢制品产业	https://wenku.baidu.com/view/b0c172dda58da0116c1749f10.html
广西壮族自治区	南宁市	农业、养殖业、林业、旅游业、房地产业、高新技术产业及商贸流通业	http://www.nnnews.net/news/201601/t20160125_1475061.html
广西壮族自治区	柳州市	传统工业	https://www.sohu.com/a/159910505_99948944
广西壮族自治区	桂林市	旅游业	http://www.guilin.gov.cn/ghjh/fzgh/201505/t20150505_504395.htm
广西壮族自治区	梧州市	电子信息产业集群、高端装备制造业、新材料产业、食品医药产业	http://www.wzpc.gov.cn/fazhanguihua/wunianjihua/13968.html
广西壮族自治区	北海市	高新科技、电子信息制造业、石油化工业、旅游业	http://www.bbw.gov.cn/Article_Show.asp?ArticleID=53889
广西壮族自治区	防城港市	核电产业	http://www.fcgsnews.com/news/zh/kx/2016−1−29/78818.shtml
广西壮族自治区	钦州市	石化产业、装备制造业、现代服务业	http://www.gxtj.gov.cn/tjxx/jdfx/sx/201602/t20160202_121127.html
广西壮族自治区	贵港市	建材、冶金、糖纸、板材、电力	https://wenku.baidu.com/view/efe4247e55270722182ef74e.html
广西壮族自治区	玉林市	机械制造产业、新材料产业、林产化工产业	https://wenku.baidu.com/view/efe4247e55270722182ef74e.html
广西壮族自治区	百色市	甘蔗生产、制糖工业、有色金属工业、造纸工业	http://www.gx.xinhuanet.com/2018−05/07/c_1122796476.htm
广西壮族自治区	贺州市	旅游业、农业茶叶	https://baike.baidu.com/item/%E8%B4%BA%E5%B7%9E/374890?fr=aladdin
广西壮族自治区	河池市	有色金属产业、糖业、化工、建材电力、热力工业	http://newszfw.gxhc.gov.cn/news/201753/n967154269.html
广西壮族自治区	来宾市	电力、制糖和冶炼	http://www.gxnews.com.cn/staticpages/20070721/newgx46a18cf7−1160734.shtml
广西壮族自治区	崇左市	口岸加工、文化旅游、糖循环产业、铜循环产业、林业循环产业、新能源材料产业	https://baike.baidu.com/item/%E5%B4%87%E5%B7%A6/1391262?fr=aladdin
海南省	海口市	旅游业、服务业、农业、循环农业	http://www.haikou.gov.cn/tzhk/tzhj/cyys/201506/t20150627_867768.html
海南省	三亚市	农业、服务业、建筑业、交通邮电业	http://sanya.hinews.cn/system/2017/01/12/030929812.shtml

续表

省（市、区）	城　市	主导产业	来　源
重庆市	重庆市	电子信息产业、高端装备制造业和现代服务业、通用设备制造业、家具制造业、石油加工、炼焦及燃料加工业、橡胶制品业、化学纤维制造业、交通运输设备制造业、黑色金属冶炼及压延加工业、有色金属及压延加工业、化学原料及化学制品制造业	http://news.ifeng.com/a/20170207/50656282_0.shtml
四川省	成都市	电子信息、汽车制造、食品饮料、装备制造、生物医药五大支柱产业	https://www.sohu.com/a/155019878_623951
四川省	自贡市	盐化工产业、机械产业、新材料产业、食品产业	http://www.sc.gov.cn/10462/10464/10591/10592/2017/1/20/10412026.shtml
四川省	攀枝花市	煤炭开采和洗选业、黑色金属矿采选业、有色金属矿采选业、石油加工、炼焦和核燃料加工业、化学原料和化学制品制造业、黑色金属冶炼和压延加工业、通用设备制造业、电力、热力生产和供应业	http://www.sc.gov.cn/10462/10464/10591/10592/2015/7/21/10344964.shtml
四川省	泸州市	白酒、化工、机械、能源	http://www.sc.gov.cn/10462/10464/10465/10595/2016/7/12/10387672.shtml
四川省	德阳市	机械行业、食品行业、化工行业、医药行业、建材行业	http://www.sc.stats.gov.cn/tjxx/tjxx_171/sz/201807/t20180710_262802.html
四川省	绵阳市	电子信息、新材料、冶金机械、食品加工	绵阳市支柱产业发展状况及政策改进
四川省	广元市	能源化工产业、食品饮料产业、电子机械产业、建材产业金属产业	http://www.sc.gov.cn/10462/10464/10465/10595/2013/3/14/10251477.shtml
四川省	遂宁市	锂电、天然气、机电、电子信息	https://suining.scol.com.cn/sdxw/content/2014-03/04/content_51517864.htm?node=155145
四川省	内江市	装备制造产业集群、生化制药和中药制剂、粉煤灰综合利用、铝合金电缆、电力工业、食品饮料业	http://www.neijiang.gov.cn/news/show/1150328
四川省	乐山市	茶产业、旅游业	http://www.cclycs.com/e663794.html
四川省	南充市	油气化工、汽车汽配、丝纺服装、轻工食品	http://www.sc.gov.cn/10462/10464/10465/10595/2013/2/25/10248924.shtml
四川省	眉山市	化学原料和化学制品制造业、农副食品加工业和非金属矿物制品业	http://www.sc.stats.gov.cn/tjxx/tjxx_171/sz/201703/t20170322_231845.html
四川省	宜宾市	酒类食品、综合能源、化工轻纺、机械装备	http://www.sc.gov.cn/10462/10464/10465/10595/2012/12/3/10238176.shtml

续表

省（市、区）	城　市	主导产业	来　源
四川省	广安市	建材业、装备制造业、农产品加工业元、煤炭业 %、电力业	http://www.sc.gov.cn/10462/10464/10591/10592/2017/2/7/10413357.shtml
四川省	达州市	煤炭采选业、天然气化工业、建材工业、农副食品加工与制造业、电力生产与供应业	http://www.sc.gov.cn/10462/10464/10591/10592/2015/2/4/10326249.shtml
四川省	雅安市	农产品加工、新材料、清洁能源、汽车和机械设备制造	http://www.yaan.gov.cn/htm/articview.htm?id=20180621130024590
四川省	巴中市	农产品加工业、矿产资源开采业、非金属矿物制品业	http://www.chinaacc.com/new/184_900_201109/21xu1004608137.shtml
四川省	资阳市	造车、食品、医药	http://www.ziyang.gov.cn/zjzy/zygk.shtml
四川省	阿坝藏族羌族自治州	旅游业、畜牧业、新材料、电子磁材、盐化工	http://www.abazhou.gov.cn/abgk/jbzq/
四川省	甘孜藏族自治州	畜牧业、旅游业	http://xueshu.baidu.com/s?wd=paperuri%3A%288ec282e0463b3f5d8f6f5dac019f6c87%29&filter=sc_long_sign&tn=SE_xueshusource_2kduw22v&sc_vurl=http%3A%2F%2Fcdmd.cnki.com.cn%2FArticle%2FCDMD-89101-1011250041.htm&ie=utf-8&sc_us=10947055050822385913
四川省	凉山彝族自治州	林业、矿冶工业、电力工业、农产品深加工	凉山彝族自治州经济结构调整调查报告
贵州省	贵阳市	烟草制品业、医药制造业、橡胶制品业、化学原料及化学制品制造业、有色金属冶炼及压延加工业	https://wenku.baidu.com/view/cd9a03ec770bf78a652954d0.html
贵州省	六盘水市	煤炭、电力、冶金、建材、新型煤化工	http://www.gzlps.gov.cn/sq/ldgk/ldgk_2/
贵州省	遵义市	煤炭开采和洗选业、电力热力生产供应业、烟草制品业、酒、饮料和精制茶制造业	http://tjj.zunyi.gov.cn/xxgk/zpfl/tjxx/tjgb/201804/t20180402_744415.html
贵州省	安顺市	旅游商品、制药、农产品加工、能源、原材料工业	http://www.anshun.gov.cn/tzas/tzdx/201611/t20161112_1355345.html
贵州省	铜仁地区	煤炭、电力、装备制造、化工、建材、冶金、烟酒、食品药业、纺织服装和旅游商品	http://www.bijie.gov.cn/yw/bjyw/36559.shtml
贵州省	黔西南布依族苗族自治州	“两烟”、食品、建材	http://gz.people.com.cn/n2/2018/0108/c375236-31116542.html

续表

省（市、区）	城　市	主导产业	来　源
贵州省	毕节地区	煤电能源、冶金（黄金、铁）、化工（化肥、电石、甲醇、聚氯乙稀、烧碱）、建材（水泥、新型墙体材料）、农特产品加工（烟、酒、糖、茶、特色食品）、制药（大输液、小针剂、片剂、苗药、膏贴药）	http://www.qxn.gov.cn/OrgArtView/QxnGov.Office/fzgh/81075.html
贵州省	黔东南苗族侗族自治州	大健康、大数据、大文化、大旅游	http://www.qdn.gov.cn/tzqdn/cyjs_15977/201608/t20160825_1232936.html
贵州省	黔南布依族苗族自治州	磷矿化工、烟草、医药、种养业、建材、冶金、旅游	http://www.qn.smegz.com/content/qn.shtml
云南省	昆明市	烟草、黑色冶金、有色冶金、化工、装备制造、能源、医药、建材	http://www.km.gov.cn/xxgkml/zfgb/szfgb/700967.shtml
云南省	曲靖市	光电子材料、载重汽车和乘用车、煤化工、有色金属、煤电及新能源、特色食品加工	云南省人民政府关于印发云南省工业园区产业布局规划(2016—2025 年)的通知
云南省	玉溪市	卷烟及配套、矿冶及装备制造、高原特色现代农业、生物医药及大健康、文化旅游、信息、现代物流	http://www.yuxi.gov.cn/yxszfxxgk/tjxx/20180206/735961.html
云南省	保山市	农特产品加工、新材料、轻纺、信息、旅游文化、现代物流	http://www.fgw.baoshan.gov.cn/info/1156/2405.htm
云南省	昭通市	烟草、电力、煤炭、矿冶精深加工、化工、高原特色食品、特色消费品、新型建材	昭通市 2017 年政府工作报告
云南省	丽江市	文化旅游、清洁载能、高原特色农产业、生物医药和大健康	http://www.yn.xinhuanet.com/original/2017-09/28/c_136646120.htm
云南省	普洱市	特色生物产业、林产业、水电、旅游度假	http://mini.eastday.com/a/170516194904574-2.html
云南省	临沧市	茶、果、糖、菜、水电工业、食品加工、生物制药、新技术锗业、风情美食、森林旅游	http://www.lincang.gov.cn/lcsrmzf/lcszf/zfxxgkml/lczb/2018n25/ssjrdychyztwj/11914/index.html
云南省	楚雄彝族自治州	烟草、冶金两大支柱产业、生物医药和大健康、旅游文化、新材料与绿色能源、先进装备制造、高原特色现代农业与绿色食品制造五大重点产业、石化、现代物流、新兴服务业三大成长性产业	http://cyfz.chinadevelopment.com.cn/cjyw/2018/04/1252974.shtml
云南省	红河哈尼族彝族自治州	烟草、冶金、化工、电力、建筑建材、汽车铝轮毂生产、蔬菜深加工	2016 年红河哈尼族彝族自治州政府工作报告
云南省	文山壮族苗族自治州	三七为主的生物医药和大健康、旅游文化、新型冶金化工和新材料、外向型加工和制造、高原特色农业和食品加工、边境贸易和物流	2017 文山壮族苗族自治州人民政府工作报告

续表

省（市、区）	城　市	主导产业	来　源
云南省	西双版纳傣族自治州	特色生物产业、文化旅游产业、加工制造产业、健康养生产业、现代服务产业	2016 年西双版纳傣族自治州政府工作报告
云南省	大理白族自治州	旅游、矿冶、烟草、机械、生物资源及优势农产品深加工、建材、能源	http://www.yn.gov.cn/yn_yngk/yn_zsgk/201505/t20150520_17325.html
云南省	德宏傣族景颇族自治州	制糖、电力、电冶、建材	http://www.360doc.com/content/16/0820/18/19083799_584604506.shtml
云南省	怒江傈僳族自治州	电、矿产业、旅游文化、特色生态农业、生物医药和大健康、生态食品及消费品制造	http://city.ce.cn/ztpd/njlszzzz/njyw/201607/11/t20160711_4039226.shtml
云南省	迪庆藏族自治州	旅游文化、以高原特色农业为主的生物、水电、电子商务和现代物流、矿产	http://www.xgll.com.cn/zt/llxx/2017-03/31/content_266611.htm
西藏自治区	拉萨市	特色种植业、养殖业、加工业、商贸物流业、旅游文化产业、资源开发利用	https://www.baidu.com/link?url=mBK4_Vscxuw3cD9O_V9kvwS2rCOqAXvVDpe5T1cHd9hbi2DeM_GA_1271Qv3jVzyjk2N-vIvyrie830Dg9TuMogZJE1QBbMBi9Qz1Hbeuly&wd=&eqid=b7ef650000024560000000035bee3e0a
西藏自治区	昌都地区	种植业、养殖业、农畜品加工、民族手工业、商贸流通业、旅游业、	http://www.docin.com/p-1805159532.html
西藏自治区	山南地区	生物、药物、电子信息、光电新能源	http://news.hn.newhouse.com.cn/detail/665749.html
西藏自治区	日喀则地区	太阳能资源、清洁能源业、农业	http://www.tibet.cn/finance/news/1513039990733.shtml
西藏自治区	那曲地区	农牧业	http://tv.cntv.cn/video/C11182/daed1ac47ce63ddd01913a2e0a4e5c44&https://baike.baidu.com/item/%E9%82%A3%E6%9B%B2/943508?fr=aladdin&fromtitle=%E9%82%A3%E6%9B%B2%E5%9C%B0%E5%8C%BA&fromid=2865582
西藏自治区	阿里地区	农牧业、旅游业	http://mp.ofweek.com/windpower/a445673221036&http://linzhi.syxcn.com/lvyou/Info.asp?ID=2113
西藏自治区	林芝地区	藏药、旅游业	http://news.163.com/14/1204/14/ACKLLN8000014JB6.html
陕西省	西安市	旅游、服务业、中蜂养殖、核桃、猕猴桃和奶山羊	http://finance.sina.com.cn/roll/2016-03-01/doc-ifxpvysv5076865.shtml
陕西省	铜川市	轻工业、服务业	http://www.tongchuan.gov.cn/html/zxzx/tcyw/201707/171419.html
陕西省	宝鸡市	果菜、苗木花卉、中药材种植、奶山羊、中蜂养殖	http://www.baoji.gov.cn/site/12/html/333/371/105132.htm

续表

省（市、区）	城　市	主导产业	来　源
陕西省	咸阳市	医药工业、装备制造业	https://m.huanqiu.com/r/MV8wXzEwNzkyODc1XzkwXzE0OTY4MTc3ODE=
陕西省	渭南市	现代化工、汽车、航空航天与高端装备制造、新一代信息技术、新材料和现代医药	http://c.ocn.com.cn/us/weinangongyezhuanxing5111619921.html
陕西省	延安市	绿色建筑产业、绿色食品产业、生态旅游业	http://ghj.yanan.gov.cn/index.php?m=content&c=index&a=show&catid=58&id=1612
陕西省	汉中市	畜牧业、农业、渔业	http://news.cnwest.com/content/2016-10/24/content_14209239.htm
陕西省	榆林市	重工业采掘、原材料工业	http://news.cnwest.com/content/2018-05/07/content_15801056.htm
陕西省	安康市	富硒食品、装备制造	https://new.qq.com/omn/20181022/20181022A1MLS8.html
陕西省	商洛市	现代材料、绿色食品、电子产品	https://baike.baidu.com/item/%E5%95%86%E6%B4%9B/6711507?fr=aladdin
甘肃省	兰州市	高新技术、商贸物流、总部经济、文化旅游	http://www.lzbs.com.cn/lzsc/qxzc/2016-02/29/content_4333860.htm
甘肃省	嘉峪关市	蔬菜产业、畜牧业、农业	http://www.xgtj.gov.cn/tjgz/tjfx/201801/t20180129_313704.html
甘肃省	金昌市	金属、非金属、电力供应	http://www.gstj.gov.cn/HdApp/HdBas/HdClsContentMain.asp?ClassId=18
甘肃省	白银市	中草药制造	http://www.gstj.gov.cn/HdApp/HdBas/HdClsContentMain.asp?ClassId=18
甘肃省	天水市	农林牧渔业	http://www.gstj.gov.cn/HdApp/HdBas/HdClsContentMain.asp?ClassId=18
甘肃省	武威市	农牧业、电力热力供应	http://www.gstj.gov.cn/HdApp/HdBas/HdClsContentMain.asp?ClassId=18
甘肃省	张掖市	金属采选、非金属制造、电力供应	http://www.gstj.gov.cn/HdApp/HdBas/HdClsContentMain.asp?ClassId=18
甘肃省	平凉市	电力供应、建材、非金属矿物制造	http://www.gstj.gov.cn/HdApp/HdBas/HdClsContentMain.asp?ClassId=18

续表

省（市、区）	城　市	主导产业	来　源
甘肃省	酒泉市	信息和电子商务	http://www.gstj.gov.cn/HdApp/HdBas/HdClsContentMain.asp?ClassId=18
甘肃省	庆阳市	化工品加工、原油加工、金属冶炼、非金属矿物制造	http://www.gstj.gov.cn/HdApp/HdBas/HdClsContentMain.asp?ClassId=18
甘肃省	定西市	农林牧渔业、电力、农副产品、金属非金属、医药	http://www.gstj.gov.cn/HdApp/HdBas/HdClsContentMain.asp?ClassId=18
甘肃省	陇南市	金属采选、非金属制造、白酒制造、电力供应	http://www.gstj.gov.cn/HdApp/HdBas/HdClsContentDisp.asp?Id=14224
甘肃省	临夏回族自治州	农业、旅游业、医药	http://www.gstj.gov.cn/HdApp/HdBas/HdClsContentMain.asp?ClassId=18
甘肃省	甘南藏族自治州	医药、发电、黄金制造	http://www.gstj.gov.cn/HdApp/HdBas/HdClsContentMain.asp?ClassId=18
青海省	西宁市	能源产业、金属材料、医药、汽车产业	西宁市国民经济和社会发展统计公报
青海省	海东市	金属合金、非金属材料加工、农副产品加工	海东市国民经济和社会发展统计公报
青海省	海北藏族自治州	种植业、畜牧业、建筑业	海北藏族自治州国民经济和社会发展统计公报
青海省	黄南藏族自治州	农业、畜牧业、建筑业	http://www.ahmhxc.com/tongjigongbao/11048.html
青海省	海南藏族自治州	种植业、畜牧业、采矿业、农副产品制药业	海南藏族自治州国民经济和社会发展统计公报
青海省	果洛藏族自治州	农牧业、铜金属、电力供应	果洛藏族自治州国民经济和社会发展统计公报
青海省	玉树藏族自治州	农牧业	http://www.qhys.gov.cn/html/1386/124433.html
青海省	海西蒙古族藏族自治州	农牧业、工矿业	https://baike.baidu.com/item/ 海西蒙古族藏族自治州/2441282?fr=aladdin

续表

省（市、区）	城　市	主导产业	来　源
宁夏回族自治区	银川市	现代煤化工、现代纺织业、葡萄酒、特色食品及用品、电力、冶金、化工、建材	https://www.sohu.com/a/133133775_556955
宁夏回族自治区	石嘴山市	煤炭、冶金、建材产业、新材料、装备制造、电石化工、新能源、生物医药、现代纺织	http://www.nx.xinhuanet.com/2018-03/22/c_1122575085.htm
宁夏回族自治区	吴忠市	煤炭、现代纺织、葡萄酒、特色食品	https://www.sohu.com/a/133133775_556955
宁夏回族自治区	固原市	农业、轻工业	http://m.agronet.com.cn/News/Detail/239159?pcid=24329
宁夏回族自治区	中卫市	农业、轻工业	https://wenku.baidu.com/view/56574fbc28ea81c759f57838.html
新疆维吾尔自治区	乌鲁木齐市	钢铁、电力、化工、安防研发制造、零售餐饮连锁、进出口、电子、装备制造	https://tieba.baidu.com/p/5873855264?red_tag=1632144938
新疆维吾尔自治区	克拉玛依市	石油、重化工业	http://www.doc88.com/p-4324928515998.html
新疆维吾尔自治区	吐鲁番地区	石油天然气开采、煤炭开采、黑色金属矿采选、建筑业、旅游	http://www.docin.com/p-909522114.html
新疆维吾尔自治区	哈密地区	煤炭、铁矿、有色矿物、哈密瓜、大枣、葡萄、棉花	https://zhidao.baidu.com/question/493818666230586932.html
新疆维吾尔自治区	昌吉回族自治州	煤炭、石油、有色金属、农产品、机电、纺织	https://wenku.baidu.com/view/ab62fe2d4b73f242336c5f20.html
新疆维吾尔自治区	博尔塔拉蒙古自治州	工业、旅游业、现代农业	https://www.libaiwu.com/22492.htm
新疆维吾尔自治区	巴音郭楞蒙古自治州	农业、工业、旅游业	https://www.libaiwu.com/29718.htm
新疆维吾尔自治区	阿克苏地区	棉花、石油、煤炭、水能、矿产、旅游、农林牧	https://zhidao.baidu.com/question/585616842.html
新疆维吾尔自治区	克孜勒苏柯尔克孜自治州	农畜果产品加工、旅游业	https://wenku.baidu.com/view/cd44454dbb1aa8114431b90d6c85ec3a87c28b82.html

续表

省（市、区）	城　市	主导产业	来　源
新疆维吾尔自治区	喀什地区	旅游	http://xj.people.com.cn/n2/2018/0823/c188514-31968084.html
新疆维吾尔自治区	和田地区	和田玉、羊毛地毯、红枣、艾德莱丝绸、旅游	http://news.ifeng.com/a/20141218/42740896_0.shtml
新疆维吾尔自治区	伊犁哈萨克自治州	农业	http://www.xjyl.gov.cn/info/1101/114231.htm
新疆维吾尔自治区	塔城地区	旅游业、煤炭煤电煤化工、石油石化、冶金建材、轻工食品	http://www.xjtc.gov.cn/info/1080/140322.htm
新疆维吾尔自治区	阿勒泰地区	旅游、仓储运输	http://www.docin.com/p-866809785.html
新疆维吾尔自治区	石河子市	农林业	https://baike.baidu.com/item/%E7%9F%B3%E6%B2%B3%E5%AD%90/348362#7_1
新疆维吾尔自治区	阿拉尔市	种植业、重工业	https://baike.baidu.com/item/%E9%98%BF%E6%8B%89%E5%B0%94/1873863?fr=aladdin#7_1
新疆维吾尔自治区	图木舒克市	棉花	http://www.tcmap.com.cn/xinjiang/tumushukeshi.html
新疆维吾尔自治区	五家渠市	金属加工、煤电煤化工、先进制造业、农副产品加工	https://baike.baidu.com/item/%E4%BA%94%E5%AE%B6%E6%B8%A0/5307119?fr=aladdin#7_2

附录3 全国各城市交通主导性依赖性

省（市、区）	城　市	主导性	依赖性	主导性依赖性
北京市	北京市	公路—铁路	中高依赖	公路—铁路—中高依赖
天津市	天津市	综合	中高依赖	综合—中高依赖
河北省	石家庄市	铁路	中高依赖	铁路—中高依赖
河北省	唐山市	公路	中高依赖	公路—中高依赖
河北省	秦皇岛市	综合	中高依赖	综合—中高依赖
河北省	邯郸市	公路	中高依赖	公路—中高依赖
河北省	邢台市	公路	中低依赖	公路—中低依赖
河北省	保定市	公路	中高依赖	公路—中高依赖
河北省	张家口市	公路—铁路	高依赖	公路—铁路—高依赖
河北省	承德市	公路	中高依赖	公路—中高依赖
河北省	沧州市	水运	中高依赖	水运—中高依赖
河北省	廊坊市	公路	中低依赖	公路—中低依赖
河北省	衡水市	铁路	高依赖	铁路—高依赖
山西省	太原市	公路—铁路	中高依赖	公路—铁路—中高依赖
山西省	大同市	公路—铁路	中高依赖	公路—铁路—中高依赖
山西省	阳泉市	公路—铁路	低依赖	公路—铁路—低依赖
山西省	长治市	公路	低依赖	公路—低依赖
山西省	晋城市	铁路	中高依赖	铁路—中高依赖
山西省	朔州市	铁路	中低依赖	铁路—中低依赖
山西省	晋中市	铁路	中低依赖	铁路—中低依赖
山西省	运城市	铁路	低依赖	铁路—低依赖
山西省	忻州市	铁路	中高依赖	铁路—中高依赖
山西省	临汾市	公路	中低依赖	公路—中低依赖
山西省	吕梁市	公路	低依赖	公路—低依赖
内蒙古自治区	呼和浩特市	公路—铁路	低依赖	公路—铁路—低依赖
内蒙古自治区	包头市	公路—铁路	中高依赖	公路—铁路—中高依赖
内蒙古自治区	乌海市	公路	中高依赖	公路—中高依赖
内蒙古自治区	赤峰市	公路	低依赖	公路—低依赖
内蒙古自治区	通辽市	铁路	中低依赖	铁路—中低依赖
内蒙古自治区	鄂尔多斯市	公路	中低依赖	公路—中低依赖
内蒙古自治区	呼伦贝尔市	公路	中低依赖	公路—中低依赖
内蒙古自治区	巴彦淖尔市	公路	低依赖	公路—低依赖
内蒙古自治区	乌兰察布市	铁路	中高依赖	铁路—中高依赖

续表

省（市、区）	城　市	主导性	依赖性	主导性依赖性
内蒙古自治区	兴安盟	铁路	低依赖	铁路—低依赖
内蒙古自治区	锡林郭勒盟	公路—铁路	中高依赖	公路—铁路—中高依赖
内蒙古自治区	阿拉善盟	公路	中高依赖	公路—中高依赖
辽宁省	沈阳市	公路—铁路	中高依赖	公路—铁路—中高依赖
辽宁省	大连市	综合	中高依赖	综合—中高依赖
辽宁省	鞍山市	公路	高依赖	公路—高依赖
辽宁省	抚顺市	公路	中高依赖	公路—中高依赖
辽宁省	本溪市	公路	中高依赖	公路—中高依赖
辽宁省	丹东市	公路—铁路	中低依赖	公路—铁路—中低依赖
辽宁省	锦州市	公路	中低依赖	公路—中低依赖
辽宁省	营口市	公路—水运	中高依赖	公路—水运—中高依赖
辽宁省	阜新市	铁路	中高依赖	铁路—中高依赖
辽宁省	辽阳市	铁路	中高依赖	铁路—中高依赖
辽宁省	盘锦市	公路	低依赖	公路—低依赖
辽宁省	铁岭市	公路	中高依赖	公路—中高依赖
辽宁省	朝阳市	公路—铁路	中高依赖	公路—铁路—中高依赖
辽宁省	葫芦岛市	综合	中低依赖	综合—中低依赖
吉林省	长春市	公路—铁路	中高依赖	公路—铁路—中高依赖
吉林省	吉林市	公路	中高依赖	公路—中高依赖
吉林省	四平市	公路	中高依赖	公路—中高依赖
吉林省	辽源市	铁路	中高依赖	铁路—中高依赖
吉林省	通化市	公路	中低依赖	公路—中低依赖
吉林省	白山市	公路	中高依赖	公路—中高依赖
吉林省	松原市	公路	低依赖	公路—低依赖
吉林省	白城市	铁路	低依赖	铁路—低依赖
吉林省	延边朝鲜族自治州	公路	中低依赖	公路—中低依赖
黑龙江省	哈尔滨市	综合	中高依赖	综合—中高依赖
黑龙江省	齐齐哈尔市	公路—铁路	中高依赖	公路—铁路—中高依赖
黑龙江省	鸡西市	公路	中高依赖	公路—中高依赖
黑龙江省	鹤岗市	公路	中低依赖	公路—中低依赖
黑龙江省	双鸭山市	铁路	中低依赖	铁路—中低依赖
黑龙江省	大庆市	公路	中高依赖	公路—中高依赖
黑龙江省	伊春市	铁路	中低依赖	铁路—中低依赖
黑龙江省	佳木斯市	公路—水运	中高依赖	公路—水运—中高依赖

续表

省（市、区）	城　市	主导性	依赖性	主导性依赖性
黑龙江省	七台河市	公路	中高依赖	公路—中高依赖
黑龙江省	牡丹江市	公路—铁路	中低依赖	公路—铁路—中低依赖
黑龙江省	黑河市	公路	中高依赖	公路—中高依赖
黑龙江省	绥化市	公路	中高依赖	公路—中高依赖
上海市	上海市	综合	高依赖	综合—高依赖
江苏省	南京市	综合	中高依赖	综合—中高依赖
江苏省	无锡市	公路—水运	中低依赖	公路—水运—中低依赖
江苏省	徐州市	综合	中高依赖	综合—中高依赖
江苏省	常州市	公路	中高依赖	公路—中高依赖
江苏省	苏州市	公路—水运	中高依赖	公路—水运—中高依赖
江苏省	南通市	综合	中低依赖	综合—中低依赖
江苏省	连云港市	综合	中低依赖	综合—中低依赖
江苏省	淮安市	公路—铁路	中高依赖	公路—铁路—中高依赖
江苏省	盐城市	铁路	中高依赖	铁路—中高依赖
江苏省	扬州市	铁路	高依赖	铁路—高依赖
江苏省	镇江市	公路—水运	高依赖	公路—水运—高依赖
江苏省	泰州市	公路	高依赖	公路—高依赖
江苏省	宿迁市	铁路—水运	中高依赖	铁路—水运—中高依赖
浙江省	杭州市	综合	中高依赖	综合—中高依赖
浙江省	宁波市	综合	中高依赖	综合—中高依赖
浙江省	温州市	公路—水运	高依赖	公路—水运—高依赖
浙江省	嘉兴市	公路—水运	中高依赖	公路—水运—中高依赖
浙江省	湖州市	公路—水运	高依赖	公路—水运—高依赖
浙江省	绍兴市	公路	中高依赖	公路—中高依赖
浙江省	金华市	公路	高依赖	公路—高依赖
浙江省	衢州市	公路	中高依赖	公路—中高依赖
浙江省	舟山市	公路—水运	低依赖	公路—水运—低依赖
浙江省	台州市	公路	高依赖	公路—高依赖
浙江省	丽水市	公路	高依赖	公路—高依赖
安徽省	合肥市	综合	高依赖	综合—高依赖
安徽省	芜湖市	公路—水运	高依赖	公路—水运—高依赖
安徽省	蚌埠市	综合	中高依赖	综合—中高依赖
安徽省	淮南市	公路	中高依赖	公路—中高依赖
安徽省	马鞍山市	水运	中高依赖	水运—中高依赖

续表

省（市、区）	城　市	主导性	依赖性	主导性依赖性
安徽省	淮北市	公路—水运	中高依赖	公路—水运—中高依赖
安徽省	铜陵市	公路	中高依赖	公路—中高依赖
安徽省	安庆市	综合	中低依赖	综合—中低依赖
安徽省	黄山市	公路	中高依赖	公路—中高依赖
安徽省	滁州市	公路	中高依赖	公路—中高依赖
安徽省	阜阳市	公路—铁路	中低依赖	公路—铁路—中低依赖
安徽省	宿州市	水运	中低依赖	水运—中低依赖
安徽省	六安市	公路	中高依赖	公路—中高依赖
安徽省	亳州市	公路—铁路	中低依赖	公路—铁路—中低依赖
安徽省	池州市	公路—水运	高依赖	公路—水运—高依赖
安徽省	宣城市	公路	中高依赖	公路—中高依赖
福建省	福州市	综合	中低依赖	综合—中低依赖
福建省	厦门市	综合	中高依赖	综合—中高依赖
福建省	莆田市	公路	中高依赖	公路—中高依赖
福建省	三明市	公路	中低依赖	公路—中低依赖
福建省	泉州市	公路	中低依赖	公路—中低依赖
福建省	漳州市	公路	中高依赖	公路—中高依赖
福建省	南平市	公路	中高依赖	公路—中高依赖
福建省	龙岩市	公路—铁路	中高依赖	公路—铁路—中高依赖
福建省	宁德市	公路	中低依赖	公路—中低依赖
江西省	南昌市	综合	中高依赖	综合—中高依赖
江西省	景德镇市	公路	高依赖	公路—高依赖
江西省	萍乡市	公路	中高依赖	公路—中高依赖
江西省	九江市	综合	中低依赖	综合—中低依赖
江西省	新余市	公路—水运	中高依赖	公路—水运—中高依赖
江西省	鹰潭市	公路	中高依赖	公路—中高依赖
江西省	赣州市	公路—铁路	中高依赖	公路—铁路—中高依赖
江西省	吉安市	公路	中高依赖	公路—中高依赖
江西省	宜春市	公路	中高依赖	公路—中高依赖
江西省	抚州市	公路	中高依赖	公路—中高依赖
江西省	上饶市	公路	中高依赖	公路—中高依赖
山东省	济南市	公路—铁路	中高依赖	公路—铁路—中高依赖
山东省	青岛市	综合	中高依赖	综合—中高依赖
山东省	淄博市	公路	高依赖	公路—高依赖

续表

省（市、区）	城　市	主导性	依赖性	主导性依赖性
山东省	枣庄市	水运	中高依赖	水运—中高依赖
山东省	东营市	铁路	中高依赖	铁路—中高依赖
山东省	烟台市	综合	中高依赖	综合—中高依赖
山东省	潍坊市	公路—铁路	高依赖	公路—铁路—高依赖
山东省	济宁市	公路—水运	中高依赖	公路—水运—中高依赖
山东省	泰安市	公路	高依赖	公路—高依赖
山东省	威海市	公路	中高依赖	公路—中高依赖
山东省	日照市	公路—水运	高依赖	公路—水运—高依赖
山东省	莱芜市	公路	中高依赖	公路—中高依赖
山东省	临沂市	公路—铁路	中高依赖	公路—铁路—中高依赖
山东省	德州市	公路	中高依赖	公路—中高依赖
山东省	聊城市	公路	中低依赖	公路—中低依赖
山东省	滨州市	公路	中低依赖	公路—中低依赖
山东省	菏泽市	公路—铁路	中高依赖	公路—铁路—中高依赖
河南省	郑州市	公路—铁路	中高依赖	公路—铁路—中高依赖
河南省	开封市	公路	中高依赖	公路—中高依赖
河南省	洛阳市	公路	中低依赖	公路—中低依赖
河南省	平顶山市	公路	中高依赖	公路—中高依赖
河南省	安阳市	公路	高依赖	公路—高依赖
河南省	鹤壁市	公路	中高依赖	公路—中高依赖
河南省	新乡市	公路	中高依赖	公路—中高依赖
河南省	焦作市	公路	中高依赖	公路—中高依赖
河南省	濮阳市	公路	中高依赖	公路—中高依赖
河南省	许昌市	水运	中高依赖	水运—中高依赖
河南省	漯河市	公路	中高依赖	公路—中高依赖
河南省	三门峡市	综合	中低依赖	综合—中低依赖
河南省	南阳市	公路	中高依赖	公路—中高依赖
河南省	商丘市	公路—铁路	高依赖	公路—铁路—高依赖
河南省	信阳市	公路	中高依赖	公路—中高依赖
河南省	周口市	公路	中高依赖	公路—中高依赖
河南省	驻马店市	公路—铁路	中高依赖	公路—铁路—中高依赖
湖北省	武汉市	综合	中高依赖	综合—中高依赖
湖北省	黄石市	公路—水运	中高依赖	公路—水运—中高依赖
湖北省	十堰市	公路	中高依赖	公路—中高依赖

续表

省（市、区）	城　市	主导性	依赖性	主导性依赖性
湖北省	宜昌市	综合	中高依赖	综合—中高依赖
湖北省	襄阳市	公路—铁路	中高依赖	公路—铁路—中高依赖
湖北省	鄂州市	公路—水运	中高依赖	公路—水运—中高依赖
湖北省	荆门市	公路	中高依赖	公路—中高依赖
湖北省	孝感市	公路	中高依赖	公路—中高依赖
湖北省	荆州市	公路—水运	中高依赖	公路—水运—中高依赖
湖北省	黄冈市	公路—水运	中高依赖	公路—水运—中高依赖
湖北省	咸宁市	综合	中高依赖	综合—中高依赖
湖北省	随州市	公路	中高依赖	公路—中高依赖
湖北省	恩施土家族苗族自治州	公路—铁路	中低依赖	公路—铁路—中低依赖
湖南省	长沙市	综合	低依赖	综合—低依赖
湖南省	株洲市	公路	中高依赖	公路—中高依赖
湖南省	湘潭市	公路	中高依赖	公路—中高依赖
湖南省	衡阳市	公路	中高依赖	公路—中高依赖
湖南省	邵阳市	公路—铁路	中高依赖	公路—铁路—中高依赖
湖南省	岳阳市	公路—水运	中低依赖	公路—水运—中低依赖
湖南省	常德市	公路—铁路	中高依赖	公路—铁路—中高依赖
湖南省	张家界市	公路—铁路	中高依赖	公路—铁路—中高依赖
湖南省	益阳市	铁路	中高依赖	铁路—中高依赖
湖南省	郴州市	公路	高依赖	公路—高依赖
湖南省	永州市	铁路	中低依赖	铁路—中低依赖
湖南省	怀化市	公路	高依赖	公路—高依赖
湖南省	娄底市	公路	高依赖	公路—高依赖
湖南省	湘西土家族苗族自治州	公路	中高依赖	公路—中高依赖
广东省	广州市	综合	中高依赖	综合—中高依赖
广东省	韶关市	公路	中高依赖	公路—中高依赖
广东省	深圳市	综合	中高依赖	综合—中高依赖
广东省	珠海市	综合	中高依赖	综合—中高依赖
广东省	汕头市	公路—水运	高依赖	公路—水运—高依赖
广东省	佛山市	公路—水运	高依赖	公路—水运—高依赖
广东省	江门市	公路	中高依赖	公路—中高依赖
广东省	湛江市	综合	中低依赖	综合—中低依赖
广东省	茂名市	公路	中低依赖	公路—中低依赖
广东省	肇庆市	公路—水运	中高依赖	公路—水运—中高依赖

续表

省（市、区）	城　市	主导性	依赖性	主导性依赖性
广东省	惠州市	水运	中高依赖	水运—中高依赖
广东省	梅州市	公路	中低依赖	公路—中低依赖
广东省	汕尾市	公路—铁路	中低依赖	公路—铁路—中低依赖
广东省	河源市	铁路	低依赖	铁路—低依赖
广东省	阳江市	公路	低依赖	公路—低依赖
广东省	清远市	公路	中低依赖	公路—中低依赖
广东省	东莞市	公路	中高依赖	公路—中高依赖
广东省	中山市	公路	高依赖	公路—高依赖
广东省	潮州市	铁路	低依赖	铁路—低依赖
广东省	揭阳市	公路	高依赖	公路—高依赖
广东省	云浮市	公路—铁路	高依赖	公路—铁路—高依赖
广西壮族自治区	南宁市	综合	中低依赖	综合—中低依赖
广西壮族自治区	柳州市	公路	中高依赖	公路—中高依赖
广西壮族自治区	桂林市	公路—铁路	高依赖	公路—铁路—高依赖
广西壮族自治区	梧州市	公路—水运	高依赖	公路—水运—高依赖
广西壮族自治区	北海市	公路—铁路	中高依赖	公路—铁路—中高依赖
广西壮族自治区	防城港市	综合	中高依赖	综合—中高依赖
广西壮族自治区	钦州市	公路	中高依赖	公路—中高依赖
广西壮族自治区	贵港市	水运	低依赖	水运—低依赖
广西壮族自治区	玉林市	公路—铁路	中高依赖	公路—铁路—中高依赖
广西壮族自治区	百色市	公路	中低依赖	公路—中低依赖
广西壮族自治区	贺州市	公路—铁路	中高依赖	公路—铁路—中高依赖
广西壮族自治区	河池市	铁路	中低依赖	铁路—中低依赖
广西壮族自治区	来宾市	铁路	中低依赖	铁路—中低依赖
广西壮族自治区	崇左市	公路—铁路	中低依赖	公路—铁路—中低依赖
海南省	海口市	综合	中低依赖	综合—中低依赖
海南省	三亚市	公路	中高依赖	公路—中高依赖
重庆市	重庆市	综合	中高依赖	综合—中高依赖
四川省	成都市	公路—铁路	中高依赖	公路—铁路—中高依赖
四川省	自贡市	公路	中高依赖	公路—中高依赖
四川省	攀枝花市	公路	中低依赖	公路—中低依赖
四川省	泸州市	公路—水运	中高依赖	公路—水运—中高依赖
四川省	德阳市	公路	中高依赖	公路—中高依赖
四川省	绵阳市	公路	中低依赖	公路—中低依赖

续表

省（市、区）	城　市	主导性	依赖性	主导性依赖性
四川省	广元市	公路	中高依赖	公路—中高依赖
四川省	遂宁市	公路—铁路	中高依赖	公路—铁路—中高依赖
四川省	内江市	公路	中低依赖	公路—中低依赖
四川省	乐山市	公路—铁路	中高依赖	公路—铁路—中高依赖
四川省	南充市	公路	中低依赖	公路—中低依赖
四川省	眉山市	铁路	中高依赖	铁路—中高依赖
四川省	宜宾市	公路	中高依赖	公路—中高依赖
四川省	广安市	公路	中低依赖	公路—中低依赖
四川省	达州市	公路—铁路	低依赖	公路—铁路—低依赖
四川省	雅安市	公路	中高依赖	公路—中高依赖
四川省	巴中市	铁路	中低依赖	铁路—中低依赖
四川省	资阳市	公路	中高依赖	公路—中高依赖
四川省	阿坝藏族羌族自治州	公路	中高依赖	公路—中高依赖
四川省	甘孜藏族自治州	公路	中高依赖	公路—中高依赖
四川省	凉山彝族自治州	公路—铁路	中低依赖	公路—铁路—中低依赖
贵州省	贵阳市	公路—铁路	中低依赖	公路—铁路—中低依赖
贵州省	六盘水市	公路	中低依赖	公路—中低依赖
贵州省	遵义市	公路	中低依赖	公路—中低依赖
贵州省	安顺市	公路	中低依赖	公路—中低依赖
贵州省	铜仁地区	公路—铁路	中高依赖	公路—铁路—中高依赖
贵州省	黔西南布依族苗族自治州	铁路	中高依赖	铁路—中高依赖
贵州省	毕节地区	铁路	中低依赖	铁路—中低依赖
贵州省	黔东南苗族侗族自治州	公路	高依赖	公路—高依赖
贵州省	黔南布依族苗族自治州	公路—铁路	中低依赖	公路—铁路—中低依赖
云南省	昆明市	公路—铁路	中高依赖	公路—铁路—中高依赖
云南省	曲靖市	公路	中低依赖	公路—中低依赖
云南省	玉溪市	公路	中高依赖	公路—中高依赖
云南省	保山市	公路	中高依赖	公路—中高依赖
云南省	昭通市	公路	中低依赖	公路—中低依赖
云南省	丽江市	公路—铁路	中高依赖	公路—铁路—中高依赖
云南省	普洱市	铁路	中低依赖	铁路—中低依赖
云南省	临沧市	铁路	中低依赖	铁路—中低依赖
云南省	楚雄彝族自治州	公路	中高依赖	公路—中高依赖
云南省	红河哈尼族彝族自治州	公路—铁路	中高依赖	公路—铁路—中高依赖

续表

省（市、区）	城　市	主导性	依赖性	主导性依赖性
云南省	文山壮族苗族自治州	公路	中高依赖	公路—中高依赖
云南省	西双版纳傣族自治州	公路—铁路	中高依赖	公路—铁路—中高依赖
云南省	大理白族自治州	公路	中高依赖	公路—中高依赖
云南省	德宏傣族景颇族自治州	公路—铁路	中低依赖	公路—铁路—中低依赖
云南省	怒江傈僳族自治州	铁路	中低依赖	铁路—中低依赖
云南省	迪庆藏族自治州	公路	中高依赖	公路—中高依赖
西藏自治区	拉萨市	公路	中高依赖	公路—中高依赖
西藏自治区	昌都地区	公路	中低依赖	公路—中低依赖
西藏自治区	山南地区	公路	中低依赖	公路—中低依赖
西藏自治区	日喀则地区	铁路	低依赖	铁路—低依赖
西藏自治区	那曲地区	铁路	低依赖	铁路—低依赖
西藏自治区	阿里地区	公路—铁路	中高依赖	公路—铁路—中高依赖
西藏自治区	林芝地区	公路—铁路	中高依赖	公路—铁路—中高依赖
陕西省	西安市	公路—铁路	中低依赖	公路—铁路—中低依赖
陕西省	铜川市	铁路	中高依赖	铁路—中高依赖
陕西省	宝鸡市	公路	低依赖	公路—低依赖
陕西省	咸阳市	公路	高依赖	公路—高依赖
陕西省	渭南市	公路—铁路	高依赖	公路—铁路—高依赖
陕西省	延安市	公路—铁路	中高依赖	公路—铁路—中高依赖
陕西省	汉中市	公路	低依赖	公路—低依赖
陕西省	榆林市	公路	中低依赖	公路—中低依赖
陕西省	安康市	铁路—水运	中高依赖	铁路—水运—中高依赖
陕西省	商洛市	公路—铁路	中低依赖	公路—铁路—中低依赖
甘肃省	兰州市	公路—铁路	中高依赖	公路—铁路—中高依赖
甘肃省	嘉峪关市	公路	低依赖	公路—低依赖
甘肃省	金昌市	公路	中高依赖	公路—中高依赖
甘肃省	白银市	铁路	中高依赖	铁路—中高依赖
甘肃省	天水市	公路	低依赖	公路—低依赖
甘肃省	武威市	铁路	中低依赖	铁路—中低依赖
甘肃省	张掖市	公路	中高依赖	公路—中高依赖
甘肃省	平凉市	公路—铁路	中高依赖	公路—铁路—中高依赖
甘肃省	酒泉市	公路	中低依赖	公路—中低依赖
甘肃省	庆阳市	公路	中高依赖	公路—中高依赖
甘肃省	定西市	公路—铁路	中低依赖	公路—铁路—中低依赖

续表

省（市、区）	城　市	主导性	依赖性	主导性依赖性
甘肃省	陇南市	公路—铁路	中高依赖	公路—铁路—中高依赖
甘肃省	临夏回族自治州	公路—铁路	中高依赖	公路—铁路—中高依赖
甘肃省	甘南藏族自治州	公路—铁路	中低依赖	公路—铁路—中低依赖
青海省	西宁市	公路—铁路	中高依赖	公路—铁路—中高依赖
青海省	海东市	公路	中高依赖	公路—中高依赖
青海省	海北藏族自治州	公路—铁路	中低依赖	公路—铁路—中低依赖
青海省	黄南藏族自治州	公路—铁路	中低依赖	公路—铁路—中低依赖
青海省	海南藏族自治州	公路	中低依赖	公路—中低依赖
青海省	果洛藏族自治州	公路	中低依赖	公路—中低依赖
青海省	玉树藏族自治州	铁路	低依赖	铁路—低依赖
青海省	海西蒙古族藏族自治州	铁路	低依赖	铁路—低依赖
宁夏回族自治区	银川市	公路—铁路	中高依赖	公路—铁路—中高依赖
宁夏回族自治区	石嘴山市	公路	中低依赖	公路—中低依赖
宁夏回族自治区	吴忠市	公路	中低依赖	公路—中低依赖
宁夏回族自治区	固原市	公路	低依赖	公路—低依赖
宁夏回族自治区	中卫市	铁路	低依赖	铁路—低依赖
新疆维吾尔自治区	乌鲁木齐市	公路—铁路	中高依赖	公路—铁路—中高依赖
新疆维吾尔自治区	克拉玛依市	公路—铁路	中低依赖	公路—铁路—中低依赖
新疆维吾尔自治区	吐鲁番地区	公路	中低依赖	公路—中低依赖
新疆维吾尔自治区	哈密地区	铁路	中低依赖	铁路—中低依赖
新疆维吾尔自治区	昌吉回族自治州	公路	中低依赖	公路—中低依赖
新疆维吾尔自治区	博尔塔拉蒙古自治州	公路—铁路	中高依赖	公路—铁路—中高依赖
新疆维吾尔自治区	巴音郭楞蒙古自治州	公路—铁路	中高依赖	公路—铁路—中高依赖
新疆维吾尔自治区	阿克苏地区	铁路	中低依赖	铁路—中低依赖
新疆维吾尔自治区	克孜勒苏柯尔克孜自治州	公路—铁路	中高依赖	公路—铁路—中高依赖
新疆维吾尔自治区	喀什地区	公路	高依赖	公路—高依赖
新疆维吾尔自治区	和田地区	公路	中高依赖	公路—中高依赖
新疆维吾尔自治区	伊犁哈萨克自治州	铁路	低依赖	铁路—低依赖
新疆维吾尔自治区	塔城地区	公路	中低依赖	公路—中低依赖
新疆维吾尔自治区	阿勒泰地区	公路	中高依赖	公路—中高依赖
新疆维吾尔自治区	石河子市	公路	低依赖	公路—低依赖
新疆维吾尔自治区	阿拉尔市	铁路	低依赖	铁路—低依赖
新疆维吾尔自治区	图木舒克市	铁路	低依赖	铁路—低依赖
新疆维吾尔自治区	五家渠市	铁路	中低依赖	铁路—中低依赖

附录4　全国各城市交通运输用地的供给协调性

省（市、区）	城　市	生态 – 交通干扰度	经济 – 交通耦合协调度	人口 – 交通耦合协调度
北京市	北京市	高	优质	优质
天津市	天津市	高	优质	优质
河北省	石家庄市	高	优质	优质
河北省	唐山市	高	优质	优质
河北省	秦皇岛市	高	中等	中等
河北省	邯郸市	高	优质	优质
河北省	邢台市	高	良好	优质
河北省	保定市	高	优质	优质
河北省	张家口市	高	良好	良好
河北省	承德市	高	良好	良好
河北省	沧州市	中等	优质	优质
河北省	廊坊市	高	优质	优质
河北省	衡水市	中等	良好	良好
山西省	太原市	高	良好	良好
山西省	大同市	高	中等	中等
山西省	阳泉市	低	较差	较差
山西省	长治市	高	中等	中等
山西省	晋城市	中等	中等	中等
山西省	朔州市	中等	中等	较差
山西省	晋中市	高	良好	中等
山西省	运城市	低	良好	良好
山西省	忻州市	高	中等	中等
山西省	临汾市	低	良好	良好
山西省	吕梁市	低	中等	中等
内蒙古自治区	呼和浩特市	中等	优质	良好
内蒙古自治区	包头市	中等	优质	良好
内蒙古自治区	乌海市	中等	较差	较差
内蒙古自治区	赤峰市	高	优质	良好
内蒙古自治区	通辽市	低	优质	良好
内蒙古自治区	鄂尔多斯市	低	优质	良好
内蒙古自治区	呼伦贝尔市	低	优质	中等
内蒙古自治区	巴彦淖尔市	中等	良好	较差
内蒙古自治区	乌兰察布市	低	良好	中等

续表

省（市、区）	城　市	生态－交通干扰度	经济－交通耦合协调度	人口－交通耦合协调度
内蒙古自治区	兴安盟	低	中等	较差
内蒙古自治区	锡林郭勒盟	低	优质	较差
内蒙古	阿拉善盟	低	较差	较差
辽宁省	沈阳市	低	优质	优质
辽宁省	大连市	中等	优质	优质
辽宁省	鞍山市	高	良好	良好
辽宁省	抚顺市	低	中等	中等
辽宁省	本溪市	低	中等	中等
辽宁省	丹东市	低	良好	中等
辽宁省	锦州市	高	良好	中等
辽宁省	营口市	高	良好	中等
辽宁省	阜新市	低	中等	较差
辽宁省	辽阳市	中等	中等	中等
辽宁省	盘锦市	高	中等	较差
辽宁省	铁岭市	低	中等	中等
辽宁省	朝阳市	高	中等	中等
辽宁省	葫芦岛市	中等	中等	中等
吉林省	长春市	中等	优质	优质
吉林省	吉林市	低	优质	良好
吉林省	四平市	低	良好	中等
吉林省	辽源市	低	较差	较差
吉林省	通化市	低	中等	中等
吉林省	白山市	低	较差	较差
吉林省	松原市	低	良好	中等
吉林省	白城市	低	中等	较差
吉林省	延边朝鲜族自治州	中等	良好	中等
黑龙江省	哈尔滨市	低	优质	优质
黑龙江省	齐齐哈尔市	低	良好	良好
黑龙江省	鸡西市	低	较差	较差
黑龙江省	鹤岗市	低	较差	较差
黑龙江省	双鸭山市	低	较差	较差
黑龙江省	大庆市	低	优质	良好
黑龙江省	伊春市	中等	较差	较差
黑龙江省	佳木斯市	低	良好	中等

续表

省（市、区）	城　市	生态－交通干扰度	经济－交通耦合协调度	人口－交通耦合协调度
黑龙江省	七台河市	低	较差	较差
黑龙江省	牡丹江市	低	良好	中等
黑龙江省	黑河市	低	中等	较差
黑龙江省	绥化市	低	良好	良好
上海市	上海市	高	优质	优质
江苏省	南京市	中等	优质	优质
江苏省	无锡市	中等	优质	优质
江苏省	徐州市	高	优质	优质
江苏省	常州市	中等	优质	优质
江苏省	苏州市	高	优质	优质
江苏省	南通市	高	优质	优质
江苏省	连云港市	中等	良好	优质
江苏省	淮安市	高	优质	优质
江苏省	盐城市	中等	优质	优质
江苏省	扬州市	高	优质	优质
江苏省	镇江市	中等	优质	良好
江苏省	泰州市	中等	优质	优质
江苏省	宿迁市	高	良好	优质
浙江省	杭州市	低	优质	优质
浙江省	宁波市	低	优质	优质
浙江省	温州市	中等	优质	优质
浙江省	嘉兴市	中等	优质	优质
浙江省	湖州市	中等	良好	良好
浙江省	绍兴市	中等	优质	优质
浙江省	金华市	中等	优质	优质
浙江省	衢州市	低	中等	中等
浙江省	舟山市	低	较差	较差
浙江省	台州市	中等	优质	优质
浙江省	丽水市	中等	中等	中等
安徽省	合肥市	低	优质	优质
安徽省	芜湖市	中等	良好	良好
安徽省	蚌埠市	高	中等	良好
安徽省	淮南市	低	较差	中等
安徽省	马鞍山市	中等	中等	中等

续表

省（市、区）	城　市	生态－交通干扰度	经济－交通耦合协调度	人口－交通耦合协调度
安徽省	淮北市	中等	较差	中等
安徽省	铜陵市	中等	较差	较差
安徽省	安庆市	高	良好	良好
安徽省	黄山市	低	较差	较差
安徽省	滁州市	高	良好	良好
安徽省	阜阳市	低	良好	优质
安徽省	宿州市	高	良好	良好
安徽省	六安市	高	中等	良好
安徽省	亳州市	中等	中等	良好
安徽省	池州市	高	较差	较差
安徽省	宣城市	低	中等	中等
福建省	福州市	中等	优质	优质
福建省	厦门市	中等	优质	良好
福建省	莆田市	中等	中等	良好
福建省	三明市	中等	良好	良好
福建省	泉州市	中等	优质	优质
福建省	漳州市	中等	优质	优质
福建省	南平市	中等	良好	中等
福建省	龙岩市	高	良好	良好
福建省	宁德市	中等	良好	良好
江西省	南昌市	高	优质	优质
江西省	景德镇市	高	较差	较差
江西省	萍乡市	中等	较差	中等
江西省	九江市	高	良好	良好
江西省	新余市	中等	较差	较差
江西省	鹰潭市	高	较差	较差
江西省	赣州市	高	优质	优质
江西省	吉安市	高	良好	良好
江西省	宜春市	高	良好	良好
江西省	抚州市	高	中等	中等
江西省	上饶市	高	良好	优质
山东省	济南市	中等	优质	优质
山东省	青岛市	中等	优质	优质
山东省	淄博市	中等	优质	优质

续表

省（市、区）	城　市	生态－交通干扰度	经济－交通耦合协调度	人口－交通耦合协调度
山东省	枣庄市	中等	良好	良好
山东省	东营市	高	优质	良好
山东省	烟台市	中等	优质	优质
山东省	潍坊市	中等	优质	优质
山东省	济宁市	中等	优质	优质
山东省	泰安市	中等	良好	优质
山东省	威海市	中等	良好	良好
山东省	日照市	中等	中等	良好
山东省	莱芜市	中等	较差	较差
山东省	临沂市	中等	优质	优质
山东省	德州市	中等	优质	优质
山东省	聊城市	中等	优质	优质
山东省	滨州市	中等	良好	良好
山东省	菏泽市	中等	优质	优质
河南省	郑州市	中等	优质	优质
河南省	开封市	中等	良好	良好
河南省	洛阳市	低	优质	优质
河南省	平顶山市	高	良好	良好
河南省	安阳市	高	良好	优质
河南省	鹤壁市	中等	较差	较差
河南省	新乡市	中等	良好	优质
河南省	焦作市	中等	良好	良好
河南省	濮阳市	中等	中等	良好
河南省	许昌市	中等	良好	良好
河南省	漯河市	中等	较差	中等
河南省	三门峡市	低	中等	中等
河南省	南阳市	高	优质	优质
河南省	商丘市	中等	良好	优质
河南省	信阳市	高	良好	优质
河南省	周口市	中等	良好	优质
河南省	驻马店市	高	良好	优质
湖北省	武汉市	低	优质	优质
湖北省	黄石市	中等	中等	中等
湖北省	十堰市	低	中等	中等

续表

省（市、区）	城　市	生态－交通干扰度	经济－交通耦合协调度	人口－交通耦合协调度
湖北省	宜昌市	高	优质	优质
湖北省	襄阳市	高	优质	优质
湖北省	鄂州市	中等	较差	较差
湖北省	荆门市	中等	中等	中等
湖北省	孝感市	高	中等	良好
湖北省	荆州市	高	良好	良好
湖北省	黄冈市	高	良好	优质
湖北省	咸宁市	中等	中等	中等
湖北省	随州市	高	较差	中等
湖北省	恩施土家族苗族自治州	高	中等	中等
湖南省	长沙市	中等	优质	优质
湖南省	株洲市	中等	良好	良好
湖南省	湘潭市	中等	中等	良好
湖南省	衡阳市	高	优质	优质
湖南省	邵阳市	中等	良好	良好
湖南省	岳阳市	低	优质	优质
湖南省	常德市	高	优质	优质
湖南省	张家界市	高	较差	较差
湖南省	益阳市	低	中等	良好
湖南省	郴州市	高	良好	良好
湖南省	永州市	高	良好	良好
湖南省	怀化市	高	良好	良好
湖南省	娄底市	中等	中等	良好
湖南省	湘西土家族苗族自治州	高	较差	较差
广东省	广州市	高	优质	优质
广东省	韶关市	高	良好	中等
广东省	深圳市	高	优质	优质
广东省	珠海市	高	中等	中等
广东省	汕头市	中等	中等	良好
广东省	佛山市	高	优质	优质
广东省	江门市	高	良好	良好
广东省	湛江市	低	优质	优质
广东省	茂名市	中等	良好	优质
广东省	肇庆市	中等	良好	良好

续表

省（市、区）	城　市	生态－交通 干扰度	经济－交通 耦合协调度	人口－交通 耦合协调度
广东省	惠州市	中等	优质	良好
广东省	梅州市	高	中等	良好
广东省	汕尾市	中等	较差	中等
广东省	河源市	高	中等	中等
广东省	阳江市	中等	中等	中等
广东省	清远市	高	良好	良好
广东省	东莞市	高	优质	优质
广东省	中山市	高	中等	中等
广东省	潮州市	中等	较差	中等
广东省	揭阳市	中等	中等	优质
广东省	云浮市	中等	中等	中等
广西壮族自治区	南宁市	低	优质	优质
广西壮族自治区	柳州市	高	良好	良好
广西壮族自治区	桂林市	高	良好	良好
广西壮族自治区	梧州市	中等	中等	中等
广西壮族自治区	北海市	低	中等	较差
广西壮族自治区	防城港市	高	较差	较差
广西壮族自治区	钦州市	高	中等	中等
广西壮族自治区	贵港市	中等	中等	良好
广西壮族自治区	玉林市	中等	良好	良好
广西壮族自治区	百色市	低	良好	中等
广西壮族自治区	贺州市	高	较差	较差
广西壮族自治区	河池市	低	中等	中等
广西壮族自治区	来宾市	低	较差	较差
广西壮族自治区	崇左市	高	中等	中等
海南省	海口市	中等	中等	中等
海南省	三亚市	高	较差	较差
重庆市	重庆市	高	优质	优质
四川省	成都市	低	优质	优质
四川省	自贡市	中等	较差	中等
四川省	攀枝花市	低	较差	较差
四川省	泸州市	中等	中等	良好
四川省	德阳市	低	中等	良好
四川省	绵阳市	低	良好	良好

续表

省（市、区）	城　市	生态－交通干扰度	经济－交通耦合协调度	人口－交通耦合协调度
四川省	广元市	低	较差	中等
四川省	遂宁市	中等	中等	中等
四川省	内江市	中等	中等	良好
四川省	乐山市	中等	中等	中等
四川省	南充市	中等	良好	良好
四川省	眉山市	中等	中等	中等
四川省	宜宾市	中等	中等	良好
四川省	广安市	中等	中等	中等
四川省	达州市	高	中等	良好
四川省	雅安市	低	较差	较差
四川省	巴中市	中等	较差	中等
四川省	资阳市	中等	中等	良好
四川省	阿坝藏族羌族自治州	低	较差	较差
四川省	甘孜藏族自治州	低	较差	较差
四川省	凉山彝族自治州	低	良好	中等
贵州省	贵阳市	低	优质	良好
贵州省	六盘水市	低	中等	中等
贵州省	遵义市	低	优质	优质
贵州省	安顺市	低	较差	中等
贵州省	铜仁地区	中等	中等	中等
贵州省	黔西南布依族苗族自治州	低	中等	中等
贵州省	毕节市	低	良好	优质
贵州省	黔东南苗族侗族自治州	低	中等	中等
贵州省	黔南布依族苗族自治州	低	中等	中等
云南省	昆明市	低	优质	优质
云南省	曲靖市	低	良好	良好
云南省	玉溪市	中等	中等	中等
云南省	保山市	中等	较差	较差
云南省	昭通市	低	较差	中等
云南省	丽江市	低	较差	较差
云南省	普洱市	中等	较差	较差
云南省	临沧市	中等	较差	较差
云南省	楚雄彝族自治州	中等	中等	中等
云南省	红河哈尼族彝族自治州	中等	良好	良好

续表

省（市、区）	城　市	生态－交通干扰度	经济－交通耦合协调度	人口－交通耦合协调度
云南省	文山壮族苗族自治州	中等	中等	中等
云南省	西双版纳傣族自治州	低	较差	较差
云南省	大理白族自治州	中等	中等	中等
云南省	德宏傣族景颇族自治州	中等	较差	较差
云南省	怒江傈僳族自治州	中等	较差	较差
云南省	迪庆藏族自治州	中等	较差	较差
西藏自治区	拉萨市	中等	较差	较差
西藏自治区	昌都市	低	无数据	无数据
西藏自治区	山南地区	低	无数据	无数据
西藏自治区	日喀则市	低	无数据	无数据
西藏自治区	那曲地区	低	无数据	无数据
西藏自治区	阿里地区	低	无数据	无数据
西藏自治区	林芝市	低	无数据	无数据
陕西省	西安市	低	优质	优质
陕西省	铜川市	中等	较差	较差
陕西省	宝鸡市	低	良好	良好
陕西省	咸阳市	低	良好	良好
陕西省	渭南市	低	良好	良好
陕西省	延安市	低	良好	中等
陕西省	汉中市	低	中等	中等
陕西省	榆林市	低	优质	良好
陕西省	安康市	低	中等	中等
陕西省	商洛市	低	较差	较差
甘肃省	兰州市	低	良好	良好
甘肃省	嘉峪关市	低	较差	较差
甘肃省	金昌市	低	较差	较差
甘肃省	白银市	低	较差	较差
甘肃省	天水市	低	较差	中等
甘肃省	武威市	低	较差	较差
甘肃省	张掖市	低	较差	较差
甘肃省	平凉市	低	较差	较差
甘肃省	酒泉市	低	中等	较差
甘肃省	庆阳市	低	较差	中等
甘肃省	定西市	低	较差	较差

续表

省（市、区）	城　市	生态－交通干扰度	经济－交通耦合协调度	人口－交通耦合协调度
甘肃省	陇南市	低	较差	较差
甘肃省	临夏回族自治州	中等	较差	较差
甘肃省	甘南藏族自治州	低	较差	较差
青海省	西宁市	中等	较差	中等
青海省	海东地区	中等	较差	较差
青海省	海北藏族自治州	低	较差	较差
青海省	黄南藏族自治州	低	较差	较差
青海省	海南藏族自治州	低	较差	较差
青海省	果洛藏族自治州	低	较差	较差
青海省	玉树藏族自治州	低	较差	较差
青海省	海西蒙古族藏族自治州	低	中等	较差
宁夏回族自治区	银川市	中等	良好	中等
宁夏回族自治区	石嘴山市	中等	较差	较差
宁夏回族自治区	吴忠市	低	较差	较差
宁夏回族自治区	固原市	低	较差	较差
宁夏回族自治区	中卫市	低	较差	较差
新疆维吾尔自治区	乌鲁木齐市	低	良好	良好
新疆维吾尔自治区	克拉玛依市	低	较差	较差
新疆维吾尔自治区	吐鲁番地区	中等	较差	较差
新疆维吾尔自治区	哈密地区	中等	中等	较差
新疆维吾尔自治区	昌吉回族自治州	低	良好	较差
新疆维吾尔自治区	博尔塔拉蒙古自治州	低	较差	较差
新疆维吾尔自治区	巴音郭楞蒙古自治州	低	良好	较差
新疆维吾尔自治区	阿克苏地区	低	中等	中等
新疆维吾尔自治区	克孜勒苏柯尔克孜自治州	中等	较差	较差
新疆维吾尔自治区	喀什地区	中等	中等	中等
新疆维吾尔自治区	和田地区	中等	较差	较差
新疆维吾尔自治区	伊犁哈萨克自治州	低	良好	良好
新疆维吾尔自治区	塔城地区	低	中等	较差
新疆维吾尔自治区	阿勒泰地区	低	较差	较差
新疆维吾尔自治区	石河子市	中等	无数据	无数据
新疆维吾尔自治区	阿拉尔市	中等	无数据	无数据
新疆维吾尔自治区	图木舒克市	中等	无数据	无数据
新疆维吾尔自治区	五家渠市	中等	无数据	无数据

附录5　全国各缺口城市交通运输用地供地决策表

省（市、区）	城　市	级　别	分　区	缺　口	依赖性	生　态	经　济	人　口	主导性	优先级	优先级	缺口类型	优先供地类型
湖南省	郴州市	四线城市	华中	高缺口	高依赖	高	良好	良好	公路	1	一级	绝对缺口型	公路
河北省	张家口市	四线城市	华北	高缺口	高依赖	高	良好	良好	公路—铁路	1	一级	补充平衡型	铁路
内蒙古自治区	乌兰察布市	五线城市	华北	高缺口	中高依赖	低	良好	中等	铁路	2	一级	绝对缺口型	铁路
黑龙江省	齐齐哈尔市	三线城市	东北	高缺口	中高依赖	低	良好	良好	公路—铁路	3	一级	补充平衡型	公路
黑龙江省	哈尔滨市	二线城市	东北	高缺口	中高依赖	低	优质	优质	综合	4	一级	补充平衡型	公路
云南省	昆明市	二线城市	西南	高缺口	中高依赖	低	优质	优质	公路—铁路	4	一级	补充平衡型	公路
湖南省	邵阳市	四线城市	华中	高缺口	中高依赖	中等	良好	良好	公路—铁路	5	一级	补充平衡型	公路
内蒙古自治区	包头市	三线城市	华北	高缺口	中高依赖	中等	优质	良好	公路—铁路	6	一级	补充平衡型	公路
山东省	临沂市	三线城市	华东	高缺口	中高依赖	中等	优质	优质	公路—铁路	7	一级	补充平衡型	公路
安徽省	六安市	四线城市	华东	高缺口	中高依赖	高	中等	良好	公路	8	一级	绝对缺口型	公路
江西省	上饶市	三线城市	华东	高缺口	中高依赖	高	良好	优质	公路	9	一级	绝对缺口型	公路
重庆市	重庆市	一线城市	西南	高缺口	中高依赖	高	优质	优质	综合	10	一级	补充平衡型	公路
江西省	赣州市	三线城市	华东	高缺口	中高依赖	高	优质	优质	公路—铁路	10	一级	补充平衡型	公路
河南省	南阳市	三线城市	华中	高缺口	中高依赖	高	优质	优质	公路	10	一级	绝对缺口型	公路
湖北省	襄阳市	三线城市	华中	高缺口	中高依赖	高	优质	优质	公路—铁路	10	一级	补充平衡型	公路
河北省	石家庄市	二线城市	华北	高缺口	中高依赖	高	优质	优质	铁路	10	一级	结构调整型	公路
河北省	邯郸市	三线城市	华北	高缺口	中高依赖	高	优质	优质	公路	10	一级	绝对缺口型	公路
甘肃省	酒泉市	五线城市	西北	高缺口	中低依赖	低	中等	较差	公路	11	一级	绝对缺口型	公路
贵州省	黔南布依族苗族自治州	四线城市	西南	高缺口	中低依赖	低	中等	中等	公路—铁路	12	一级	补充平衡型	公路
安徽省	阜阳市	四线城市	华东	高缺口	中低依赖	低	良好	优质	公路—铁路	13	一级	补充平衡型	公路
内蒙古自治区	呼伦贝尔市	四线城市	华北	高缺口	中低依赖	低	优质	中等	公路	14	一级	绝对缺口型	公路

续表

省（市、区）	城　市	级　别	分　区	缺　口	依赖性	生　态	经　济	人　口	主导性	优先级	优先级	缺口类型	优先供地类型
内蒙古自治区	鄂尔多斯市	四线城市	华北	高缺口	中低依赖	低	优质	良好	公路	15	一级	绝对缺口型	公路
内蒙古自治区	通辽市	四线城市	华北	高缺口	中低依赖	低	优质	良好	铁路	15	一级	结构调整型	公路
陕西省	榆林市	四线城市	西北	高缺口	中低依赖	低	优质	良好	公路	15	一级	绝对缺口型	公路
贵州省	遵义市	四线城市	西南	高缺口	中低依赖	低	优质	优质	公路	16	一级	绝对缺口型	公路
广西壮族自治区	南宁市	二线城市	华南	高缺口	中低依赖	低	优质	优质	综合	16	一级	补充平衡型	公路
陕西省	西安市	一线城市	西北	高缺口	中低依赖	低	优质	优质	公路—铁路	16	一级	补充平衡型	公路
内蒙古自治区	巴彦淖尔市	五线城市	华北	高缺口	低依赖	中等	良好	较差	公路	17	一级	结构调整型	铁路
四川省	达州市	五线城市	西南	高缺口	低依赖	高	中等	良好	公路—铁路	18	一级	补充平衡型	公路
内蒙古自治区	赤峰市	四线城市	华北	高缺口	低依赖	高	优质	良好	公路	19	一级	绝对缺口型	公路
山东省	潍坊市	三线城市	华东	中高缺口	高依赖	中等	优质	优质	公路—铁路	20	一级	补充平衡型	铁路
广西壮族自治区	桂林市	三线城市	华南	中高缺口	高依赖	高	良好	良好	公路—铁路	21	一级	补充平衡型	铁路
甘肃省	张掖市	五线城市	西北	中高缺口	中高依赖	低	较差	较差	公路	22	一级	结构调整型	铁路
甘肃省	白银市	五线城市	西北	中高缺口	中高依赖	低	较差	较差	铁路	22	一级	绝对缺口型	铁路
湖北省	十堰市	四线城市	华中	中高缺口	中高依赖	低	中等	中等	公路	23	一级	结构调整型	铁路
陕西省	延安市	五线城市	西北	中高缺口	中高依赖	低	良好	中等	公路—铁路	24	二级	补充平衡型	铁路
黑龙江省	绥化市	五线城市	东北	中高缺口	中高依赖	低	良好	良好	公路	25	二级	结构调整型	铁路
云南省	红河哈尼族彝族自治州	四线城市	西南	中高缺口	中高依赖	中等	良好	良好	公路—铁路	26	二级	补充平衡型	公路
广西壮族自治区	玉林市	四线城市	华南	中高缺口	中高依赖	中等	良好	良好	公路—铁路	26	二级	补充平衡型	公路
河南省	周口市	四线城市	华中	中高缺口	中高依赖	中等	良好	优质	公路	27	二级	结构调整型	铁路
吉林省	长春市	二线城市	东北	中高缺口	中高依赖	中等	优质	优质	公路—铁路	28	二级	补充平衡型	公路
江西省	抚州市	四线城市	华东	中高缺口	中高依赖	高	中等	中等	公路	29	二级	结构调整型	铁路

续表

省（市、区）	城市	级别	分区	缺口	依赖性	生态	经济	人口	主导性	优先级	优先级	缺口类型	优先供地类型
广西壮族自治区	柳州市	三线城市	华南	中高缺口	中高依赖	高	良好	良好	公路	30	二级	绝对缺口型	公路
江西省	吉安市	四线城市	华东	中高缺口	中高依赖	高	良好	良好	公路	30	二级	结构调整型	铁路
江西省	宜春市	四线城市	华东	中高缺口	中高依赖	高	良好	良好	公路	30	二级	结构调整型	铁路
湖南省	衡阳市	三线城市	华中	中高缺口	中高依赖	高	优质	优质	公路	31	二级	绝对缺口型	公路
湖南省	常德市	四线城市	华中	中高缺口	中高依赖	高	优质	优质	公路—铁路	31	二级	补充平衡型	铁路
湖北省	宜昌市	三线城市	华中	中高缺口	中高依赖	高	优质	优质	综合	31	二级	补充平衡型	铁路
甘肃省	武威市	五线城市	西北	中高缺口	中低依赖	低	较差	较差	铁路	32	二级	绝对缺口型	铁路
云南省	昭通市	五线城市	西南	中高缺口	中低依赖	低	较差	中等	公路	33	二级	结构调整型	铁路
广西壮族自治区	河池市	五线城市	华南	中高缺口	中低依赖	低	中等	中等	铁路	34	二级	绝对缺口型	铁路
广西壮族自治区	百色市	五线城市	华南	中高缺口	中低依赖	低	良好	中等	公路	35	二级	结构调整型	铁路
山西省	临汾市	四线城市	华北	中高缺口	中低依赖	低	良好	良好	公路	36	二级	绝对缺口型	公路
湖南省	岳阳市	三线城市	华中	中高缺口	中低依赖	低	优质	优质	公路—水运	37	二级	补充平衡型	公路
河南省	洛阳市	三线城市	华中	中高缺口	中低依赖	低	优质	优质	公路	37	二级	绝对缺口型	公路
江西省	九江市	三线城市	华东	中高缺口	中低依赖	高	良好	良好	综合	38	二级	补充平衡型	铁路
湖南省	永州市	五线城市	华中	中高缺口	中低依赖	高	良好	良好	铁路	38	二级	绝对缺口型	铁路
安徽省	安庆市	四线城市	华东	中高缺口	中低依赖	高	良好	良好	综合	38	二级	补充平衡型	铁路
广东省	清远市	三线城市	华南	中高缺口	中低依赖	高	良好	良好	公路	59	三级	结构调整型	铁路
陕西省	汉中市	五线城市	西北	中高缺口	低依赖	低	中等	中等	公路	39	二级	结构调整型	铁路
陕西省	渭南市	四线城市	西北	中低缺口	高依赖	低	良好	良好	公路—铁路	40	二级	补充平衡型	公路
安徽省	合肥市	二线城市	华东	中低缺口	高依赖	低	优质	优质	综合	41	二级	补充平衡型	公路
湖南省	怀化市	四线城市	华中	中低缺口	高依赖	高	良好	良好	公路	42	二级	结构调整型	铁路
云南省	丽江市	三线城市	西南	中低缺口	中高依赖	低	较差	较差	公路—铁路	43	二级	补充平衡型	铁路

续表

省（市、区）	城　市	级　别	分　区	缺　口	依赖性	生　态	经　济	人　口	主导性	优先级	优先级	缺口类型	优先供地类型
黑龙江省	黑河市	五线城市	东北	中低缺口	中高依赖	低	中等	较差	公路	44	二级	结构调整型	铁路
陕西省	安康市	五线城市	西北	中低缺口	中高依赖	低	中等	中等	铁路—水运	45	二级	结构调整型	公路
湖南省	益阳市	五线城市	华中	中低缺口	中高依赖	低	中等	良好	铁路	46	三级	绝对缺口型	铁路
浙江省	杭州市	一线城市	华东	中低缺口	中高依赖	低	优质	优质	综合	47	三级	补充平衡型	铁路
四川省	成都市	一线城市	西南	中低缺口	中高依赖	低	优质	优质	公路—铁路	47	三级	补充平衡型	公路
西藏自治区	拉萨市	五线城市	西南	中低缺口	中高依赖	中等	较差	较差	公路	48	三级	结构调整型	铁路
云南省	玉溪市	四线城市	西南	中低缺口	中高依赖	中等	中等	中等	公路	49	三级	结构调整型	铁路
四川省	乐山市	四线城市	西南	中低缺口	中高依赖	中等	中等	中等	公路—铁路	49	三级	补充平衡型	铁路
山东省	菏泽市	四线城市	华东	中低缺口	中高依赖	中等	优质	优质	公路—铁路	50	三级	补充平衡型	铁路
广东省	韶关市	四线城市	华南	中低缺口	中高依赖	高	良好	中等	公路	51	三级	结构调整型	铁路
安徽省	滁州市	四线城市	华东	中低缺口	中高依赖	高	良好	良好	公路	52	三级	绝对缺口型	公路
河北省	承德市	四线城市	华北	中低缺口	中高依赖	高	良好	良好	公路	52	三级	结构调整型	铁路
湖北省	黄冈市	四线城市	华中	中低缺口	中高依赖	高	良好	优质	公路—水运	53	三级	结构调整型	铁路
河南省	信阳市	四线城市	华中	中低缺口	中高依赖	高	良好	优质	公路	53	三级	结构调整型	铁路
河南省	驻马店市	四线城市	华中	中低缺口	中高依赖	高	良好	优质	公路—铁路	53	三级	补充平衡型	铁路
广东省	广州市	一线城市	华南	中低缺口	中高依赖	高	优质	优质	综合	54	三级	补充平衡型	公路
河北省	唐山市	三线城市	华北	中低缺口	中高依赖	高	优质	优质	公路	54	三级	绝对缺口型	公路
河北省	保定市	三线城市	华北	中低缺口	中高依赖	高	优质	优质	公路	54	三级	结构调整型	铁路
四川省	绵阳市	三线城市	西南	中低缺口	中低依赖	低	良好	良好	公路	55	三级	结构调整型	铁路
广东省	湛江市	三线城市	华南	中低缺口	中低依赖	低	优质	优质	综合	56	三级	补充平衡型	铁路
安徽省	亳州市	五线城市	华东	中低缺口	中低依赖	中等	中等	良好	公路—铁路	57	三级	补充平衡型	铁路
广东省	茂名市	四线城市	华南	中低缺口	中低依赖	中等	良好	优质	公路	58	三级	结构调整型	铁路

续表

省（市、区）	城　市	级　别	分　区	缺　口	依赖性	生　态	经　济	人　口	主导性	优先级	优先级	缺口类型	优先供地类型
陕西省	宝鸡市	四线城市	西北	中低缺口	低依赖	低	良好	良好	公路	60	三级	绝对缺口型	公路
内蒙古自治区	呼和浩特市	三线城市	华北	中低缺口	低依赖	中等	优质	良好	公路—铁路	61	三级	补充平衡型	公路
湖南省	长沙市	一线城市	华中	中低缺口	低依赖	中等	优质	优质	综合	62	三级	补充平衡型	铁路
浙江省	丽水市	三线城市	华东	低缺口	高依赖	中等	中等	中等	公路	63	三级	结构调整型	铁路
广西壮族自治区	梧州市	四线城市	华南	低缺口	高依赖	中等	中等	中等	公路—水运	63	三级	结构调整型	铁路
河南省	商丘市	四线城市	华中	低缺口	高依赖	中等	良好	优质	公路—铁路	64	三级	补充平衡型	铁路
辽宁省	鞍山市	三线城市	东北	低缺口	高依赖	高	良好	良好	公路	65	三级	结构调整型	铁路
黑龙江省	鸡西市	五线城市	东北	低缺口	中高依赖	低	较差	较差	公路	66	三级	结构调整型	铁路
四川省	广元市	五线城市	西南	低缺口	中高依赖	低	较差	中等	公路	67	三级	结构调整型	铁路
黑龙江省	佳木斯市	四线城市	东北	低缺口	中高依赖	低	良好	中等	公路—水运	68	四级	结构调整型	铁路
新疆维吾尔自治区	乌鲁木齐市	二线城市	西北	低缺口	中高依赖	低	良好	良好	公路—铁路	69	四级	补充平衡型	铁路
甘肃省	兰州市	二线城市	西北	低缺口	中高依赖	低	良好	良好	公路—铁路	69	四级	补充平衡型	铁路
吉林省	吉林市	三线城市	东北	低缺口	中高依赖	低	优质	良好	公路	70	四级	结构调整型	铁路
青海省	西宁市	三线城市	西北	低缺口	中高依赖	中等	较差	中等	公路—铁路	71	四级	补充平衡型	铁路
湖北省	荆门市	五线城市	华中	低缺口	中高依赖	中等	中等	中等	公路	72	四级	结构调整型	铁路
四川省	宜宾市	四线城市	西南	低缺口	中高依赖	中等	中等	良好	公路	73	四级	结构调整型	铁路
湖南省	株洲市	三线城市	华中	低缺口	中高依赖	中等	良好	良好	公路	74	四级	结构调整型	铁路
山东省	济宁市	三线城市	华东	低缺口	中高依赖	中等	优质	优质	公路—水运	75	四级	补充平衡型	公路
湖南省	张家界市	五线城市	华中	低缺口	中高依赖	高	较差	较差	公路—铁路	76	四级	补充平衡型	铁路
福建省	龙岩市	三线城市	华东	低缺口	中高依赖	高	良好	良好	公路—铁路	77	四级	补充平衡型	铁路
黑龙江省	鹤岗市	五线城市	东北	低缺口	中低依赖	低	较差	较差	公路	78	四级	结构调整型	铁路

续表

省（市、区）	城　市	级　别	分　区	缺　口	依赖性	生　态	经　济	人　口	主导性	优先级	优先级	缺口类型	优先供地类型
甘肃省	定西市	五线城市	西北	低缺口	中低依赖	低	较差	较差	公路—铁路	78	四级	补充平衡型	铁路
贵州省	六盘水市	五线城市	西南	低缺口	中低依赖	低	中等	中等	公路	79	四级	结构调整型	铁路
云南省	曲靖市	四线城市	西南	低缺口	中低依赖	低	良好	良好	公路	80	四级	结构调整型	铁路
四川省	南充市	三线城市	西南	低缺口	中低依赖	中等	良好	良好	公路	81	四级	结构调整型	铁路
广东省	梅州市	四线城市	华南	低缺口	中低依赖	高	中等	良好	公路	82	四级	结构调整型	铁路
河北省	邢台市	四线城市	华北	低缺口	中低依赖	高	良好	优质	公路	83	四级	结构调整型	铁路
宁夏回族自治区	固原市	五线城市	西北	低缺口	低依赖	低	较差	较差	公路	84	四级	结构调整型	铁路
甘肃省	天水市	五线城市	西北	低缺口	低依赖	低	较差	中等	公路	85	四级	结构调整型	铁路
山西省	吕梁市	五线城市	华北	低缺口	低依赖	低	中等	中等	公路	86	四级	结构调整型	铁路
吉林省	松原市	五线城市	东北	低缺口	低依赖	低	良好	中等	公路	87	四级	结构调整型	铁路
广西壮族自治区	贵港市	五线城市	华南	低缺口	低依赖	中等	中等	良好	水运	88	四级	结构调整型	铁路
广东省	河源市	四线城市	华南	低缺口	低依赖	高	中等	中等	铁路	89	四级	绝对缺口型	铁路

附录6　长江经济带交通主导性依赖性

省（市、区）	城　市	主导性	依赖性	主导性依赖性
上海市	上海市	综合	中高依赖	综合—中高依赖型
江苏省	南京市	综合	中高依赖	综合—中高依赖型
江苏省	无锡市	公路—水运	中低依赖	公路—水运—中低依赖型
江苏省	徐州市	公路—水运	高依赖	公路—水运—高依赖型
江苏省	常州市	公路	中低依赖	公路—中低依赖型
江苏省	苏州市	公路—水运	中高依赖	公路—水运—中高依赖型
江苏省	南通市	公路—水运	中低依赖	公路—水运—中低依赖型
江苏省	连云港市	公路—水运	高依赖	公路—水运—高依赖型
江苏省	淮安市	公路	中高依赖	公路—中高依赖型
江苏省	盐城市	公路	中高依赖	公路—中高依赖型
江苏省	扬州市	公路	中高依赖	公路—中高依赖型
江苏省	镇江市	公路—水运	高依赖	公路—水运—高依赖型
江苏省	泰州市	公路	高依赖	公路—高依赖型
江苏省	宿迁市	铁路—水运	中高依赖	铁路—水运—中高依赖型
浙江省	杭州市	综合	中低依赖	综合—中低依赖型
浙江省	宁波市	公路—水运	中高依赖	公路—水运—中高依赖型
浙江省	温州市	公路—水运	中高依赖	公路—水运—中高依赖型
浙江省	嘉兴市	公路—水运	中低依赖	公路—水运—中低依赖型
浙江省	湖州市	公路—水运	中高依赖	公路—水运—中高依赖型
浙江省	绍兴市	公路	中高依赖	公路—中高依赖型
浙江省	金华市	公路	中高依赖	公路—中高依赖型
浙江省	衢州市	公路	高依赖	公路—高依赖型
浙江省	舟山市	公路—水运	中高依赖	公路—水运—中高依赖型
浙江省	台州市	公路	高依赖	公路—高依赖型
浙江省	丽水市	公路	高依赖	公路—高依赖型
安徽省	合肥市	综合	中高依赖	综合—中高依赖型
安徽省	芜湖市	公路—水运	高依赖	公路—水运—高依赖型
安徽省	蚌埠市	公路—水运	中高依赖	公路—水运—中高依赖型
安徽省	淮南市	公路	中高依赖	公路—中高依赖型
安徽省	马鞍山市	水运	中高依赖	水运—中高依赖型
安徽省	淮北市	公路—水运	中高依赖	公路—水运—中高依赖型
安徽省	铜陵市	公路	高依赖	公路—高依赖型
安徽省	安庆市	公路—水运	中高依赖	公路—水运—中高依赖型

续表

省（市、区）	城　市	主导性	依赖性	主导性依赖性
安徽省	黄山市	公路	高依赖	公路—高依赖型
安徽省	滁州市	公路	中高依赖	公路—中高依赖型
安徽省	阜阳市	公路	中低依赖	公路—中低依赖型
安徽省	宿州市	水运	中低依赖	水运—中低依赖型
安徽省	六安市	公路	中高依赖	公路—中高依赖型
安徽省	亳州市	公路—铁路	中高依赖	公路—铁路—中高依赖型
安徽省	池州市	公路—水运	中高依赖	公路—水运—中高依赖型
安徽省	宣城市	公路	高依赖	公路—高依赖型
江西省	南昌市	公路—水运	中高依赖	公路—水运—中高依赖型
江西省	景德镇市	公路	高依赖	公路—高依赖型
江西省	萍乡市	公路	高依赖	公路—高依赖型
江西省	九江市	公路—水运	中高依赖	公路—水运—中高依赖型
江西省	新余市	公路—水运	中高依赖	公路—水运—中高依赖型
江西省	鹰潭市	公路	中高依赖	公路—中高依赖型
江西省	赣州市	公路	中低依赖	公路—中低依赖型
江西省	吉安市	公路	中高依赖	公路—中高依赖型
江西省	宜春市	公路	中高依赖	公路—中高依赖型
江西省	抚州市	公路	中高依赖	公路—中高依赖型
江西省	上饶市	公路	中高依赖	公路—中高依赖型
湖北省	武汉市	综合	中高依赖	综合—中高依赖型
湖北省	黄石市	公路—水运	中高依赖	公路—水运—中高依赖型
湖北省	十堰市	公路	中高依赖	公路—中高依赖型
湖北省	宜昌市	公路—水运	低依赖	公路—水运—低依赖型
湖北省	襄阳市	公路	中高依赖	公路—中高依赖型
湖北省	鄂州市	公路—水运	中高依赖	公路—水运—中高依赖型
湖北省	荆门市	公路	中低依赖	公路—中低依赖型
湖北省	孝感市	公路	中高依赖	公路—中高依赖型
湖北省	荆州市	公路—水运	中低依赖	公路—水运—中低依赖型
湖北省	黄冈市	公路—水运	中高依赖	公路—水运—中高依赖型
湖北省	咸宁市	公路—水运	中高依赖	公路—水运—中高依赖型
湖北省	随州市	公路	中高依赖	公路—中高依赖型
湖北省	恩施土家族苗族自治州	公路—铁路	中高依赖	公路—铁路—中高依赖型
湖南省	长沙市	公路—水运	低依赖	公路—水运—低依赖型
湖南省	株洲市	公路	高依赖	公路—高依赖型

续表

省（市、区）	城　市	主导性	依赖性	主导性依赖性
湖南省	湘潭市	公路	中低依赖	公路—中低依赖型
湖南省	衡阳市	公路	中低依赖	公路—中低依赖型
湖南省	邵阳市	公路	中低依赖	公路—中低依赖型
湖南省	岳阳市	公路—水运	高依赖	公路—水运—高依赖型
湖南省	常德市	公路	中低依赖	公路—中低依赖型
湖南省	张家界市	公路—铁路	中高依赖	公路—铁路—中高依赖型
湖南省	益阳市	公路	中高依赖	公路—中高依赖型
湖南省	郴州市	公路	高依赖	公路—高依赖型
湖南省	永州市	公路	中低依赖	公路—中低依赖型
湖南省	怀化市	公路	中高依赖	公路—中高依赖型
湖南省	娄底市	公路	高依赖	公路—高依赖型
湖南省	湘西土家族苗族自治州	公路	高依赖	公路—高依赖型
重庆市	重庆市	综合	中高依赖	综合—中高依赖型
四川省	成都市	公路—铁路	中高依赖	公路—铁路—中高依赖型
四川省	自贡市	公路	高依赖	公路—高依赖型
四川省	攀枝花市	公路	中高依赖	公路—中高依赖型
四川省	泸州市	公路—水运	高依赖	公路—水运—高依赖型
四川省	德阳市	公路	高依赖	公路—高依赖型
四川省	绵阳市	公路	低依赖	公路—低依赖型
四川省	广元市	公路	中低依赖	公路—中低依赖型
四川省	遂宁市	公路	低依赖	公路—低依赖型
四川省	内江市	公路	高依赖	公路—高依赖型
四川省	乐山市	公路—铁路	中高依赖	公路—铁路—中高依赖型
四川省	南充市	公路	中高依赖	公路—中高依赖型
四川省	眉山市	铁路	低依赖	铁路—低依赖型
四川省	宜宾市	公路	高依赖	公路—高依赖型
四川省	广安市	公路	高依赖	公路—高依赖型
四川省	达州市	公路	低依赖	公路—低依赖型
四川省	雅安市	公路	中高依赖	公路—中高依赖型
四川省	巴中市	铁路	低依赖	铁路—低依赖型
四川省	资阳市	公路	高依赖	公路—高依赖型
四川省	阿坝藏族羌族自治州	公路	高依赖	公路—高依赖型
四川省	甘孜藏族自治州	公路	中高依赖	公路—中高依赖型

续表

省（市、区）	城　市	主导性	依赖性	主导性依赖性
四川省	凉山彝族自治州	公路—铁路	中高依赖	公路—铁路—中高依赖型
贵州省	贵阳市	公路—铁路	中高依赖	公路—铁路—中高依赖型
贵州省	六盘水市	公路	高依赖	公路—高依赖型
贵州省	遵义市	公路	高依赖	公路—高依赖型
贵州省	安顺市	公路	低依赖	公路—低依赖型
贵州省	毕节市	公路	中高依赖	公路—中高依赖型
贵州省	铜仁市	铁路	低依赖	铁路—低依赖型
贵州省	黔西南布依族苗族自治州	铁路	低依赖	铁路—低依赖型
贵州省	黔东南苗族侗族自治州	公路	高依赖	公路—高依赖型
贵州省	黔南布依族苗族自治州	公路—铁路	中高依赖	公路—铁路—中高依赖型
云南省	昆明市	公路—铁路	高依赖	公路—铁路—高依赖型
云南省	曲靖市	公路	中低依赖	公路—中低依赖型
云南省	玉溪市	公路	高依赖	公路—高依赖型
云南省	保山市	公路	中高依赖	公路—中高依赖型
云南省	昭通市	公路	低依赖	公路—低依赖型
云南省	丽江市	公路—铁路	中高依赖	公路—铁路—中高依赖型
云南省	普洱市	铁路	中高依赖	铁路—中高依赖型
云南省	临沧市	铁路	中高依赖	铁路—中高依赖型
云南省	楚雄彝族自治州	公路	高依赖	公路—高依赖型
云南省	红河哈尼族彝族自治州	公路—铁路	中高依赖	公路—铁路—中高依赖型
云南省	文山壮族苗族自治州	公路	中高依赖	公路—中高依赖型
云南省	西双版纳傣族自治州	公路—铁路	中高依赖	公路—铁路—中高依赖型
云南省	大理白族自治州	公路	中高依赖	公路—中高依赖型
云南省	德宏傣族景颇族自治州	公路—铁路	中高依赖	公路—铁路—中高依赖型
云南省	怒江傈僳族自治州	铁路	中高依赖	铁路—中高依赖型
云南省	迪庆藏族自治州	公路	中高依赖	公路—中高依赖型

附录 7　长江经济带交通运输用地的供给协调性

省（市、区）	城　市	生态－交通 干扰度	经济－交通 耦合协调度	人口－交通 耦合协调度
上海省	上海市	高	优质	优质
江苏省	南京市	中等	良好	良好
江苏省	无锡市	中等	良好	良好
江苏省	徐州市	高	良好	良好
江苏省	常州市	中等	中等	中等
江苏省	苏州市	高	良好	良好
江苏省	南通市	高	良好	良好
江苏省	连云港市	中等	中等	中等
江苏省	淮安市	高	中等	中等
江苏省	盐城市	中等	良好	良好
江苏省	扬州市	高	中等	中等
江苏省	镇江市	中等	中等	中等
江苏省	泰州市	中等	中等	中等
江苏省	宿迁市	高	中等	中等
浙江省	杭州市	高	良好	良好
浙江省	宁波市	高	良好	良好
浙江省	温州市	中等	中等	良好
浙江省	嘉兴市	中等	中等	中等
浙江省	湖州市	中等	中等	中等
浙江省	绍兴市	中等	中等	中等
浙江省	金华市	中等	中等	中等
浙江省	衢州市	高	中等	中等
浙江省	舟山市	高	较差	较差
浙江省	台州市	中等	中等	中等
浙江省	丽水市	中等	中等	中等
安徽省	合肥市	低	中等	良好
安徽省	芜湖市	中等	中等	中等
安徽省	蚌埠市	高	中等	中等
安徽省	淮南市	低	较差	中等
安徽省	马鞍山市	中等	中等	中等
安徽省	淮北市	中等	较差	中等
安徽省	铜陵市	中等	较差	较差
安徽省	安庆市	高	中等	中等

续表

省（市、区）	城　市	生态－交通干扰度	经济－交通耦合协调度	人口－交通耦合协调度
安徽省	黄山市	高	较差	中等
安徽省	滁州市	高	中等	中等
安徽省	阜阳市	低	中等	中等
安徽省	宿州市	高	中等	中等
安徽省	六安市	高	中等	中等
安徽省	亳州市	中等	中等	中等
安徽省	池州市	高	较差	中等
安徽省	宣城市	高	中等	中等
江西省	南昌市	高	中等	中等
江西省	景德镇市	高	较差	较差
江西省	萍乡市	中等	较差	较差
江西省	九江市	高	中等	中等
江西省	新余市	中等	较差	较差
江西省	鹰潭市	高	较差	较差
江西省	赣州市	高	中等	良好
江西省	吉安市	低	中等	中等
江西省	宜春市	高	中等	中等
江西省	抚州市	高	中等	中等
江西省	上饶市	高	中等	中等
湖北省	武汉市	高	良好	良好
湖北省	黄石市	中等	较差	中等
湖北省	十堰市	高	中等	中等
湖北省	宜昌市	高	中等	中等
湖北省	襄阳市	高	中等	中等
湖北省	鄂州市	中等	较差	较差
湖北省	荆门市	中等	中等	中等
湖北省	孝感市	高	中等	中等
湖北省	荆州市	低	中等	中等
湖北省	黄冈市	高	中等	中等
湖北省	咸宁市	中等	中等	中等
湖北省	随州市	高	较差	中等
湖北省	恩施土家族苗族自治州	高	较差	中等
湖南省	长沙市	中等	良好	良好
湖南省	株洲市	中等	中等	中等

续表

省（市、区）	城　市	生态－交通干扰度	经济－交通耦合协调度	人口－交通耦合协调度
湖南省	湘潭市	中等	中等	中等
湖南省	衡阳市	低	中等	中等
湖南省	邵阳市	中等	中等	中等
湖南省	岳阳市	低	中等	中等
湖南省	常德市	低	中等	中等
湖南省	张家界市	低	较差	较差
湖南省	益阳市	低	中等	中等
湖南省	郴州市	低	中等	中等
湖南省	永州市	低	中等	中等
湖南省	怀化市	低	中等	中等
湖南省	娄底市	中等	中等	中等
湖南省	湘西土家族苗族自治州	低	较差	中等
重庆市	重庆市	高	优质	优质
四川省	成都市	低	良好	良好
四川省	自贡市	中等	较差	中等
四川省	攀枝花市	低	较差	较差
四川省	泸州市	中等	中等	中等
四川省	德阳市	低	中等	中等
四川省	绵阳市	低	中等	中等
四川省	广元市	低	较差	中等
四川省	遂宁市	中等	较差	中等
四川省	内江市	中等	较差	中等
四川省	乐山市	中等	中等	中等
四川省	南充市	中等	中等	中等
四川省	眉山市	中等	中等	中等
四川省	宜宾市	中等	中等	中等
四川省	广安市	中等	较差	中等
四川省	达州市	高	中等	中等
四川省	雅安市	低	较差	较差
四川省	巴中市	中等	较差	中等
四川省	资阳市	中等	中等	中等
四川省	阿坝藏族羌族自治州	低	较差	较差
四川省	甘孜藏族自治州	低	较差	中等
四川省	凉山彝族自治州	低	中等	中等

续表

省（市、区）	城　市	生态－交通 干扰度	经济－交通 耦合协调度	人口－交通 耦合协调度
贵州省	贵阳市	高	中等	中等
贵州省	六盘水市	高	中等	中等
贵州省	遵义市	高	中等	中等
贵州省	安顺市	高	较差	中等
贵州省	毕节市	高	中等	中等
贵州省	铜仁市	中等	中等	中等
贵州省	黔西南布依族苗族自治州	高	中等	中等
贵州省	黔东南苗族侗族自治州	高	中等	中等
贵州省	黔南布依族苗族自治州	高	中等	中等
云南省	昆明市	高	中等	良好
云南省	曲靖市	高	中等	中等
云南省	玉溪市	中等	中等	中等
云南省	保山市	中等	较差	中等
云南省	昭通市	高	较差	中等
云南省	丽江市	低	较差	较差
云南省	普洱市	低	较差	中等
云南省	临沧市	中等	较差	中等
云南省	楚雄彝族自治州	低	中等	中等
云南省	红河哈尼族彝族自治州	中等	中等	中等
云南省	文山壮族苗族自治州	中等	较差	中等
云南省	西双版纳傣族自治州	低	较差	较差
云南省	大理白族自治州	低	中等	中等
云南省	德宏傣族景颇族自治州	中等	较差	较差
云南省	怒江傈僳族自治州	低	较差	较差
云南省	迪庆藏族自治州	低	较差	较差

附录 8　长江经济带各缺口城市交通运输用地供地决策表

省（市、区）	城　市	级　别	分　区	缺口等级	依赖性	生　态	经　济	人　口	主导性	优先级	优先级	缺口类型	优先供地类型
四川省	阿坝藏族羌族自治州	五线城市	上游	高缺口	高依赖	低	较差	较差	公路	1	一级	绝对缺口型	公路
湖南省	郴州市	四线城市	中游	高缺口	高依赖	低	中等	中等	公路	2	一级	绝对缺口型	公路
湖南省	岳阳市	三线城市	中游	高缺口	高依赖	低	中等	中等	公路—水运	2	一级	补充平衡型	公路
云南省	玉溪市	四线城市	上游	高缺口	高依赖	中等	中等	中等	公路	3	一级	绝对缺口型	公路
贵州省	遵义市	四线城市	上游	高缺口	高依赖	高	中等	中等	公路	3	一级	绝对缺口型	公路
云南省	昆明市	二线城市	上游	高缺口	高依赖	高	中等	良好	公路—铁路	4	一级	补充平衡型	公路
云南省	普洱市	五线城市	上游	高缺口	中高依赖	低	较差	中等	铁路	5	一级	结构调整型	公路
江西省	吉安市	四线城市	中游	高缺口	中高依赖	低	中等	中等	公路	6	二级	绝对缺口型	公路
安徽省	合肥市	二线城市	下游	高缺口	中高依赖	低	中等	良好	综合	7	一级	补充平衡型	公路
云南省	红河哈尼族彝族自治州	四线城市	上游	高缺口	中高依赖	中等	中等	中等	公路—铁路	8	一级	补充平衡型	公路
湖北省	襄阳市	三线城市	中游	高缺口	中高依赖	高	中等	中等	公路	9	一级	绝对缺口型	公路
贵州省	黔南布依族苗族自治州	四线城市	上游	高缺口	中高依赖	高	中等	中等	公路—铁路	9	一级	补充平衡型	公路
江西省	上饶市	三线城市	中游	高缺口	中高依赖	高	中等	中等	公路	9	一级	绝对缺口型	公路
安徽省	六安市	四线城市	下游	高缺口	中高依赖	高	中等	中等	公路	9	一级	绝对缺口型	公路
江西省	九江市	三线城市	中游	高缺口	中高依赖	高	中等	中等	公路—水运	9	一级	补充平衡型	公路
重庆省	重庆市	一线城市	上游	高缺口	中高依赖	高	优质	优质	综合	10	一级	补充平衡型	公路
湖南省	常德市	四线城市	中游	高缺口	中低依赖	低	中等	中等	公路	11	一级	绝对缺口型	公路
湖南省	邵阳市	四线城市	中游	高缺口	中低依赖	中等	中等	中等	公路	12	一级	绝对缺口型	公路
江西省	赣州市	三线城市	中游	高缺口	中低依赖	高	中等	良好	公路	13	一级	绝对缺口型	公路
浙江省	杭州市	一线城市	下游	高缺口	中低依赖	高	良好	良好	综合	14	一级	补充平衡型	公路

续表

省（市、区）	城　市	级　别	分　区	缺口等级	依赖性	生　态	经　济	人　口	主导性	优先级	优先级	缺口类型	优先供地类型
湖南省	长沙市	一线城市	中游	高缺口	低依赖	中等	良好	良好	公路—水运	15	一级	补充平衡型	公路
湖北省	宜昌市	三线城市	中游	高缺口	低依赖	高	中等	中等	公路—水运	16	二级	补充平衡型	公路
云南省	楚雄彝族自治州	五线城市	上游	中高缺口	高依赖	低	中等	中等	公路	17	二级	绝对缺口型	公路
湖南省	株洲市	三线城市	中游	中高缺口	高依赖	中等	中等	中等	公路	18	二级	绝对缺口型	公路
浙江省	丽水市	三线城市	下游	中高缺口	高依赖	中等	中等	中等	公路	18	二级	绝对缺口型	公路
四川省	雅安市	四线城市	上游	中高缺口	中高依赖	低	较差	较差	公路	19	二级	绝对缺口型	公路
四川省	攀枝花市	五线城市	上游	中高缺口	中高依赖	低	较差	较差	公路	19	二级	绝对缺口型	公路
湖南省	怀化市	四线城市	中游	中高缺口	中高依赖	低	中等	中等	公路	20	二级	绝对缺口型	公路
湖南省	益阳市	五线城市	中游	中高缺口	中高依赖	低	中等	中等	公路	20	二级	绝对缺口型	公路
四川省	成都市	一线城市	上游	中高缺口	中高依赖	低	良好	良好	公路—铁路	21	二级	补充平衡型	公路
四川省	乐山市	四线城市	上游	中高缺口	中高依赖	中等	中等	中等	公路—铁路	22	二级	补充平衡型	公路
江西省	抚州市	四线城市	中游	中高缺口	中高依赖	高	中等	中等	公路	23	二级	绝对缺口型	公路
湖北省	十堰市	四线城市	中游	中高缺口	中高依赖	高	中等	中等	公路	23	二级	绝对缺口型	公路
江西省	宜春市	四线城市	中游	中高缺口	中高依赖	高	中等	中等	公路	23	二级	绝对缺口型	公路
安徽省	滁州市	四线城市	下游	中高缺口	中高依赖	高	中等	中等	公路	23	二级	绝对缺口型	公路
贵州省	贵阳市	二线城市	上游	中高缺口	中高依赖	高	中等	中等	公路—铁路	23	二级	补充平衡型	公路
安徽省	安庆市	四线城市	下游	中高缺口	中高依赖	高	中等	中等	公路—水运	23	二级	补充平衡型	公路
湖北省	武汉市	一线城市	中游	中高缺口	中高依赖	高	良好	良好	综合	24	二级	补充平衡型	公路
湖南省	衡阳市	三线城市	中游	中高缺口	中低依赖	低	中等	中等	公路	25	二级	绝对缺口型	公路
湖南省	永州市	五线城市	中游	中高缺口	中低依赖	低	中等	中等	公路	25	二级	绝对缺口型	公路
安徽省	阜阳市	四线城市	下游	中高缺口	中低依赖	低	中等	中等	公路	25	二级	绝对缺口型	公路
湖北省	荆门市	五线城市	中游	中高缺口	中低依赖	中等	中等	中等	公路	26	二级	绝对缺口型	公路

续表

省（市、区）	城　市	级　别	分　区	缺口等级	依赖性	生　态	经　济	人　口	主导性	优先级	优先级	缺口类型	优先供地类型
四川省	达州市	五线城市	上游	中高缺口	低依赖	高	中等	中等	公路	27	二级	绝对缺口型	公路
四川省	宜宾市	四线城市	上游	中低缺口	高依赖	中等	中等	中等	公路	28	二级	绝对缺口型	公路
四川省	泸州市	四线城市	上游	中低缺口	高依赖	中等	中等	中等	公路—水运	28	二级	补充平衡型	公路
湖南省	娄底市	四线城市	中游	中低缺口	高依赖	中等	中等	中等	公路	28	二级	绝对缺口型	公路
安徽省	宣城市	四线城市	下游	中低缺口	高依赖	高	中等	中等	公路	29	二级	绝对缺口型	公路
浙江省	衢州市	三线城市	下游	中低缺口	高依赖	高	中等	中等	公路	29	二级	绝对缺口型	公路
江苏省	徐州市	二线城市	下游	中低缺口	高依赖	高	良好	良好	公路—水运	30	二级	补充平衡型	公路
云南省	丽江市	三线城市	上游	中低缺口	中高依赖	低	较差	较差	公路—铁路	31	三级	补充平衡型	公路
江西省	新余市	五线城市	中游	中低缺口	中高依赖	中等	较差	较差	公路—水运	32	三级	补充平衡型	公路
云南省	保山市	五线城市	上游	中低缺口	中高依赖	中等	较差	中等	公路	33	三级	绝对缺口型	公路
云南省	临沧市	五线城市	上游	中低缺口	中高依赖	中等	较差	中等	铁路	33	三级	结构调整型	公路
湖北省	咸宁市	四线城市	中游	中低缺口	中高依赖	中等	中等	中等	公路—水运	34	三级	补充平衡型	公路
浙江省	温州市	二线城市	下游	中低缺口	中高依赖	中等	中等	良好	公路—水运	35	三级	补充平衡型	公路
湖北省	恩施土家族苗族自治州	四线城市	中游	中低缺口	中高依赖	高	较差	中等	公路—铁路	36	三级	补充平衡型	公路
湖北省	随州市	五线城市	中游	中低缺口	中高依赖	高	较差	中等	公路	36	三级	绝对缺口型	公路
安徽省	蚌埠市	三线城市	下游	中低缺口	中高依赖	高	中等	中等	公路—水运	37	三级	补充平衡型	公路
湖北省	黄冈市	四线城市	中游	中低缺口	中高依赖	高	中等	中等	公路—水运	38	三级	补充平衡型	公路
浙江省	宁波市	一线城市	下游	中低缺口	中高依赖	高	良好	良好	公路—水运	39	三级	补充平衡型	公路
四川省	广元市	五线城市	上游	中低缺口	中低依赖	低	较差	中等	公路	40	三级	绝对缺口型	公路
湖北省	荆州市	三线城市	中游	中低缺口	中低依赖	低	中等	中等	公路—水运	41	三级	补充平衡型	公路
四川省	绵阳市	三线城市	上游	中低缺口	低依赖	低	中等	中等	公路	42	三级	绝对缺口型	公路
云南省	昭通市	五线城市	上游	中低缺口	低依赖	高	较差	中等	公路	43	三级	绝对缺口型	公路

续表

省（市、区）	城　市	级　别	分　区	缺口等级	依赖性	生　态	经　济	人　口	主导性	优先级	优先级	缺口类型	优先供地类型
四川省	德阳市	四线城市	上游	低缺口	高依赖	低	中等	中等	公路	44	三级	绝对缺口型	公路
安徽省	铜陵市	五线城市	下游	低缺口	高依赖	中等	较差	较差	公路	45	四级	结构调整型	港口码头
四川省	广安市	五线城市	上游	低缺口	高依赖	中等	较差	中等	公路	46	四级	结构调整型	港口码头
四川省	自贡市	五线城市	上游	低缺口	高依赖	中等	较差	中等	公路	47	四级	结构调整型	港口码头
浙江省	台州市	二线城市	下游	低缺口	高依赖	中等	中等	中等	公路	48	四级	结构调整型	港口码头
四川省	资阳市	五线城市	上游	低缺口	高依赖	中等	中等	中等	公路	48	四级	结构调整型	港口码头
安徽省	黄山市	四线城市	下游	低缺口	高依赖	高	较差	中等	公路	49	四级	绝对缺口型	公路
贵州省	六盘水市	五线城市	上游	低缺口	高依赖	高	中等	中等	公路	50	四级	结构调整型	港口码头
湖南省	张家界市	五线城市	中游	低缺口	中高依赖	低	较差	较差	公路—铁路	51	四级	补充平衡型	公路
湖北省	黄石市	四线城市	中游	低缺口	中高依赖	中等	较差	中等	公路—水运	52	四级	补充平衡型	公路
安徽省	亳州市	五线城市	下游	低缺口	中高依赖	中等	中等	中等	公路—铁路	53	四级	补充平衡型	公路
浙江省	绍兴市	二线城市	下游	低缺口	中高依赖	中等	中等	中等	公路	53	四级	绝对缺口型	公路
四川省	南充市	三线城市	上游	低缺口	中高依赖	中等	中等	中等	公路	53	四级	绝对缺口型	公路
安徽省	马鞍山市	三线城市	下游	低缺口	中高依赖	中等	中等	中等	水运	53	四级	结构调整型	公路
江西省	鹰潭市	五线城市	中游	低缺口	中高依赖	高	较差	较差	公路	54	四级	结构调整型	港口码头
安徽省	池州市	五线城市	下游	低缺口	中高依赖	高	较差	中等	公路—水运	55	四级	补充平衡型	公路
江西省	南昌市	二线城市	中游	低缺口	中高依赖	高	中等	中等	公路—水运	56	四级	补充平衡型	公路
云南省	曲靖市	四线城市	上游	低缺口	中低依赖	高	中等	中等	公路	56	四级	结构调整型	铁路
四川省	巴中市	五线城市	上游	低缺口	低依赖	中等	较差	中等	铁路	57	四级	结构调整型	港口码头
贵州省	铜仁市	五线城市	上游	低缺口	低依赖	中等	中等	中等	铁路	58	四级	结构调整型	公路
四川省	眉山市	四线城市	上游	低缺口	低依赖	中等	中等	中等	铁路	58	四级	结构调整型	公路
贵州省	安顺市	五线城市	上游	低缺口	低依赖	高	较差	中等	公路	59	四级	绝对缺口型	公路